세조, 폭군과 명군 사이

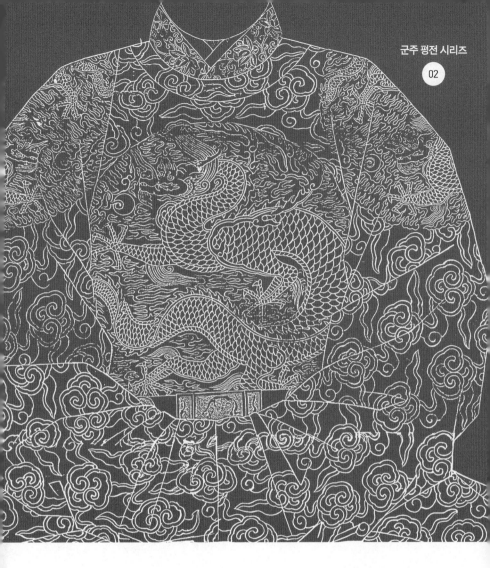

군주 평전 시리즈

02

세조, ── 폭군과 명군 사이

김순남 지음

푸른역사

2016년 봄 정치학자 박홍규 교수의 제안을 받았다. 조선 초기 군주 4인의 정치적 삶을 '권력과 이념의 역동성 dynamics'이라는 관점에서 검토하려는데, 그중 '세조 이유'를 담당할 수 있겠느냐는 내용이었다. 이 책은 운 좋게 얻은 기회를 통해 5년에 걸친 연구를 마무리하면서 그 성과를 평전으로 출간한 것이다.

　역사학에 매진한 아버지의 영향으로 사학과에 진학해 일찌감치 학문으로서의 한국사에 전념할 생각을 굳혔다. 대학원에 진학하며 '조선 전기'를 전공했는데, 당시 《조선왕조실록》을 강독하면서 참으로 의미 있는 시간을 보냈다.

1993년 세종 대 세자의 서무 처결기관인 첨사원을 주제로 석사 논문을 쓰고, 꼭 10년을 채워 2003년 박사학위 논문을 마무리했다. 국가 중대사의 처결을 위해 왕명으로 지방에 파견된 재상급 관료를 '체찰사제'라는 시스템으로 규정한 내용인데 이를 《조선 초기 체찰사제 연구》로 출간했다.

박사가 되고 단행본도 출간하면 영광을 볼 수 있으리라 여겼는데, 나의 희망과 실상은 많은 차이가 있었다. 그저 역사학으로의 한 발을 떼는 데 불과했을 뿐, 해야 할 공부가 훨씬 더 많이 남아 있는 초보자였다. 그로부터 한 10년을 욕심으로 체념으로 오기로 버티다가 2016년 고려대학교 세종캠퍼스에 자리 잡았다. '조선 국왕'을 중심으로 권력의 길항拮抗 관계를 살피는 내용의 강좌를 수년간 진행했다. 그런데, 늘 '세조'는 무어라 규정하기 어렵지만, 또 규정해야 하는 문제적 인간이었다.

세조는 해동 요순시대를 이끈 아버지 세종의 죽음 직후 계유정난으로 권력의 정점에 섰다. 조카 노산군과 형제들의 비극을 뒤로하고 재위 14년간 범접할 수 없는 부국강병의 성과를 거두었다. 그런데 그 끝이 훈척시대의 개막이었다. 최고권력자 세조는 자신의 조선에 관철하려는 바가 분명 있을 것이었다. 하지만 그 '고집한 의지'의 실체를 찾지 못하고 있었다.

처음 계획한 대로 다방면에 걸쳐 3년간 '세조 이유' 연구를 수행했다. 그러나 책을 출판하는 일은 다른 문제였다. 마침 2020년 벽두부터 전염병 창궐로 문을 닫고 지내야 하는 초유의 시간을 보내야 했다. 원점에서 시작하자 마음먹고 꼭 2년간 두문불출하면서 《세조실록》을 다시 읽기 시작했다. 한 번, 두 번, 세 번을 반복하는 동안 '악마는 디테일에 숨어 있다'는 구절의 의미를 절감했다. 《세조실록》의 전편에 나타난 그의 단어 하나, 문장 하나, 몸짓 하나를 통해 정치가로서의 세조의 실체를 비로소 구체적으로 확인할 수 있었다. 감히 한마디로 요약하면 '초월적 절대군주의 꿈'이었다.

이제 수년간의 연구 끝에 내린 결론을 이 책《세조, 폭군과 명군 사이》로 정리하려 한다. 이 책이 나오기까지 여러분에게 많은 도움을 받았다. 청어람하여 은혜에 보답하려 하지만 마음뿐이었던 제자를 항상 지켜봐 주신 민현구 선생님이 그 한 분이다. 또 부임한 이래 미숙한 나를 돌봐 주신 정운용 선생님께도 감사의 말씀을 전하고 싶다. 이 연구에 참여할 수 있게 다리를 놓아 준 강제훈, 이진한 선생님께도 인사하고 싶다. 그리고 30년 넘게 함께 살면서 청어 가시 같은 아내를 늘 존중해 준 나의편 박민호 님과 괴팍한 엄마를 응원하며 믿고 따라 준 아들 박제형 군에게 갚지 못할 빚을 졌다. 마지막으로 좋은 책을 만들어 준 푸른역사 관계자분들께 고개 숙여 인사를 전하고 싶다.

2022년 7월 1일
김순남

1. 권력을 찬탈하다

2. 권력으로 강제하다

3. 권위를 가탁하다

4. 권력과 권위가 충돌하다

계유정난!

세조를 이해하기 위한 키워드이다. 37세의 수양은 계유년 (1453) 그날 드디어 활을 들고 일어서서 부인 윤씨가 가져온 갑옷을 입고 하인 한 명과 함께 말을 타고 김종서의 집으로 갔다. 70세의 정치 베테랑은 철퇴를 맞고 쓰러졌다. 이틀간에 걸친 무시무시한 유혈 참극을 통해 수양은 권력을 거머쥐었다.

　이로부터 시작된 수양의 삶은 찬란했지만 고통스러웠다. 수양이 등극할 수 있을지, 누구도 섣불리 예견할 수 없었다. 어쩌면 꿈이었을 이 일은 적어도 아버지 세종이 살아 있는 동안에는 생각조차 할 수 없었다. 형 문종의 비호가 아니었다면 종친으로서 그는 탄핵의 칼끝을 피할 수 없을 정도로 위태로운 상황이었다.

　계유정난은 수양이 목숨까지 내놓아야 하는 아슬아슬한

줄타기 속에서 판을 뒤엎은 것이었다. 이 정변은 사적 물리력을 동원해 공적 시스템을 무력화한 사건이었다. 무고한 사람들의 아우성이 난무하는 가운데 왕의 아들에서 지존이 된 세조에게나 궁지기에서 공식 실세가 된 한명회에게나 '계유정난'은 운명이었다.

하지만 세조는 그 운명에 덧씌워진 폭력성과 부당성에서 좀처럼 벗어날 수 없었다. 세조는 정권의 정통성을 정면으로 부정하는 이들을 집요하게 발본색원했다. 친동생 둘이 죽임을 당했고 조카가 스스로 목을 매었으며 반역을 도모한 수많은 관료와 직간접으로 연루된 이들이 희생되었다.

세조는 예치禮治를 부정했으나 또 지향했다. 아버지 세종은 형륙刑戮을 당하는 사대부가 없는 나라를 만들고자 했다. 삼강오상三剛五常의 윤리가 골목골목마다 관철되는 유교적 이상사회를 지향했다. 세조는 이를 어그러뜨렸다. '찬탈'의 정치적 약점을 가진 세조에게 예치란 꿈조차 꿀 수 없는 현실이었다. 하지만 유교 국가 조선에서는 반드시 꾸어야만 하는 꿈이었다.

세조는 자신만의 방식으로 현실을 타개했다. 권력 구조를 개편해 국정의 주도권을 장악한 후 계유정난의 '원죄'를 함께 짊어진 소수의 핵심에게 '공신'의 달콤한 사과를 주었다. 양자는 친구이자 동지였으며 혼인으로 얽힌 가족이었다. 세조는 공적·사적 관계로 공고히 결합한 훈척과 재위 내내 정치적 행위를 함께했다.

세조의 꿈은 구체적이었다. 꿈을 현실로 만들기 위해 한 순간도 나태하지 않았다. 자신만의 방식으로 문제점을 보완한 사민정책을 추진했다. 각 고을을 독립적 군사 단위인 진으로 삼아 진관鎭管으로 조직함으로써 스스로 싸우고 스스로 지키는 강력한 조선을 만들었다. 압록강과 두만강 건너편 여진에 대한 정벌을 독자적으로 단행해 군왕으로서의 위의를 대내외에 과시했다. 만세성법인《경국대전》을 편찬해 조선 체제를 확정했다.《동국통감》을 편찬해서 단군으로부터 시작하는 한국 역사의 정통을 세웠다. 검약을 기치로 내걸고〈횡간〉을 제정함으로써 국가 재정을 표준화했다. 이로써 세조는 할아버지 태종과 아버지 세종에 비견될 만한 조선의 주인이 되었다.

세조의 꿈은 원대했다. 자신은 하늘이 점지한 존재여야 했다. 환구단에서 정례적으로 하늘에 제사를 지내면서 유일무이한 하늘의 아들임을 과시했다. 지방 순행 과정에서 나타난 믿을 수 없는 상서를 통해 군왕의 신비함을 부각했다. 불교적인 미스테리의 발현을 통해 호불 군주를 넘어 살아 있는 부처를 꿈꿨다. 이로써 세조는 인간계를 넘어서서 군주 이상의 초월적 존재로 스스로를 자리매김했다.

세조의 본질은 '피의 군주'였다. 이 원죄를 넘어서기 위해 세조는 진력했다. 모든 행위는 계유년 그날 자신을 지지했던 '내 편'과 함께했다. 공적 시스템을 구축해 놓고도 국정은 일부 즉흥성을 띤 변칙적인 방법으로 운영했다. 세조가 이룬 성과는 그에게서 진동하는 피 냄새를 지우기 위한 정치적 함의에서 비롯된 것이었다. 절대 군주의 궁극의 권력과 하늘이 선택한 생불의 권위를 양손에 오롯이 움켜쥔, 한 고조와 당 태종을 넘어서려는 군왕의 모습, 이것이 아버지 세종의 '예치'를 넘어서고자 몸부림친 정치가 세조의 본질이었다.

　세조와 세조의 '내 편'은 권력 장악이라는 목적이 같았고, 권력을 장악하는 과정을 함께했으며 권력을 장악한 이후 '열매'도 함께했다. 세조는 자신을 궁극으로 올리는 데 이바지한 내 편에게 빚을 갚을 의무가 있었다. 세조의 '내 편'은 대가로 얻은 권력을 당연하게 누렸다. 그러나 세조시대가 전개되면서 생사고락을 함께했던 양자 관계에 균열이 발생했다. 세조는 이전에도 이후에도 그 예를 찾기 어려운 '연석宴席 정치'를 구사했는데, 이 과정에서 불경과 무례 행위가 난무했다. 세조는 군신 관계에 대한 근본적인 문제에 직면하지 않을 수 없었다.

　세조 재위 말엽 일어난 함길도의 지방 반란은 느슨해진 군신 관계를 복원할 반전 카드가 되었다. 세조는 권문화된 훈척을 죽음 직전까지 몰아넣으며 강력히 경고했다. 임금은 임금이고 신하는 신하임을 강력히 천명했다. 이후 구 공신과 신 공신을 적절히 조제, 배치하는 구도로 권력을 재편했다. 그러나 끝내 운용하지 못한 채 아들에게 왕위를 넘긴 다음 날 무덤에 석실을 만들지 말라는 유명을 남기고 생을 마감했다.

세조 사후 훈척 공신의 권력이 예종의 그것을 압도했다. 열아홉 살의 새 왕은 아버지의 신하를 통제하지 못했다. 이들이 최종 승리자였다. 계유년의 참극을 경험한 바로 그들이 세조의 아들 대에 오히려 더욱 강고한 권력을 구사하기에 이르렀다. 그토록 강조하던 군군신신君君臣臣의 명제는 사라졌다. 이후 조선은 다른 차원의 새로운 시대가 펼쳐졌다.

세조 대는 종래 많은 관심을 받았다. 계유정난을 중심으로 세조의 집권과 즉위 과정을 살핀 연구, 공신과 종친이 중심인 훈척에 관한 연구, 세조가 부국강병을 위해 추진한 정책과 성과에 관한 연구 등이 이루어졌다. 특히 세조 왕권과 관련해서는 집권의 정당성을 획득하고자 국정을 전제적으로 운영했다고 이해하거나, 오히려 그것이 역설적으로 세조 왕권의 취약성을 드러냈다고 강조하는 소위 전제성과 취약성의 관점에서 이분법적으로 살피는 경향이 있었다.

사실 세조 왕권의 이 두 측면은 동전의 양면이었다.

이 책은 초월적 예치를 꿈꾸었으나 결국 미완으로 마감한 세조 이유의 정치적 삶을 다룬다. 세조는 '권력'을 찬탈한 후 그 권력을 강제하며 조선의 외적 기반을 완성했다. '권위'를 가탁하며 내적 기반을 구축하려 했으나 권력과 권위가 충돌하면서 예치의 꿈은 이루지 못했다.

이 책은 그 여정을 네 부분으로 나누어 고찰한다. 세종의 여러 아들 중 한 명으로 태어나 지존의 지위에 오르기까지의 부분(1부 권력을 찬탈하다), 권력을 강제적으로 행사하여 '조선' 체제를 완성하는 부분(2부 권력으로 강제하다), 절대 군주를 꿈꾸며 의도적으로 권위를 창출했던 부분(3부 권위를 가탁하다), 군군신신을 강조한 세조의 권력과 권위가 충돌하는 부분(4부 권력과 권위가 충돌하다)이다.

이를 통해 종래 세조 왕권의 절대성과 취약성의 상대적 측면에 주목해 왔던 연구 경향에서 탈피하여 찬탈한 권력을 행사하고 조작된 권위를 구현하고자 했던 정치적 과정에 주목하고자 한다. 특히 이를 《세조실록》을 통해 밝히고자 한다. 이로써 '계유정난'의 폭력을 구사한 왕의 아들에서 아버지 세종의 '예치'를 넘어서는 초월적 절대 군주로 자리매김하려는 욕망을 실현하기 위해 처절하게 몸부림쳤던 정치가 '세조'를 만날 수 있을 것이다.

세조 연보

9월 도첩 없이 횡행하는 승려를 풀어줌.

2월 황희 몰. 김종서 등, 《고려사절요》 35권을 올림. 《세종실록》을 시찬함.

4월 관습도감 도제조 임명.

5월 14일 39세의 문종 승하.

5월 《역대병요》 이록됨.

11월 정음청을 폐함.

5월 18일 12세의 단종 근정문 즉위.

7월 권람, 한명회와 수양 지지 결의. 홍윤성, 수양에게 월부.

8월 신숙주, 수양과 사은사행 동행 결의.

9월 고명사은誥命謝恩 행 자원.

10월 명나라로 출발.

1월 《문종실록》 찬수.

2월 귀국길에 순안에서 안평과 조우.

3월 수양, 한명회를 만남. 한명회, 수양에게 내금위의 양정·유수·유하 소개.

5월 한명회, 수양에게 감순·홍달손 소개.

8월 수양대군 집의 가마솥, 저절로 소리가 남.

9월 황보인 가동, 권람의 노복에게 변란 징조 누설.

10월 10일 김종서·황보인·이양·조극관 등을 살해. 안평 부자를 강화에 압치.
    영의정부사 겸판이병조사 임명됨. 경복궁 충순당으로 이어. 안평의 잔당 처결.
    정난 하례. 정난공신 책봉. 이징옥, 종성에서 대금황제를 칭하며 반란·복주.
    수양, 중외병마도통사 임명됨. 안평대군 사사.

1월 단종, 정순왕후 송씨를 맞아들임.

3월 춘추관, 《세종실록》 162권을 찬진함. 도통사의 도장 별도 주조. 둑纛 기를 받음.

1월 왜인과 야인을 사저에서 접견. 이사철, 함길도 파견.

4월 평안도 우예·여연·무창 3군을 혁파하고 귀성군을 복치함.

윤6월 11일 단종, 영의정 수양에게 선위함. 수양, 경복궁에서 즉위함. 단종을 상왕으로 함.

윤6월 정인지, 영의정 임명. 금성대군 이유 순흥 이배.

7월 원자의 휘를 이장李暲으로 지어 하사. 부인 윤씨를 정희왕후로 책봉. 원자의 왕세자 책봉.
    양성지의 상소.

1456년(세조 2)	8월 6조직계제 부활. 하위지 처벌, 이계전 능욕.
	9월 좌익공신 책봉. 북방 군익도 체제의 남방 확대.
	11월 춘추관, 《문종실록》 13권을 찬진함.
	2월 제도의 군정 및 한량인수 추쇄 파악.
	6월 김질, 성삼문 등의 불궤 고변. 성삼문·박팽년 등 6신, 상왕의 복위를 도모하여 주륙됨.
	집현전 혁파.
	7월 단군·기자·동명왕의 신주를 개정함.
	12월 환구단 축설. 환구제 음악 정함.
1457년(세조 3)	1월 《국조보감》을 찬수시킴. 환구제 의례 정함. 환구서 설치.
	1월 15일 면복을 갖추고 환구제 친행.
	1월 상왕 단종, 금성대군 집으로 이어.
	3월 법전 편찬 착수. 선전관 개칭.
	6월 상왕의 장인 송현수의 역모 고변. 상왕, 노산군으로 강봉. 영월 유배.
	금성대군, 순흥의 역모.
	9월 의경세자 사망.
	10월 군익도의 진관 체제로의 개편. 금성대군 사사. 노산군 자애.
	12월 해양대군 이황 세자 책봉.
1458년(세조 4)	1월 《국조보감》 7권 이룩됨.
	1월 15일 환구제 친행.
	2월 새로 주조한 대종을 광화문의 종각에 걺. 친히 법전 조항 필삭筆削. 제도 주진
	습진사목을 정함. 정인지의 불경不敬.
	3월 유구국 왕사 내함.
	4월 호패법 복행 의지 천명. 해인사 대장경 50건을 필인함.
	7월 아악서를 전악서에 합속. 새로 제정한 발병부를 각 도에 분송함. 정인지의 불경.
1459년(세조 5)	1월 평안도 자성군 혁파.
	1월 13일 환구제 친행.
	2월 호패법 복행.
	3월 신숙주, 회령 도착 야인 초유.
	4월 경흥부를 무이보에 이설함.

6월 연소 문신을 뽑아 독서하게 함.

7월 《월인석보》 이룩됨.

8월 야인 낭발아한 부자 등을 잡아 죽임.

11월 북방의 정군正軍과 남방의 시위패를 정병正兵으로 합속.

12월 겸예문을 둠.

1월 15일 환구제 친행.

1월 오랑캐와 알타리 등, 회령 침구.

3월 한명회의 3녀, 왕세자빈 책봉.

7월 《신전》〈호전戸典〉 반행.

8월 신숙주, 모련위 야인 정토(경진북정).

10월 평안도 순행.

11월 하삼도민을 평안·강원·황해도에 사민입거하게 함.

1월 15일 환구제 친행.

3월 북정록 이룩됨.

4월 최항 등에게 육전을 상정시킴.

5월 평안·황해·강원도 사민의 호수를 정함.

6월 간경도감 설치.

7월 《신전》〈형전刑典〉 반행. 호적과 군적 개정.

10월 승니 호패의 법을 정함.

1월 15일 환구제 친행.

1월 창덕궁 동장을 증축함.

5월 호적의 개정. 정창손의 선위 언급 파장.

6월 제읍의 병기를 분조시킴.

8월 능엄경 언해 이룩됨.

9월 양녕대군 제 몰. 강원도 순행.

10월 호패의 체제를 고침. 흥천사 종 이룩됨.

11월 상원사, 관음보살 현신.

1월 호패의 사목 20조를 정함.

5월 군자감 대창大倉 이룩됨.

9월 《동국통감》을 찬수시킴. 《법화경》 간행.

11월 홍문관을 세움.

1월 15일 환구제 친행.

1월 종묘 친사, 신제의 정대업·보태평의 악을 사용함. 식례횡간式橫看 정해짐.

2월 충청도 순행. 《금강경》을 언역하여 조인시킴.

5월 원각사의 조성을 명함.

9월 제도 군적사를 분견함. 남방의 영진군을 정병에 합속.

10월 제도의 공물을 상정시킴.

12월 오대산 상원사를 중수함.

1월 원각사 대종 이룩됨.

2월 권람 사망.

3월 원각경 언해 이룩됨.

4월 원각사 낙성. 봉석주·김처의 등 역모 복주.

5월 《육전》 수교.

8월 충청도 순행.

12월 제사 공사계품의 법을 정함.

1월 각 도·각 관의 병마 책임자의 명칭 확정, 오위진무소를 오위도총부로 고침.

2월 정인지의 태상太上 언급 파장.

3월 강원도 순행.

5월 발영시 실시.

6월 양정의 선위 파장, 참수. 탐주 실시.

7월 원각사 백옥불상 이룩됨. 등준시 실시.

8월 과전을 그만두고 직전을 둠.

1월 한명회의 4녀, 자을산군과 혼인.

2월 원상제 실시. 유점사 중창.

4월 원각사탑 이룩됨.

5월 길주인 이시애 등 반란. 구성군 이준 함길도·강원도·평안도·황해도 4도의
병마도총사 임명. 조석문의 부사 임명. 신숙주, 한명회의 구금. 강순, 어유소, 남이 파

6월 함길도 관찰사 신면의 희생. 신숙주·한명회 석방.

7월 친정의 뜻 유시. 《경국대전》 초안 올라옴.

8월 이시애, 관군에게 대패, 길주 퇴각.

8월 12일 이시애와 이시합 형제 주륙.

9월 함길도를 남북으로 나눔. 적개공신 책봉.

　　　강순 등, 파저강 건주야인 정벌, 추장 이만주 부자를 죽임(정해서정).

11월 식례횡간 반포.

1월 충청도 순행.

6월 군적사목을 친정함. 살아 있는 부처로 추앙받음.

7월 이준, 영의정 임명.

8월 남이, 병조판서 임명.

9월 7일 세조, 세자에게 전위. 예종 즉위.

9월 8일 52세의 세조, 수강궁의 정침에서 승하.

10월 유자광, 남이의 역모 고변. 강순에게 확대.

10월 27일 남이, 강순 등 환열.

10월 익대공신 책봉.

11월 21일 묘호 세조世祖 정해짐.

11월 28일 광릉에 장사지냄.

4월 《세조실록》 편찬 착수. 사초 거두어들임.

4월 24일 민수의 사초 개작 발각.

4월 25일 원숙강의 사초 개작 발각.

4월 27일 민수 제주 관노 부처, 원숙강·강치성 참형.

9월 상정소제조 최항 등, 《경국대전》을 찬진함.

11월 28일 예종 승하, 자을산군 혈(성종) 즉위

권력을 찬탈하다

이유의 탄생과 성장

아버지 충녕대군 ___ 세조 이유는 1417년(태종 17) 9월 24일 장의동에서 태어났다. 장의동은 현재 서울 종로구 신영동에 있던 마을이다. 장의동이라는 마을 이름은 1396년(태조 5) 한양 서북쪽인 청운동에서 부암동으로 넘어가는 고개 마루턱에 성을 쌓아 창의문이라 이름 짓고 그를 따라 창의동이라 하다가 바뀐 것이다. 이곳은 할아버지 태종, 아버지 세종도 살았던 곳이었다.

아버지 세종 이도는 1394년(태조 6) 이방원과 민제의 딸 민씨 사이의 셋째아들로 태어났다. 14세 때인 1408년(태종 8) 충녕군으로 책봉되어 심온의 딸에게 장가들었다. 충녕은 1412년(태종 12) 대군으로 승진했는데, 아버지 태종으로부터 "장차 세자(형 이제)를 도와서 큰일을 결단할 자"라는 평가를 받았다. 형인 세자 이제(양녕대군)도 "충녕은 보통 사람

1___
세종의
아들

이 아니다"라고 토로할 정도로 그의 존재를 인정했다.

이제는 1417년(태종 17) 3~4월에 걸쳐 경연을 빼먹는 등 세자의 본분을 다하지 않고 일탈했다. 악공 이오방·구종수 등이 곽선의 첩 어리를 소개하면서 세자를 미혹시킨 결과였다. 이 사실을 알게 된 태종은 이들을 극형에 처했다. 아버지와 형의 갈등이 극으로 치달아 가는 즈음, 1417년(태종 17) 9월 12일 정1품 대광보국에 오른 충녕대군은 그의 나이 23세 때 둘째아들 이유를 보았다.

부왕 세종 ___ 이유가 태어난 이듬해인 1418년(태종 18=세종 즉위) 8월 10일 아버지 충녕은 조선의 제4대 국왕이 되었다. 앞서 1418년(태종 18) 2월 13일 할아버지 태종은 자신의 막내아들 이종의 요절을 슬퍼하여 한양을 잠시 떠나 있겠다며 개경으로 옮겨 갔다. 세자 이제가 태조의 옛집이었던 경덕궁에 3개월 이상 머무르던 태종을 찾아갔다. 아버지는 아들을 감금했다.

태종의 질책을 받고 한양으로 돌아온 이제는 다시 어리를 만났다. 이제의 분별없는 행동에 분노한 태종은 5월 23일 사복시에 명하여 세자의 출입에 반드시 자신의 명이 있을 때만 말을 내어주라고 했다. 그런 아버지에게 아들은 반발했다. 부자간의 갈등 속에서 감정의 골이 깊어졌다. 태종은 세자 이제에게 절망했다. 헤어지라 했던 어리를 도로 받아들이고 또 아이를 가지게 한 사실을 알게 되었기 때문이다. 1418년(태종 18) 6월 3일 태종은 이제를 폐하고 충녕대군을 세자로 교체했다. 어리 문제가 표면적이었지만, 명분은 '어진 이를 선택한다는 택현擇賢'이었다.

이도는 6월 17일 개경의 경덕궁 정전에 나아가 세자로서의 책보를 받았다. 태종은 개경으로 옮겨 간 지 대략 다섯 달 반 만인 7월 27일 한양으로 돌아왔다. 환궁한 태종은 "18년 동안 호랑이를 탔으니 또한 이미 족하다"며 국보를 세자에게 주었다. 세자 이도는 이틀 후인 1418년 8월 10일 경복궁 근정전에서 즉위했다.

세종의 여러 아들 중 한 명 ___ 세자 이도가 왕이 되자 원자 이향은 1421년(세종 3) 10월 27일 왕세자로 책봉되었다. 이유의 맏형 이향의 지위는 여러 동생과 달랐다. 반면 둘째 이유는 대군의 아들에서 왕의 적통 아들이 되긴 했지만 여전히 여러 아들 가운데 한 명일 뿐이었다.

왕자 이유는 일찍부터 민간에서 자라 궁 밖 세상의 어려움과 실상을 자세히 알고 있었다. 이유가 자란 곳은 무인 이중지의 집이었다. 이중지는 왕자를 기른 공으로 후에 2품 벼슬까지 올랐다.

《세조실록》 총서에 의하면 이유는 5세에 《효경》을 외울 정도로 영민했다. "공손하고 검소하며 예절이 있었고 충성스럽고 효도하고 우애가 돈독했다. 인을 좋아하고 의에 힘썼다. 소인을 멀리하면서도 미워하지 아니하였고 군자를 가까이하면서도 특정한 사람에게만 호의를 보이지 않았다"라는 기록이 있다. 얼핏 전형적인 수사처럼 보여지는 이 평가를 감안하면 이유는 말하자면 넘치지도 모자라지도 않는 평범한 자질을 가졌다는 것이다.

12세 때인 1428년(세종 10) 군기부정 윤번의 딸과 결혼했다. 14세 때인 1430년(세종 12)에는 동생인 안평대군 이용·임영대군 이구와 함께 성균관에 입학했다. 이 해에 '진평'이라는 대군 호를 받았다. 이는 정1품이지만 실제 직무는 없었다. 대군 호는 1433년(세종 15) 6월 27일 함평으로, 7월 1일 다시 진양으로 바뀌었다. 함평은 할아버지 태조의 지역적 기반이었던 함길도 함흥의 별칭인데, 전라도 함평현과 혼동될 우려가 있어 진양으로 바뀐 것이다.

이유는 아버지 세종의 재위 중반까지 다른 동생들과 그리 다르지 않았다. 아버지의 명에 따라 다양한 일을 형제들과 함께했다. 1434년(세종 16) 6월에는 장의문 밖에 가서 자격수차自激水車를 살펴보기도 했고, 7월에는 집현전 관원과 함께 장영실의 주도로 이루어진 활자 개량 사업에 참여하기도 했다. 1435년(세종 17)에는 몸이 편치 않은 세종을 대신해 명나라 사신에게 잔치를 베풀어 주고 전송하기도 했다. 1438년(세종 20) 3월에는 전직 관료의 본산인 지방의 유향소를 통제하기 위해 중앙에 경재소를 설치했을 때 함길도의 경원을 관장하기도 했다.

특히 1439년(세종 21) 7월에는 23세의 젊은 나이에 왕실의 계보인 《선원보첩》의 편찬과 종실의 잘못을 규탄하는 임무를 관장하는 종부시宗簿寺를 통솔하는 제조가 되었다. 당시 세종은 종실을 관리하는 것이 급무라 여겼다. 그들을 제어하지 않는다면 방종하고 태만한 종친뿐만 아니라 그들의 하인까지 백성을 침해하는 일이 발생하리라 판단했기 때문이다. 세종이 이 임무의 중차대함을 알고서도 약관의 아들을 종친의 대표자 지위에 앉힌 것은 아들이 스스로 수양하는 법을 알고 있다고 판단한 때문이다. 아들을 믿었기에 이 직임을 통해 실무를 처리하면서 나랏법도 배우고 아울러 종실도 관리하도록 했던 것이다.

이유가 아버지의 명에 따라 맡았던 일 가운데에는 1440년(세종 22)

동생 안평과 함께 삼각산 보현봉에 올라가 방위·절기·시각을 측정하기 위해 제작한 천문관측기기인 규표圭表를 검증하는 것도 있었다. 1442년(세종 24) 5월에는 할아버지 태종의 헌릉에 물이 드는지 보고 온 후 보수 공사의 진척 상황을 점검하기도 했다. 그가 맡았던 다양한 일들이 특별히 '그'만이 해야 하는, 할 수 있는 유는 아니었다. 그저 아버지가 본격적으로 추진하려는 사업의 준비 작업이나 왕실과 관련된 일 정도였다. 세종의 재위 중반까지 이유는 동생들과 함께 일하고 동생들과 함께 교육받으면서 집현전 관인의 평가를 받아야 했다.

태조의 현신 ___ 왕의 아들로서 이유가 맡은 일은 다른 이와 견주어 두드러지지 않았지만, 무예에 관한 한 그는 반짝반짝 빛났다. 항상 활과 화살을 몸에 지니고 다니면서 활을 쏘고 말을 탔다. 매 날리기도 즐겨 한 마리 매만 얻어도 손에서 놓지 않았다.

이유는 아버지 세종이 준 두 개의 강한 활을 썼다. 이 활은 '쓸 데 없는 대각'이라 불렸는데, 300보를 넘어서도 과녁을 명중시킬 만큼 활을 잘 쏘던 무인 박성량만 당길 수 있어서였다. 말은 일부러 늙어서 재빠르지 못하고 둔한 것을 탔다. 이유는 이런 말 위에서 이런 활을 쏘면서 의기양양하게 용맹을 드러내 강렬한 존재감을 발휘했다.

1429년(세종 11) 2월에는 강원도 평강에 있던 강무장에서 활 7발을 쏘아 모두 사슴의 목을 꿰뚫었다. 1432년(세종 14) 6월에는 물을 사이에 두고 경복궁 경회루 연못 남쪽에 설치한 조그마한 과녁을 종일토록 쏘았는데 단 한 개의 화살도 물에 빠뜨리지 않았다. 같은 해 8월에는 강무장에서 궁술과 마술 솜씨를 한껏 발휘하는 아들을 보고 아버지 세종이 그의 형 세자를 돌아보며 "진평대군은 진실로 사납고 날쌘 사람이다"라고 찬탄하기도 했다.

1432년(세종 14) 9월의 경기 풍양 강무장에서 보인 말 다루는 기술은 묘기에 가까웠다. 이유는 높고 험하여 몹시 가파른 언덕을 말을 달려 내려왔다. 말은 스스로를 이기지 못하고 아래로 떨어져 안장이 모두 박살났다. 하지만 재빨리 몸을 날려 멀쩡하게 언덕 위에 우뚝 섰다. 과연 그의 마상술은 과시할 만했다.

이유의 이런 능수능란한 무예는 신궁이었던 창업 군주 태조를 떠올리게 했다. 1435년(세종 17) 2월 사냥에서 16발로 16마리의 사슴을 맞춘 이유를 보고 늙은 무인 이원기·김감 등은 "태조를 다시 뵙는 것 같다"며 울먹였다. 1442년(세종 24) 3월 평강 강무에 참여한 귀화 야인 동나송개 역시 그들 사이에서 '큰호랑이'라 칭해졌던 이유의 신기하고 이상한 무술을 보고 찬탄했다. "참으로 우리의 나연이십니다. 우리 땅에 계셨더라면 진실로 '바투[拔都]'였을 것입니다." '나연'이란 여진 말로 우두머리 되는 장수를 일컫는 용어였다. 그러므로 이 언급은 이유를 '신궁神弓'이라 칭해진 태조의 현신으로 보면서 극찬하는 의미였다.

이유는 자신의 무예에 대한 긍지와 자부심이 넘쳤다. 이 감정을 시로써 한껏 표현했다.

굳고 강한 활시위 늦출 줄 모르고 신묘한 공은 굳센 힘에 있도다.
어김없는 화살 비낀 햇살 띄우니 마냥 한가한 영웅의 뜻일진저
나뭇잎 뚫는 것, 신력이라 이를손가 조그만 털끝인들 그 어이 못 맞힐소냐.

경사를 논하던 겨를에 쏜 탄환이 기울어진 해에 걸려 있네.

대군, 그 이상

왕자 이유의 국사 참여 ___ 1442년(세종 24) 7월 28일 세종은
세자의 서무 처결기관으로 첨사원을 설치했다. 건강 상태가 좋지 않았
던 터라 세자를 시켜 조회나 강무 등의 의례적 행사를 주도하게 하고 자
신은 재위 중반 이후 추진하던 국가 사업에 전념하려는 의도에서였다.

대군으로서 이유는 이때부터 나랏일에 본격적으로 참여했다. 특
히 정해진 액수대로 전조田租를 걷는 공법貢法 제정에 깊이 관여했다.
1443년(세종 25) 10월에는 전조를 거둘 수 있는 토지를 측량했다. 11월
에는 전라·충청·경상 3도의 관찰사와 중앙에서 파견한 경차관 등과
함께 왕이 몸소 농민을 두고 농사를 짓던 동쪽의 적전 근방에 가서 토
지 등급을 시험하여 분류했다. 같은 달 13일 전제상정소가 설치되었는
데, 이유는 그 기구의 도제조를 맡았다. 당시 세종은 이유 외에 마땅한
사람을 찾기 어렵다면서 그를 발탁했다.

또 대군 이유는 한글 창제에도 이바지했다. 훈민정음은 1443년(세종
25) 12월 30일 창제되었다. 세종은 다음 해 집현전 관원으로 하여금 의
사청에 나와 언문으로 《운회韻會》를 번역하게 했다. 이때 이유는 세자
이향, 동생 이용(안평)과 함께 그 일을 관장했다.

1444년(세종 26) 9월에는 수기색壽器色 제조가 되었다. 수기색은 살

아 있을 때 미리 관과 널을 마련하는 부서인데 이유는 제조로서 재목의 장만 여부에 대해 논의했다. 같은 해 10월에는 양화나루에 나가 배 위에서 화포를 시험했다. 11월에는 외조모 안씨가 돌아갔을 때의 상례 여부를 집현전에 문의했다. 이유의 외조부는 심온이었다. 심온은 26년 전인 1418년(세종 즉위) 12월 스스로 생을 마감했는데, 그 직전에 그의 부인과 딸, 그러니까 이유의 외조모와 이모 등이 노비 명단인 천안賤案에 올랐다. 이들은 1426년(세종 8) 5월 천인 신분에서는 벗어났지만, 여전히 중죄인의 가족이라는 굴레에 묶여 있었다. 그런데 왕비의 생모인 외조모 안씨가 세상을 떠나면서 이유의 어머니인 세종 비의 상장 절차가 문제되었다. 그래서 집현전의 자문이 필요했는데, 이유가 그 일을 맡았던 것이다. 또 11월에는 《치평요람》과 《역대병요의주》를 조사했던 집현전과 춘추관의 여러 선비에게 아버지를 대신해 잔치를 베풀어 주었다.

1444년(세종 26) 윤7월 세종은 부인 소헌왕후와 함께 충청도 청주의 초수궁으로 갔다. 이때 이유는 아버지로부터 자신을 대신해 한양에 남아 경복궁을 지키라는 명을 받았다. 초수궁에서 세종은 부인에게 둘째 아들에 대해 한껏 칭찬했다.

우리 아들 중에서 오직 진양대군만이 효성스럽고 재능이 있으며, 정대하고도 또 꾸민 데가 없이 수수하며 참으로 비범하다. 만약 재주를 믿고 제멋대로 한다면 누가 규제할 사람이 있겠는가. 재능이 있으면서도 허물을 짓지 않는 것은 어질기 때문이다.

1445년(세종 27) 2월 이유는 다시 수양으로 대군 호를 바꾸었다. 종친으로서 수양은 관료의 부당한 청탁은 들어주지 않았다. 함길도 사람 최유가 시도했던 이원기 아들 한양 시위 청탁건, 이종번의 북방 사명 모면 청탁건 등을 모두 물리쳤다. 당시 수양은 자신을 이렇게 규정했다.

사람을 쓰는 것은 임금의 일이니 내가 아뢸 바가 아니다. 나는 남이 하는 것은 하지 않고, 남이 하지 않는 것을 반드시 하는 자이다.

이에 앞서 세종은 1445년(세종 27) 1월 연희궁으로 옮겨 가면서 세자에게 자리를 물려주고 자신은 물러나 "군사에 관한 국가의 중대한 일만 결정하겠노라"고 했다. 수양은 아버지의 명으로 전위의 뜻을 의정부의 신개·하연·권제·김종서 등에게 전했다. 이후 궁을 나온 세종은 여러 곳을 거쳐 1446년(세종 28) 3월 수양의 집으로 옮겨 갔다. 거기서 3월 24일 소헌왕후가 소천했다. 수양은 어머니의 죽음에 비통해하면서도 궁밖에 머물던 아버지가 무려 2년 넘어 1447년(세종 29) 2월 2일 경복궁으로 돌아올 때까지 그 뜻을 승정원에 전하는 역할을 담당했다.

수양대군의 대두 ___ 수양이 본격적으로 아버지와 형을 대신하는 존재로 등장하게 된 것은 세종 대 말엽 아버지와 형 모두 건강이 악화하면서였다. 세종은 부인 소헌왕후의 죽음을 계기로 건강 상태가 급격히 나빠졌다. 왕비의 쾌차를 빌기 위한 불교 행사가 진행되면서 사헌부·사간원과의 갈등 또한 증폭되었다. 이런 상황에서 1448년(세종 30) 8월 수양과 안평의 주도로 건립된 궁 안의 불당 문제로 임금과 신하 사이의 갈등은 극으로 치달았다.

1449년(세종 31) 9월 다시 건강이 악화한 세종은 여섯째아들 금성대군 집으로 옮겨 갔다. 더군다나 10월에는 세자의 등에 큰 부스럼이 생겼는데 상태가 꽤 심각했다. 그러자 세종은 경기 안에 있는 명산대천과 신사·절에 여러 신하를 나누어 보내 쾌유를 빌었다. 하지만 세자의 건강은 차도가 없었다. 1449년(세종 31) 11월에는 앞서 세자에게 넘긴 여러 일을 다시 세종이 결정해야 할 정도였다.

국정을 맡아야 할 두 사람이 모두 편치 않은 상황에서 1450년(세종 32) 1월 세종은 세자와 수양을 불러 유교遺敎를 전했다.

내 이제 너희 두 사람에게 말하거니와 대저 신하들이란 임금이 죽는 그날로 즉시 그 형제들의 허물을 공격하는 법이다. 내가 죽는 날에는 너희 형제의 허물을 말하는 자가 반드시 많을 것이니, 모름지기 내 말을 잊지 말고 항상 친애하는 마음을 위주로 하면 밖의 사람들이 능히 이간하지 못할 것이다.

당시 수양은 항상 궁 안에 있었다. 오래도록 투병하던 아버지가 매사를 반드시 자신에게 맡겨 처리하게 했기 때문이다. 수양은 5일간 음식을 먹지 않다가 세종이 회복되고 나서야 비로소 먹을 정도로 지극 정성을 다했다.

그즈음 명나라 사신이 조선에 오게 되었다. 1450년(세종 32) 1월 18일 누가 이들을 맞이할 것인가에 대한 논의가 있었다. 세종은 관료들에게 자신과 세자가 모두 병이 있고 장손도 나이가 어리기 때문에 잘 의논하여 결정하라고 했다. 그런데 이들은 원칙을 내세우면서 당시 아홉 살에 불과한 세손이 명 사신을 맞이해야 한다고 고집했다. 세종은 화를 냈다. 이들을 '고집불통 선비', '실지의 일에 쓸모없는 선비'라고 힐난하면서 둘째아들인 수양을 시켜 맞이하게 했다.

2주쯤 지나 1450년(세종 32) 윤1월 1일 명나라 한림시강 예겸과 형과 급사중 사마순이 들어왔다. 이때 수양은 백관을 거느리고 현재 서울 서대문구 현저동에 있는 모화관에 가서 그들을 맞이했다. 세자는 몸이 불편하여 동생 금성대군의 집으로 옮겨 가 요양하고 있었는데, 이날은 사신을 맞이하기 위해 경복궁으로 나왔다. 그리고 근정전 뜰 동쪽 장막에 나아가 '두 번 절하는 의례'를 행한 후 둘째 왕자인 수양이 황제의 조명詔命을 대신 맞이하게 된 이유를 말해 주었다.

명나라 사신에 대한 모든 연회를 아버지 세종을 대신해 주관한 수양은 1450년(세종 32) 윤1월 20일 모화관에서 사신단을 전송했다. 이날 예겸 등은 세자의 병을 의심하면서 자신들이 머무는 동안 모화관에 한 번도 나타나지 않음은 교만하고 오만한 태도라 불평했다. 그러자 수양은 형의 건강 상태를 자세히 변론하여 그들의 오해를 풀어 주었다. 수양이 명나라 사신에게 일약 신뢰의 아이콘으로 거듭나는 순간이었다. 이 우여곡절이 지나고 1450년(세종 32) 2월 4일 세종은 신하들의 반대를 무릅쓰고 막내아들 영응대군 집으로 옮겨 가서 2월 17일 그곳 동쪽 별궁에서 세상을 떠났다.

자신을 가상하다 여겼던 아버지가 돌아간 후, 남들로부터 '성인聖人'이라는 평을 들었던 수양은 형과의 공생을 위한 또 다른 길을 모색해야 했다.

형과 아우의 공생

협력 혹은 견제 ___ 수양의 형인 문종은 1450년(세종 32) 2월 22
일에 즉위했다. 이날은 세종이 승하한 지 5일째 되는 날이었다. 아버지
세종은 생전에 맏이인 세자에게 "국가의 편안함과 위급함이 네 한 몸
에 달려 있다"고 말하며 책무를 강조했다. 동시에 바로 아래 동생 수양
에게는 "국가에 재난이 많을 때는 너희들이 함께 도와야 한다. 너는 보
통 여러 아들의 예가 아니고 나라의 안위와 관계있는 존재다"라고 했
다. 수양은 자신을 특별한 존재로 평가한 이 말에 감격했지만, 사실 세
종은 승하하기 6년 전인 1444년(세종 26)에 우려하는 본뜻을 세자와 수
양 두 형제에게 전한 바 있었다. 당시 금성대군의 집으로 거처를 옮긴
세종은 유교를 전했다. 그 첫 번째는 '형제를 대함에 있어서 사랑을 위
주로 하되 반드시 법도를 엄히 하여 가르치라'는 것이었다. 세종은 이

___2

문종의 동생,
단종의 숙부

말을 특히 수양을 시켜 쓰게 했다. 그러면서 세자에게는 "그 어진 것을 믿을 만하다. 너의 아우 중에서 유독 수양대군만이 정대한 사람이다"며 수양의 인성을 긍정적으로 평가했다.

문종은 즉위한 후 아버지의 유교에 따라 군국의 큰일을 동생 수양과 더불어 의논하고 위임했다. 1450년(문종 즉위) 6월에는 수양을 시켜 《병요》와 《무경》의 본문을 쉽게 풀이하도록 하고 《음양서》도 바로잡게 했다. 이때 형은 동생의 역량을 "우리 조선에서 이 일을 맡을 사람은 수양대군 한 사람이 있을 따름이다"며 '상당하다'고 평가했다.

수양은 1450년(문종 즉위) 1월 진법도 제정했다. 이 《신진법》은 1451년(문종 1) 6월 19일 완성되었다. 당시 수양은 김종서·정인지 등과 함께 널리 옛 문헌을 자세히 고찰하고 자기의 의견을 개진하며 작업했다. 수양이 이바지한 바에 대해 문사인 권람·김담 등은 "다른 이들이 미칠 바가 아니다"라며 감탄했다. 문종 역시 수양의 진법이 당나라 장수 이정보다 우월하다고 평가했다.

하지만 수양은 문종의 재위 동안 아버지의 우려대로 관료들의 비판에 직면했다. 비판의 첫째 이유는 부처를 숭상하는 성향 때문이었다. 수양은 세종 대 후반부터 드러내 놓고 불교를 믿었다. 세종은 1444년(세종 26) 넷째아들 광평대군을 떠나보내고, 1445년(세종 27) 일곱째아들 평원대군을 또 보냈으며, 1446년(세종 28)에는 부인 소헌왕후까지 잃었다. 마음 둘 곳을 몰랐던 아버지를 위해 수양은 동생 안평과 함께 궁궐 내 불당 건립을 주도했다. 세종의 재위 말엽 불교 행사의 중심에는 늘 수양과 안평이 있었다.

이 같은 행적 때문에 수양은 문종이 즉위한 후 관료들의 적극적인 반발에 직면했다. 이들은 대군의 허물을 헤집고 파헤쳤다. 수양은 언론과 전면전을 치러야 했다. 결국 1450년(문종 즉위) 3월 3일 수양은 사헌부 헌납 황효원을 처벌하라는 상소를 직접 올렸다. 그가 "불상·불경·사찰을 모두 불태워 버려야 한다"고 과격하게 말했기 때문이다. 수양은《춘추》,《서경》,《논어》,《역경》의 예를 들어 그를 신랄하게 공격했다.

1451년(문종 1) 9월 26일에는 목에 칼을 찬 승려를 불쌍하다며 마음 대로 풀어 주고 집으로 데려간 적이 있었다. 그 승려는 승려 신분증명 서인 도첩 없이 백성의 살림집이 많이 모여 있는 곳을 출입하다 적발된 가짜 중이었다. 그를 원래의 호적으로 되돌리기 위해 칼을 씌운 것이었 는데 수양이 그 칼을 자의적으로 풀어 버리고 데려갔던 것이다. 이 일 은 내내 수양의 발목을 잡았다.

수양의 행위에 대해 대간은 발끈했다. 이들은 수양의 행위 자체를 문제 삼은 것이 아니라 신하로서 법을 무시하는 조짐이 커지는 것을 우려 했다. 10월 1일 사간원 좌정언 홍응은 심각하게 경고했다.

수양대군도 신하인데, 이목의 관원이 하는 일을 이처럼 마음대로 방해 하니, 이것은 비록 작은 일이지만 그 조짐을 자라게 할 수는 없습니다. ……만약 미세할 때에 방지하고 처음 번질 때에 막지 않는다면 비록 이보다 더 큰일이라도 또 반드시 뜻대로 할까 두렵습니다.

하지만 문종은 동생을 두둔했다. 수양의 추국을 청하는 사간원 우정 언 윤서에게 자신의 뜻을 전했다.

수양은 내가 아침저녁으로 만나 본다. 오늘 아침에도 이미 만나 보았다. ……너의 말하는 바는 옳지만 추국을 무리하게 청함은 아직 옳은 일인지 알지 못하겠다.

그러나 대간은 아랑곳하지 않고 뜻을 관철하고자 계속 상소했다. 이들은 《대명률》의 거구추섭인조拒歐追攝人條를 들었다. 거기에는 "무릇 관사에서 파견한 사람이 돈과 곡식을 추징하고 공사를 맡아 처리할 때 그에 항거하여 죄를 자복하지 않고 그 관리를 구타한 자는 장 80대를 때린다. 범죄 행위가 중한 자에게는 2등급을 더 올린다"고 규정되어 있었다. 대간은 이 조항을 수양에게 적용해야 한다고 주장했다. 문종은 대간의 주장을 받아들이지 않았다. 수양에게 장 80대를 적용해야 하느냐, 또 그 일로 직첩을 빼앗아야 하느냐고 소리 높여 힐책했다.

형 문종의 비호가 아니었다면, 수양은 탄핵의 칼끝을 피할 수 없었을지도 모른다. 사실 이때에는 수양이 왕위를 넘본다는 어떤 징조도 없었다. 혈육보다 언론의 촉이 더 예리했던 것이었을까? 수양의 조짐을 미리 잘라야 한다는 대간의 주장은 불과 2년 뒤에 옳았음이 드러났다.

문종은 동생을 언론의 견제로부터 보호해 주었을 뿐 아니라 능력을 높이 사서 일도 맡겼다. 수양은 1452년(문종 2) 4월 향악과 당악을 교육하던 관습도감의 도제조가 되었다. 당시 문종은 "음악을 아는 사람이 적은 까닭으로 마지못해서 했을 뿐이다"라면서 동생의 손을 들어주었다. 이때에도 사간원은 인사를 철회하라고 요구했다. 이들은 《육전》의 "종친은 지위만 높이고 봉록만 후하게 할 뿐 일로써 맡기지는 아니하여 친족을 친애하는 도리를 다한다"는 조항을 들어 문종을 압박했다.

대간은 "우리 조정이 건국한 이래로 60여 년이나 되었는데, 그 중간에 종친으로서 일을 맡길 만한 사람이 어찌 적임자가 없었겠습니까"라며 "지금 조정 신료 중에도 음악을 아는 적임자가 반드시 있을 것인데, 어찌 법을 무너뜨려 가면서 일을 맡길 필요가 있겠습니까?"라고 강력히 반대했다. 그러나 문종은 받아들이지 않았다.

수양은 아버지 세종이 돌아간 후 형 문종과 나랏일을 함께 성취하였지만, 종친으로서 정치적 견제도 노골적으로 받았다. 세종 대 말엽 대안으로 떠오른 수양의 이 시기 위상은 높으면서도 높지 않은, 미묘한 그 중간쯤에 자리매김되었다.

문종의 요절 ___ 문종은 세자 시절부터 건강이 좋지 않았다. 세종은 1449년(세종 31) 11월 세자의 병을 치료하기 위해 약사재·수륙재 등의 불교 행사를 열었다. 이듬해인 1450년(세종 32) 1월에도 강원도 용문산 상원사로 사람을 보내 세자의 병이 낫기를 기원하는 수륙재를 열었다. 또 승려 신미를 불러 불사를 크게 행하기도 했다.

문종은 재위 2년이 조금 넘은 1452년(문종 2) 5월 4일부터 다시 앓기 시작했다. 동생 안평은 대자암으로 가서 형의 쾌차를 위해 기도했다. 이를 시작으로 관료들이 종묘·사직·소격전과 삼각산·백악·목멱산으로 가서 신에게 기도했다. 기도의 효험인지는 알 수 없지만 문종은 음식 맛을 느낄 정도로 몸이 나아졌다. 그러나 그때뿐이었다. 5월 6일에는 수양도 흥천사로 가서 문종의 장수를 기원하는 공작재를 지냈다. 잠시 차도가 있었지만 역시 그때뿐이었다. 5월 11일에는 영의정 황보인과 우의정 김종서가 사직에서 기도하고, 공조판서 정인지가 소격전에서 기도했다.

발병 열흘 후인 5월 14일 문종의 병은 더욱 위중해졌다. 임금의 병환이 위급하니, 직집현 김예몽 등이 내의內醫와 더불어 사정전의 남쪽 행랑에서 의서를 뒤져 치료법을 찾았다. 이 자리에는 수양 이하 여러 종친이 모두 있었다. 당시 의료와 기도 등의 일은 수양과 안평 두 대군의 말을 받아 강맹경이 의정부에 고한 후에 시행했다.

이들의 노력은 끝내 허사로 돌아갔다. 1452년(문종 2) 5월 14일 유시(오후 5~7시)에 39세의 문종은 경복궁 강녕전에서 세상을 달리했다. 아버지의 죽음에 세자(후의 단종)는 "나는 어려서 어찌할 줄 모르겠다"며 허둥지둥했다.

수양은 형이 임종 직전이라는 소식을 들었으나 사정전 남쪽 행랑에서 강녕전 안마당으로 들어가지 못했다. 다만 바깥뜰에서 "어째서 청심원을 올리지 않는가?"라고 소리 지르며 통곡할 뿐이었다. 수양의 통곡에 어의 전순의가 청심원을 올리려고 했으나 이미 시기를 놓친 후였다. 죽기 직전 문종은 뒷일을 부탁하고자 좌우 사람들에게 "수양을 보고 싶다"고 말했다. 하지만 그들은 수양을 '숙의'로 잘못 알아듣고 부르지 않았다.

문종은 천성이 너그럽고 신중했다. 아버지 세종을 롤 모델로 삼아 평생 근신하며 살았다. 아버지를 옆에서 모시면서 경사를 강론하고《역경》과《예기》도 배웠다. 조맹부처럼 글씨도 잘 쓰고, 활도 잘 쏘고, 날씨 예측도 잘했던 문종은 후원에 친히 앵두나무도 심을 정도로 효를 다했다. 세종이 세상을 떠난 후에도 효를 멈추지 않았다. 문종은 세종의 죽음 후 결국 병이 될 정도로 슬퍼하다가 왕이 된 지 2년 3개월 만에 열

두 살의 아들을 남기고 죽었다.

문종이 세상을 뜨자 의정부는 세종의 후궁 혜빈 양씨를 시켜 세자를 경복궁 함원전으로 옮겼다. 또 병조판서 민신과 도진무 정효전·조혜를 시켜 내금위를 거느리고 함원전 후문과 여러 문을 나누어 지키게 했다. 그리고 윤암·이완 등을 궁성 사면 절제사로 삼아 각기 군사를 거느리고 주위에 빙 둘러서 경비하게 했다.

이날 수양은 집으로 돌아와 기운이 막힐 정도로 슬퍼하며 울었다. 수양은 항상 자신을 인정해 주던 존재로 형 문종을 기억했다.

대행大行은…… 부왕 세종의 상사 때 내가 본래 일을 했었으니 반드시 집에 있는 것을 좋아하지 않을 것이라 하여 졸곡 후 자신에게 와서 식사를 챙기라 명하였다. 또 나더러 정대하고 충성하며 지식이 다른 사람과 다르다 하며 더불어 일을 논하였다. 일찍이 진법을 만들었는데 '이정·제갈량인들 어찌 수양보다 나을까?'라고 말했다. 또 일찍이 침실에서 칭찬하기를 '수양은 비상한 사람이야' 하였다.

하지만 슬퍼할 겨를이 없었다. 무엇보다 살길을 도모해야 했다. 형이 아니었다면 자신은 장 80대를 맞고 숨소리도 내지 못했을 것이었다. 반면 의정부의 세상은 활짝 열렸다. 문종의 건강이 악화하면서 의정부는 이미 왕에게도 보고하지 않은 채 나랏일을 처리해 온 터였다. 의정부는 세자를 볼모로 궁성을 장악했다. 의정부가 어찌할지 아무도 예측할 수 없었다.

수양의 고립

단종 즉위 ___ 12세의 세자가 1452년 5월 18일 근정문에서 즉위했다. 바로 단종이다. 단종은 1448년(세종 30) 4월 3일 왕세손으로 책봉되었다. 문종이 1450년(문종 즉위) 8월 19일 영의정 황보인을 명나라로 보내 아들을 세자로 삼도록 청하여, 1451년(문종 1) 1월 24일 칙서에 따라 세자가 되었다. 단종은 궁에서 태어나 세손이 되고 아버지의 적장자로 세자가 되었다가 아버지가 돌아가면서 왕위를 계승한 조선 개국 이래 최초의 사례였다.

한 터럭만큼도 정통성에 하자가 없던 단종이 왕위에 오른 이때 혈육이라고는 여섯 살 위 누이 경혜공주뿐이었다. 그야말로 고립무원의 처지에 놓여 있었다. 어린 왕의 즉위는 모든 이의 슬픔을 배가시켰다. 문종의 죽음에 의정부는 물론 승정원·집현전까지 궐내에서 숙직했다. 의정부는 빈전도감을 설치하고 공조판서 정인지·의정부 참찬 허후·예조참판 정척을 빈전도감 제조로 삼아 상사를 주관하게 했다.

종친과 문무백관은 흰 옷과 검정 관과 검정 허리띠 차림으로 모여서 통곡했다. 이들의 곡소리가 궁의 뜰에 진동했다. 의지할 데 없는 단종의 즉위는 세종의 승하 때보다도 더 신민을 슬프게 했다.

단종은 즉위 당일 바로 교서를 발표했는데 거기에는 새 왕의 즉위 시 행하는 의례적인 것 외에 특히 의정부에 모든 것을 맡긴다는 내용이 두드러졌다.

一. 옛일의 정사가 모두 중국 서적에서 나왔는데, 하물며 내가 어리고 어떤 일을 베풀어 성취하기 어려울 듯하니 무릇 조치하는 것을 모두 의정부·6조와 더불어 의논하여 행하겠다.

一. 이전에 6조에서 항상 직접 아뢰던 공적인 일을 지금부터 모두 의정부에 보고하여 글로써 임금에게 아뢰어 시행하도록 한다.

一. 정3품 당상 이상 관원과 사헌부와 사간원·이조와 병조와 방어에 긴하게 관계되는 국경 지역 장수와 수령의 제수는 모두 의정부·이조와 병조와 더불어 의논하여 시행하고 그 나머지 3품 이하의 제수 또한 모두 살피어 논박하며 의논하라. 무릇 제수에 관해서는 내가 사사로이 가까운 자들은 쓰지 않고, 모두 공론대로 하겠다. 만일 임금의 특별한 명령인 특지로 제수할 자가 있으면 반드시 의정부 대신에게 의논하여 모두 가하다고 말한 연후에 제수하겠다.

一. 대소 죄를 결정하는 것은 모두 의정부에 내리어 의논한 연후에 내가 마땅히 친히 결단하겠고 감히 좌우의 사사로운 청으로 가볍게 하고 중하게 하지는 않겠다.

一. 이미 이루어진 격례나 옳다 아니다 할 것 없이 항상 행할 수 있는 일체의 잡사를 제외하고 그 나머지 공사는 모두 승정원 승지를 시켜 면대하여 아뢰게 할 것이며, 그중에서도 다시 헤아려 옳다 아니다 할 일이 있으면 반드시 의정부 대신과 더불어 친히 의논하여 결정하겠다.

一. 이조·병조의 인사권을 장악하고 있는 관료 집에 관리들이 엽관운동을 하기 위해 찾아다니는 분경奔競을 금하는 것은 이미 나타난 법령이 있지만, 다만 여러 업무를 헤아려 의논하는 의정부 대신 및 귀근 각처에서는 분경을 금하는 일이 없기 때문에 무뢰·한잡의 무리가 사사로이 서로 가서 뵈옵는 폐단이 진실로 많으니, 이후로는 이들에 대해서도 인사권을 잡고 있는 사람의 분경 예에 의하여 한결같이 시행하되 공사로 인하여 나아가고 물러나는 자와 출사하는 자는 이 한계에 두지 않도록 한다.

一. 일반적 경우를 제외하고 무릇 특별히 사면할 일이 있으면 비록 작은 것이라도 반드시 의정부에 의논한 뒤에 행하도록 하겠다.

어린 왕의 시대는 의정부 시대의 개막이나 마찬가지였다. 이때 의정부가 권력의 전면에 나설 수 있게 된 데에는 할아버지 세종 대 중반의 권력 구조 개편이 결정적인 단초로 작용했다. 세종은 1436년(세종 18) 의정부에서 일을 의논하여 결정하도록 하는 것으로 체제를 바꾸었다. 1414년(태종 14) 이래 사대문서事大文書를 관장하거나 중죄인의 형결을 제외하고는 모두 6조에서 전적으로 관장했던 6조 직계 체제를 의정부 서사제로 전환한 것이다.

이로써 모든 국정은 6조에서 먼저 의정부에 보고하여 의논하고 의정부에서는 그 가부를 의논하여 왕에게 아뢰고 왕이 재결하면 시행되는 방식으로 집행되었다. 다만, 이조와 병조에서 관리를 임명하는 일과 병조에서 군사를 쓰는 일, 형조에서 사형수의 형을 집행하는 일만은 해당 조에서 직접 왕에게 글을 올려 시행하되, 이 사실을 즉시 의정부에 보고하고, 혹 합당하지 못한 경우 의정부에서는 다시 글을 왕에게 올려 시행하도록 했다. 이때 의정부에는 좌·우의정만이 아니라 영의정 역시 가부의 논의에 참여하도록 했다.

세종 대에 권력 구조가 이 같이 개편된 데에는 여러 이유가 복합적으로 작용했다. 그중 하나는 집현전을 중심으로 옛 제도와 학술 연구가 심화하면서 중국 주나라 때의 재상 중심제를 희구했던 것과 관계가 있었다. 한 권의 책을 백 번 이상 읽었던 호학 군주 세종은 유교 정치가 진전됨에 따라 시골의 골목 곳곳까지 삼강오상의 윤리가 관철되는 조선을 만들고자 했다. 공맹이 논한 바 하·은·주 3대를 지향했기 때문이었다. 권력 구조 역시 그에 근사하게 하려 했는데 이것이 이른바 총재제, 즉 재상 중심제였다.

의정부 중심의 체제 개편은 필연적으로 재상 권한의 비대를 가져왔다. 세종 재위 후반 의정부에는 황보인이나 김종서 등 국가 중대사에 정통한 관료들이 포진해 있었다. 이들은 함길·평안의 북방 지역에 관찰사나 도체찰사 등으로 여러 해 파견되어 군사 요충지인 진鎭을 설치하거나 행성을 축조하는 등 국방 중대사를 직접 관장했었다. 한마디로 국정 경험이 풍부한 고위 관료였다.

먼저 김종서는 1433년(세종 15) 관찰사로 임명된 후 1435년(세종 17) 군사 책임자인 도절제사로 옮겼다가 1440년(세종 22) 형조판서로 임명되어 한양으로 돌아올 때까지 무려 7년을 함길도에서 근무했다. 그동안 두만강 유역을 답사하며 진을 신설했으니, 이른바 6진 개척의 주역이었다.

황보인 역시 국방 대책의 주역이었다. 황보인은 1440년(세종 22) 병조판서로서 평안·함길도 도체찰사에 임명되어 1452년(세종 32) 세종이 돌아갈 때까지 무려 10년간 평안도와 함길도를 번갈아 봄가을로 왕래했다. 그러면서 압록강과 두만강을 따라 행성을 축조했다.

의정부 서사제 부활 당시 영의정은 황희였는데 그는 이미 78세로 벼슬을 사양하고 물러날 공식적 나이인 70을 넘은 상태였다. 김종서와 황보인 두 사람은 황희를 대신하여 재위 후반 세종의 전적인 신임을 바탕으로 활약했다.

문종은 즉위 후 아버지의 신하를 중용했다. 게다가 자신이 죽으면 고아가 될 아들의 고달픈 처지를 예견했는지 세상을 떠나기 전, 의정부를 차지한 이들에게 가엾은 세자를 부탁했다. 왕이 된 미성년의 단종은 아버지의 유명을 받은 이들 의정부 대신에게 전적으로 의존했다. 고립무원의 처지에서 이는 너무나 자연스러운 일이었다.

의정부 사람들 ___ 세종 대 후반 이후 문종 대를 거쳐 단종 대 의정부에 포진한 이들은 권력의 정점에 있었다. 이 중 좌의정 김종서의 위세가 가장 셌다. "황보인은 나약하고 김종서는 권세를 혼자 쥐고 제 마음대로 하고 정분은 억눌린다"는 말이 나돌 정도였다. 1453년(단종 1) 8월 의정부에 출근한 김종서에게 영의정 황보인이 사람을 시켜 "일찍 오는 것이 좋겠소이다"라고 말했다. 그 말을 듣고도 김종서는 아무렇지도 않게 해가 기울어서야 출근했다. 황보인도 밀리는 것을 인정했다. 그래서 이후 혹 의논할 국가 일이 있으면 "영의정은 손님이다"라고 사양하면서 김종서에게 떠넘겼다.

김종서는 은혜와 원수를 분명히 구별했다. 1453년(단종 1) 1월 황보인이 조상의 산소를 돌보고 제사를 지내러 경기 풍덕에 갔다. 전송하는 자들이 구름과 같았는데, 김종서가 산소에 갈 때만큼은 아니었다. 김종서의 성질을 알고 미운털이 박힐까 두려워하던 사람들은 영의정을 압도할 정도로 몰려나와 눈도장을 찍었다.

김종서의 위세는 단종이 임시로 머물던 곳의 바깥뜰로 그 첩이 당당히 걸어 들어올 정도였다. 이에 대해 사헌부가 탄핵하려 했다. 그러자 김종서는 사헌부와 사간원에 적개심을 드러냈다. 경연 자리에서 "옛사람이 말하기를 정사가 사헌부와 사간원에 돌아가면 천하가 어지럽다 하였습니다. 청컨대 상감께서는 아무 거리낌 없이 잘난 체하며 과장하여 떠벌리는 신진 대간의 말을 듣지 마소서"라고 언급했다. 특히 사헌부 지평 신자승을 지목해서는 "지금의 대관에 흉포한 자가 있다", "지금의 대관이 어찌 다 이렇다 하리오? 반드시 한 사람이 하는 바일 것이다"라며 맹렬히 비난했다.

단종 대 의정부 사람으로는 이들 외에 이양·정분·허후 등이 있었다. 이양은 태종의 숙부인 의안대군 이화의 손자로 무인이었다. 의정부의 종1품 좌찬성이었는데 능력이 있었다기보다는 의친議親으로서 세종의 수릉관이 된 후 이때 한자리를 차지했다. 좌찬성 정분은 사리에 통달하고 재능이 많고 행정 일에 뛰어난 인물이었다. 허후는 의정부의 정2품 좌참찬으로서 이조의 겸판서였다. 세종 대 10년 이상 인사를 담당하며 극찬을 들었던 예제 전문가 허조의 아들이었다.

의정부 인사는 아니었지만, 김종서와 황보인 등의 사람으로 분류된 인물들이 있었다. 병조판서 민신과 이명민 등이다. 이들은 세종 말엽 토목공사로 엮여 있었다. 세종은 재위 말엽 정분과 민신 두 사람을 선공 제조로 삼아 불당·대자암·진관사의 역사를 모두 관장하게 했다. 이들은 토목과 영선에 관한 일을 맡아 보던 선공감의 관직을 나누어 건축을 관장했다. 부지런하되 조심했던 민신 등은 왕의 뜻에 영합해 지극히 화려하게 건축했다.

이명민은 민신의 친척이었다. 세종 대 말엽 황보인의 천거로 들어와 정분의 종관이 되어 도청에서 역도와 목석의 출납을 관장했다. 그는 1448년(세종 30) 세종의 막내아들 영응대군 집과 내불당 등의 건축에 이바지함으로써 세종의 눈에 띄었다. 세종은 그 공을 치하해 몇 달 만에 종3품 부정으로 일약 자급을 올려 주었다. 이후 이명민은 재목과 기와·쇠붙이와 석재를 사사로이 빼돌려 잘 나가던 황보인과 정분의 집, 그리고 김종서의 별실을 크게 지어 주었다.

이명민은 단종 대 초반 문종의 산릉과 혼전, 창덕궁 흥인문 공사로 백성이 죽을 지경으로 내몰렸을 때 오히려 정분과 민신에게 아부하면서 도청의 전권을 잡았다. 그러고는 삼군의 상호군·대호군·호군 등의 시중을 드는 방패와 섭육십攝六十을 도청에 예속시키고 여러 공장을 마음대로 부리고 조종하면서 일을 처리했다. 이때 사령이라 칭하며 의정부·승정원 및 병조에서 사역한 섭육십의 수가 거의 300명이나 되었다. 사실 방패나 섭육십은 임금을 호위하는 금군으로서 함부로 부릴 수 없었다. 그러나 당시 병조는 위세가 강한 이명민의 지시를 따를 수밖에 없었다.

이런 음흉하고 간사한 행동이 지나치다 여긴 병조판서 정인지가 그를 꾸짖었다. 그러자 불만을 품은 이명민은 민신 등과 모의하여 영의정 황보인이 직접 도청의 제조를 맡게 했다. 정인지가 다시 반발하자 황보인 등과 사이가 두터운 조극관을 병조판서로 임명하고, 그를 판중추원사로 옮기게 했다. 이 인사는 2품의 판서에서 1품의 판사로 정인지를 승직시킨 듯 보였지만 실제로는 권한을 빼앗은 것이었다. 당시 황보인의 힘을 배경으로 한 이명민·민신의 만행이 이 정도였다.

인사 전횡: 황표정사 ___ 세종의 죽음 이후 이어진 문종의 승하, 12세 단종의 즉위 등 정치적 변화 속에서 의정부의 권한은 점점 커졌다. 문종의 죽음은 단종에게는 하늘이 무너지는 일이었겠지만 의정부 대신들의 입장은 달랐다. 문종 대부터 이미 의정부 대신들은 왕을 의식하지 않았다. 문종이 세상을 뜨기 직전에도 이들은 본부에 앉아서 정5품 사인을 시켜 안부만 물었을 뿐이고, 변변치 못한 의관에 맡겨 놓았을 뿐이었다.

단종은 즉위한 뒤 교서를 통해 모든 일을 의정부에 맡긴다고 천명했다. 의정부가 주인 되는 세상이 도래한 것이다. 이런 정치적 상황에서 수양과 안평은 단종의 즉위 교서에 나타난 바, 분경奔競 금지 대상 범주에 자신들이 포함된 것에 반발했다. 1452년(단종 즉위) 5월 19일 수양과 안평은 이런 뜻을 의정부에 전했다.

우리에게 분경하는 것을 금하니, 이것은 의심하는 것이다. ······금상이 즉위하는 처음에 첫머리로 종실을 의심하여 금하고 막으니 이것은 스스로 우익을 자르는 것이다. ······우리는 나라와 휴척休戚을 같이하니 감히 무관심하지 못하기 때문에 말한다. 우리가 이 위태롭고 혼란한 때에 마음과 힘을 다해 여러 대신과 더불어 난국을 구제하려 하였는데, 어찌 도리어 시기하고 의심하는 것을 당하리라 생각했으랴.

수양과 안평은 종친의 손발을 꽁꽁 묶는 분경 금지 조치에 반발하면서 의정부를 겨냥했다. 단종의 우익으로 자처하며 강경한 태도를 보인 이들의 반발에 황보인 등은 한발 물러서지 않을 수 없었다. 이들은 전혀 몰랐던 일인 양 거짓으로 꾸며 대며 사헌부의 잘못을 핑계 댔다. 이일은 결국 대군 집에 대한 분경을 금하지 않도록 하고 종부시를 시켜 규찰하는 것으로 매듭지어졌다.

당시 의정부 대신들은 인사권을 독점하고 사사로이 휘둘렀다. 1452년(단종 즉위) 8월 김승규를 여마·구목 및 목장에 관한 일을 관장하기 위해 설치되었던 사복시의 정4품 소윤으로, 김승벽을 여러 공신을 대우하기 위해 설치된 충훈사의 상급 서리직 녹사로 삼았다. 이들 형제는 우의정 김종서의 아들들인데 모친 탈상 수일 만에 특지로 임명되었다. 1453년(단종 1) 1월에는 김종서의 사돈집 사람 김맹헌을 궁중에서 쓰는 의약의 공급과 임금이 하사하는 의약에 관한 일을 관장하던 전의감 판사로, 민신의 동서 신전을 수예문관 직제학으로, 김승규를 국가의 대제에 쓸 곡식을 관장하는 전농시 윤으로, 황보인의 아들 황보석을 사복시 소윤으로 삼았다. 1453년(단종 1) 6월 함우치를 동부승지로, 강윤을 공조좌랑으로, 김자청을 가축을 양육하는 일을 관장하는 부서의 종5품 전구서승으로, 한치형을 주례 일을 관장하는 부서의 종7품 사온직장으로 삼았다. 함우치가 승지로 임명된 데에는 왕명을 전하는 환관인 김연의 공이 컸다. 당초 함우치는 김종서에게 아부했던 인물이다. 사복시에 있을 때 붕어를 좋아하는 김종서를 위해 아침마다 붕어와 메추라기를 잡아다 바쳤는데, 그 공으로 첨지중추원사에 임명되었다가 이때 동부승지로 옮겨 간 것이다. 그런데 이 인사는 김종서가 아니라 환시宦侍에 힘입은 결과였다. 오죽하면 김종서조차도 비판할 정도였다.

이보다 앞서 황보인의 아들 황보석을 대신해 사위 홍원숙이 공조좌랑이 되었고, 다시 그 자리에 동서인 강윤이 임명되었다. 그러자 사람들은 "공조좌랑은 황보인 집안이 교대로 근무하며 녹봉을 받는 체아직"이라며 비웃었다. 같은 때 가축의 사육과 축산물을 제공하는 일을 맡아 보던 전구서승으로 임명된 김자청 역시 김종서의 사위였다. 1453년(단종 1) 9월 종묘서 승으로 임명된 박금손 역시 김종서의 사위였다. 이날 판통례문사가 된 윤삼산은 황보인의 사돈집 사람이었다.

이처럼 김종서·황보인 등은 상피相避 관계를 고려하지 않고 인사를 함부로 했다. 상피란 일정 범위 내의 친족 간에 같은 관사나 통속 관계에 해당하는 관사에 나아가지 못하게 하거나 청송관·시관 등이 될 수 없게 하는 인사 상규였다. 하지만 이들은 오히려 당연하다는 듯 아들·사위·아우·조카를 서로 바꾸어 천거하며 끌어들였다. 혼인한 집안도 특지라 핑계하고 자급을 올려 주고 자리를 옮겨 주었다. 그야말로 원칙 없는 인사였다.

이러한 인사 전횡의 중심에는 어린 왕 앞에 선 의정부 대신들이 있었다. 이들은 제수하는 날 의사청에 모였다. 이조 당상은 인사 행정을 하던 정청에 앉아 있다가 인사안을 정부청에 가져갔다. 이 인사안은 정3품 참의가 문관의 인사 사무를 관장하는 이조의 속아문인 문선사 정5품 정랑과 정6품 좌랑을 시켜 작성한 것이었다. 의정부 당상 3인은 매일 빈청에 나가서 이조 당상이 올린 사헌부와 사간원·이조와 병조·연변 고을의 장수와 수령의 인사안을 살펴보았다. 이때 이들은 임용 예정자 수의 3배수 중에 쓸 만한 자 1인을 취하여 '황표'를 붙여서 단종에게 올렸다. 그러면 단종은 붓으로 그 이름 위에 점을 찍을 뿐이었다. 이조는 단지 임금의 비답 초안을 쓸 따름이었다. 그래서 당시 사람들은 이를 '황표정사黃標政事'라고 이죽거렸다.

이조의 겸판사였던 허후조차 관직의 높고 낮음에 관계없이 인사에 관한 한 모두 의정부에 물어보고 지시를 받았다. 임시로 임명하는 종9품 도승과 같은 지위 낮은 관리조차도 의정부를 거치지 않고는 임명할 수 없었다. 당시 인사를 관장하는 임무를 맡은 허후는 이런 처지와 위험성을 낭관에게 하소연했다. 매번 "내가 아첨과 사정으로 제수한 일이 없다는 것은 그대들이 아는 바이다. 나는 주상께서 나이 드시면, 지금 중요한 지위나 직분에 있는 사람들이 죽은 후 그 무덤을 파고 관을 꺼내어 시체를 베거나 목을 자르거나 집을 헐어 버리고 그 자리에 연못을 만들던 화를 당할까 두렵다"라며 직을 해면해 줄 것을 갈구했다.

이처럼 단종 대 의정부는 인사를 전적으로 주도하면서 마음대로 자제를 승진시켰다. 법에 꺼리는 것이 있으면 고사를 끌어다가 임금에게 고하고 '특지'라고 써서 공론을 막았다. 이런 인사를 사론史論도 그르게 여겼다. 단종도 그 잘못을 알았다. 하지만 이들을 말릴 수 없었다. 의정부 세력이 타오르는 불길과 같아서 감히 누구도 어찌할 수가 없었다. 이것이 단종 대 인사 양상이었다.

안평과의 갈등 ___ 수양은 조카가 즉위한 후 바로 아래 동생 안평대군 이용과 갈등의 골이 점차 깊어졌다. 이용은 1418년(세종 즉위) 9월 19일 태어났다. 그 전 달인 1418년(세종 즉위) 8월 세종이 즉위했으니 수양이 대군 이도에게서 났다면, 안평은 당당한 조선 국왕 세종의 아들로 태어났다. 두 사람은 한 살 차이였다.

이용은 1428년(세종 10) 둘째형 이유, 넷째동생 이구와 함께 정1품의 대광보국에 올랐다. 1429년(세종 11)에는 좌부대언 정연의 딸과 결혼했다. 1430년(세종 12)에는 형, 동생과 함께 성균관에 입학했고 그해 12월 3일 대군에 봉해졌다. 이때 형 이유는 진평, 자신은 안평, 동생 이구는 임영으로 군호가 정해졌다.

세종의 적자 8명 중에서 둘째인 이유와 셋째인 이용은 늘 일을 함께 했다. 이용이 형과 더불어 두각을 나타내기 시작한 것은 세종 후반 아버지가 벌려 놓은 여러 국가 중대사에 본격적으로 참여하면서부터다. 이용은 1444년(세종 26) 형과 함께 《운회》 번역 사업을 관장했고, 1445년(세종 27) 대군으로서는 혼자 《의방유취》 감수에 참여했다.

이용은 형과 마찬가지로 세종 재위 말엽 숭불 태도 때문에 관료들의 비판을 받았다. 안평대군의 불교 숭신은 공공연했다. 1444년(세종 26) 어머니의 병환이 위중해지자 승려를 모아 기도를 드렸고, 1447년(세종 29)에는 아버지의 명에 따라 대궐 안에 두었던 부처의 뼈를 태조비 신덕왕후 강씨의 명복을 빌기 위해 건립했던 흥천사로 다시 가져가 사리각에 보관했다. 1448년(세종 30) 윤7월에는 궁궐 내 불당 설치를 형과 함께 주도했다. 1449년(세종 31) 11월에는 앞서 태종의 4자 성녕대군 이종의 명복을 빌기 위해 세운 암자인 대자암에서 수륙재를 행했다.

문종은 즉위한 후 동생 안평과 연결된 사람을 많이 임용했다. 이용은 내시부와 승직의 인사를 맡았다. 간단한 글을 써 놓은 쪽지를 정청에 보내 관료에게 벼슬을 준 경우도 상당히 많았다. 지사간원사로 임명된 정효강은 부처를 섬기고 안평에게 아첨해 이 관직에 올랐다는 평을 들었다. 종6품 부사직에 제수된 이현로는 젊어서부터 유사로 자처하며 시·부로써 안평에게 아첨하던 인물이다. "재주는 문무를 겸하여 장수와 재상의 그릇"이라 자부하면서 여타 영웅호걸을 능멸했다. 마음이 간휼하고 말을 잘하며 행실이 경박하고 무상한 소인이라는 평이 따랐다. 종실과 고위 관료에게 사랑을 얻어서 이름을 알렸는데 서경권署經權을 가진 병조정랑이 되어서는 뇌물 받은 벼슬아치라는 죄목으로 사헌부의 탄핵을 받기도 했다.

안평에게 붙은 이현로는 수양과 대립했다. 1452년(단종 즉위) 7월 수양은 안평과 함께 아버지 세종 능의 구덩이를 파는 곳에 갔다. 앞서 이현로는 "백악산 뒤에 궁을 짓지 않으면, (풍수) 김보명의 말과 같이 정룡이 반드시 쇠하고 방룡이 반드시 일어날 것이다"라고 안평에게 전한 바 있었다. 이날 수양은 그 사실을 의정부에 보고했는지 확인하려 했다. 수양의 물음에 이현로가 툴툴거리면서 무례한 태도를 보였다. 꼿꼿하게 마주 서서 질문에 대답하지 않고, 또 수양을 건너뛰고 안평에게만 공사를 고하였다. 이현로의 행동은 수양의 분노를 사기에 충분했다. 이 일로 그는 수양의 과녁이 되었다.

《십팔사략》을 인쇄하는 주자소에 임명된 정영통 역시 문신이 아닌데도 안평에 줄을 대 그 직임을 받은 자이다. 감찰에 임명된 박하 또한 노복처럼 아부했다는 평을 듣던 인물이다. 이 사람은 심지어 안평이 먹은 밥상을 거둬 와서 말꾼과 함께 먹으면서도 매우 만족한 모습이었다고 한다. 문종비 현덕왕후의 소릉지기에 임명된 조번 역시 연줄을 타고 안평에게 아부한 자이다. 심지어 그 아버지 조충손은 안평을 '상전'이라 불렀는데, 이는 노비가 주인을 부르는 말이었다.

이용은 형이 재위하는 동안 누구보다 특혜를 받았지만 문종이 승하한 뒤로 표변해 정해진 때에 모여서 슬피 우는 곡림哭臨에는 한 번도 참여하지 않았다. 술을 마시고 고기를 먹는 것도 평일과 다름이 없었다. 1452년(단종 즉위) 6월 8일 떨어지는 비를 주제로 이현로와 정문경 등과 주고받은 시를 보면 당시 그의 마음이 드러난다.

하늘 기상은 청명한 것이 적고 인생은 변고가 많네.
누가 후세를 기다린다고 말하던가 늙어감을 장차 어찌하리.
작은 해에 아름다운 빛이 있으니 만물이 광채를 더하네.
어느 때나 햇빛이 커져서 밝고 밝게 사방에 비칠꼬.
때로 비록 지극한 사람이 있으나 온 세상에 도都라 유兪라 할 이 없네.
정히 향기로운 난초 뿌리가 부질없이 초택楚澤 모퉁이에서 늙는 것 같구나.
황천이 만물을 내었으니 어찌 궁도窮途에서 마르게 하랴.

이용 자신이 딴마음을 품었는지 아니었는지는 분명하지 않다. 하지만 당시 의정부의 김종서·황보인과 결당한 것은 분명했다. 이는 김종서가 1452년(단종 즉위) 6월 30일 보냈다는 편지를 통해서 확인된다. 이 편지에서 김종서는 인심을 수습하여 반역을 꾀하라고 안평을 재촉했다.

큰 하늘이 본래 적요하니, 현묘한 조화를 누구에게 물으랴.
사람의 일이 진실로 어그러지지 않으면, 비 오고 볕 나는 것이 이로 말미암아 순응한다.

바람을 따라 도리에 부딪히면, 작작하게 화신을 재촉하고,
축축하게 젖는 것이 보리밭에 미치면, 온 지역이 고루 윤택해진다.

이용의 사람으로는 황보인도 있었다. 이 둘은 사적 관계로 연결되었
다. 이용은 13세로 요절한 태종의 막내아들이자 작은아버지뻘인 성녕
대군의 부인과 내밀한 관계였던 듯하다. 그런데 성녕대군 부인이 황보
인의 딸과 가깝게 지냈다. 이용은 황보인의 딸과도 가깝게 지냈다. 여
자들끼리의 친분을 빌미로 황보인은 이용에게 선물을 건넸고 이용도
화답했다. 뇌물이 오가는 가운데 이들은 한편이 되었다.

이들 외에 의정부와 6조 등 각 부처에 포진해 있던 이양·민신·조극
관·조순생·정효강·윤처공·조번·이징옥·정이한 등도 모두 이용의 우
익이 되었다. 1452년(단종 즉위) 8월에는 성승이 박탈당했던 고신과 과
전을 돌려받았다. '혹시 변이 있으면 마땅히 나의 말 앞에 설 자'로 그
를 평가한 안평이 힘을 써 구명한 결과였다. 성승은 훗날 죽음에 이르
는 사육신 중 한 명이었던 성삼문의 아버지이다.

문종 사후 점점 사이가 벌어졌던 한 살 터울 형제는 조카 단종이 즉
위하자 급기야 내 편 네 편으로 나누어졌다. 이들은 형제가 아니라 정
적이었다. 수양은 처음에는 안평의 사람들을 대수롭지 않게 여겼다. 안
평 우익의 권세가 안팎을 위협한다며 이에 대비해야 한다는 권람의 조
언에도 불구하고 "모두 재물로 사귄 관계이고 용렬한 인재들"이라며
심각하게 여기지 않았다. 하지만 수양의 판단과는 달리 상황은 녹록하
지 않았다. 어린 조카 앞에 선 의정부 대신, 그들과 결탁한 동생 안평.
결국 형 수양은 필연적으로 동생 안평과 최후의 한판을 벌여야만 했다.

고명 사은사행 ___ 수양과 안평 두 형제 사이의 갈등은 1452년 (단종 즉위) 9월 10일 수양이 단종 즉위에 대한 황제의 허락을 담은 조서를 받아 오고자 명나라로 들어가기를 자원하면서 극으로 치달았다. 보통 고명 사은사는 3공이 가는 것이었다. 당시 좌의정 김종서가 갈 차례였지만, "내가 오랫동안 변방 장수로 있어서 야인이 이름을 알지 못하는 자가 없는데, 만약 불의의 변이 있으면 국가에 걱정을 끼칠까 두렵다"라고 핑계 대며 가기를 꺼렸다. 이날 대궐에 나온 두 형제는 이 이야기를 나누며 묘한 긴장감에 휩싸였다.

> **안평:** 듣건대 형님이 북경에 가기를 계청하였다고 하는데, 그렇습니까?
> **수양:** 고명의 사은은 큰일인데, 황보인은 최근 갔다 왔고, 김종서는 늙었고, 남지는 병이 들었으니, 만약 낮은 관리를 보낸다면 명나라 조정에서 이를 비난할 것이다. 종친을 파견하면 천하에서 그 기강을 알 것이며 또 황제의 명을 존중한다고 생각할 것인데 만약 우리 종친이 공이 없이 녹만 먹고 임금을 위해 사신이 되지 않는 것이 옳겠는가? 이 때문에 계청하였다.
> **안평:** (안색이 변하며) 형님은 관계된 바가 중대하니, 국론도 반드시 따르지 아니할 것입니다.
> **수양:** (웃으며) 이는 내가 피하는 것이다.

이때 이현로는 안평을 부추겼다. "공의 용모와 수염과 시문과 서화에다 우리가 모시고 뒤따라서 북경에 간다면 가히 명나라에 명예를 날릴 것이며, 널리 인망을 거두어 후일의 기반이 될 것입니다"라며 여러 계책을 도모했다. 안평은 황보인의 딸을 초청하여 의복을 주면서 아버지 황보인에게 청하게 했다. 또 황보인·김종서 집에 직접 가서 자신을 명나라로 보내 줄 것을 청하였다. 수양은 안평의 음모를 알고 황보인의 측근 병조판서 민신을 부사로 삼는 고명 사은사행을 결정했다.

수양: 이제 3공이 모두 유고하여 북경에 가는 것이 어려우므로, 내가 누조의 은혜를 많이 입어서 밤낮으로 보답하기를 도모하였으나 할 바를 얻지 못해 한이 되었는데, 이제 먼 길을 달려가서 작은 정성을 표하기를 원합니다.

황보인: 공은 종실의 어른이니, 멀리 가기는 어려울 듯합니다. 안평대군이 어떻겠소?

수양: 나는 국정에 참여하지 아니하고 또 여러 재상이 있으니 비록 두어 달 멀리 간다 하더라도 무엇이 해롭겠습니까? 하물며 지금 임금이 어리신데 종실 대신이 명을 받아 분주히 간다면 중국 조정에서도 또한 우리나라의 체통이 있음을 알 것입니다.

이날 권람이 달려와서 "큰일을 놓칠 터인데, 어찌하여 생각지 못하심이 이토록 심합니까?"라고 수양을 원망했다. 그러면서 가노를 시켜 형의 집을 엿보는 안평을 방비해야 한다고 걱정했다. 그러나 수양은 웃으며 자신했다.

안평은 나의 적수가 아니오, 황보인·김종서도 또한 호걸이 아니니, 어찌 감히 움직이겠는가? 임금만을 보호하면 무사할 것이다.

그런데 이에 앞서 8월 10일 수양은 자신의 집 앞을 지나가면서도 들어오지 않던 신숙주를 불러들여 술을 마셨다. 이때는 사행이 결정되기도 전이었다. 두 사람은 명나라로 들어갈 것을 농담으로 떠보면서 뜻이 일치함을 확인했다. 그로부터 한 달 좀 넘은 9월 14일 신숙주는 사은사 수양의 서장관이 되었다. 당시 정부 관료는 수양의 사은사행에 동행하기를 꺼렸다. 부사 민신은 작은 병을 핑계 댔다. 허후에게 대신하게 했지만 그 역시 거짓으로 기뻐하는 체하면서 뒤로는 실록을 찬수하는 일이 긴급하다며 김종서에게 빼 줄 것을 청했다.

떠나기 전 수양은 강맹경을 시켜 대신을 경계해야 한다는 뜻을 단종에게 전하도록 했다. 특히 사람을 쓸 때 자세하고 신중하게 살피고, 항상 관원의 명부를 보고 그의 이름을 알아야 하며, 경연과 조계 때에 대신의 거동을 통해 그의 성질을 파악하여 인사에 신중하기를 거듭 강조했다.

단종은 아버지가 세상을 뜬 후 종친을 만나지 않았다. 그러다가 윤9월 2일 엄숙한 얼굴로 삼촌 수양을 불러 모피로 만든 요인 아닷개를 선물로 주었다. 이날도 수양은 하고 싶은 말을 하지 못했다.

윤9월 6일 주룩주룩 비가 온 이날 수양은 안평·황보인·김종서·강맹경과 더불어 문종 산릉의 역사를 살피러 갔다. 당시 산릉도감 장무였던 이현로는 안평·황보인·김종서 등에 대해서는 아첨하고 수양에 대해서는 거만한 태도로 방약무인했다. 이미 이현로의 행동을 주시하고 있던 수양은 여러 사람 앞에서 그의 무례함을 꾸짖으며 수십 차례 채찍으로 매를 치게 했다. 그러면서 안평에게 아부하고 골육을 이간질하는 두 가지 죄가 있다며 "네 죄가 지극히 크니 죽여도 아깝지 않다"고 했다.

이틀 뒤 수양은 이 일을 공론화했다. 수양은 이현로를 관료가 아닌 안평의 가노로 규정했다. 의논이 분분했다. 사간원의 일부는 수양을 비난했고 일부는 비호했다. 이날 수양의 행동은 의도적이었다. 이현로를 묶어 둠으로써 안평과 황보인, 김종서를 견제하려 한 것이다.

그러나 이현로는 끝까지 살아남았다. 단종은 이 일을 의정부로 돌렸다. 황보인 등은 안평의 뜻에 맞추어 미쳐 날뛰는 사람으로 이현로를 몰면서 죄를 다스리지 않았고 벼슬도 빼앗지 않았다. 후에 대간이 죄를 논박했으나 단종 역시 끝까지 들어주지 않았다. 오히려 자리에 복귀하도록 했다.

이현로가 수양의 채찍을 맞은 이날 한명회가 그의 집으로 찾아갔다. 아마도 친분이 있었던 듯하다. 이현로는 나랏일을 거론했다. 자신이 당시 백수였던 한명회를 안평에게 추천하겠다며 줄을 잘 서라고 충고하기까지 했다. 이현로는 몰랐다. 불과 1년 뒤 자신이 아니라 무명의 한명회가 나랏일의 주인공이 될 줄을!

이현로: 거처가 심히 누추하나 예전에 사랑하던 사람이니 무엇이 부끄럽겠는가.

한명회: 왜 매를 맞은 것입니까?

이현로: 그가 나를 염병처럼 미워하여 반드시 없애고자 함이다.

한명회: 이것이 무슨 일인가?

이현로: 큰일을 네가 어찌 알 수 있겠는가? 두어 달 지나지 아니하여 저절로 알 것이다.

한명회: 벼슬 없이 천한 포의천부는 국사에 참여할 일이 없는데, 다만

그대는 어찌 한마디 말을 아껴서 옛친구를 사이가 벌어지게 만드는
가?

이현로: (미소 지으면서) 너는 포의로서 이름을 아는 이가 없으므로 내가
이미 안평대군에게 추천하였으니, 한번 가서 뵙는 것이 옳다. 평생의
길을 얻는 것이 모두 여기에 있다.

한명회: 고맙네. 내가 모자라네. 잘 있게.

한편 허후는 의정부와 수양 사이를 왔다 갔다 했다. 윤9월 19일 수양
은 술과 안주를 가지고 온 환관 전균을 만났다. 이때 허후도 술자리에
참여했는데 취해서 막무가내 주사를 부렸다. 수양의 맏아들 도원군 이
징을 안고서 수양의 귀에 대고 "청컨대 군사를 일으켜 안평대군을 치
소서", "청컨대 형제가 화목하소서", "나는 나라를 위해 죽겠습니다",
"청컨대 나를 구해 주소서", "세종의 아드님으로 어찌 대군과 같은 이
가 있겠습니까"라며 횡설수설 지껄여 댔다. 오죽하면 환관 전균이 "충
은 충이나 대신의 체통이 없습니다"라며 비아냥거릴 정도였다.

수양은 명나라로 머나먼 길을 떠나면서 인질이 필요하다고 판단했
다. 자신이 없는 사이에 황보인·김종서 등이 추종 세력과 어떤 일을 벌
일지 예측하기 어려웠고, 무언가 일을 벌일 경우 제지하거나 협상하기
위한 카드가 필요했기 때문이었다. 수양은 황보인의 아들 황보석과 김
종서의 아들 김승규를 동행시키겠다고 했다. 권람은 계책이 매우 좋다
며 반색했다. 수양도 자신의 묘안에 만족스러워 했다.

윤9월 27일 큰아버지 양녕대군이 효령대군과 여러 종친을 집으로 불
러 명나라로 떠날 조카 수양을 배웅하기 위해 활쏘기를 겸한 가연을 열

었다. 참석한 모든 이들이 취해 쓰러졌다. 오직 수양만이 취하지 않았다. 양녕은 말술의 사나이 수양을 보고 "천하의 호걸이다. 중국 사람이 그것을 알 것인가?"라며 찬탄했다. 떠날 날이 얼마 남지 않은 10월 5일 수양은 권람에게 한명회와 함께 비밀리에 황보인 등의 종적을 염탐할 것을 지시했다.

떠나기 전까지 수양은 복잡한 경우의 수를 고민해야 했다. '천명이 있는 사람'이라는 양녕의 격려를 받으며 좋았다가 여행의 위험에 대한 경고를 계양군으로부터 들으며 심란해하는 등 도무지 마음을 추스르기 어려웠다. 그러다가 남편의 명나라 출장이 결정된 후 매일매일 눈물로 지샜던 부인을 두고 드디어 결기를 다졌다.

부득이하다. 국가의 안위가 이 한 번 행차에 달려 있으니, 나는 목숨을 하늘에 맡길 뿐이다.……나의 충성을 하늘이 알아주기를 원한다.

수양이 사행길에 오른 것은 10월 12일이었다. 황제에게 올리는 표문을 받들고, 호송군 400인과 호송하는 군마를 검찰하는 차사원을 데리고 명나라로 출발했다. 단종은 평양과 의주로 사람을 보내 위로연을 베풀었다. 10월 21일 수양은 의주까지 따라온 막내 영응대군 이염의 사자 금석에게 시를 지어 보냈다.

오가는 사이에 세월은 더딘데 그지없는 정은 꿈으로만 생각되네.
나랏일은 비록 든든하지 못하지만 어려운 일에는 형제가 앞서네.
내가 한번 강남으로 떠나가면 무슨 일을 하는지를 알리니 사직을 보존할 원대한 계책 살신성인하여 나라의 위태로움을 바로잡으리라.

돌아보니 고향 산천은 멀기만 한데 뻐꾹새만 뽕나무 가지 위를 날고 있네.

다만 나라에 충성하려는 마음뿐인데 어찌 잠시의 이별이야 염려하겠는가.

다행히도 그대의 소식을 받으니 애오라지 한 수의 시라도 보낼까 하네.

만일에 목숨이 보전된다면 심중의 이야기는 후일을 기약하리.

《단종실록》에는 요동에서 북경에 이르는 이 사행에서 수양이 "하나하나의 동작이 모두 예도에 맞고 풍모가 아름답고 영특하니 진실로 장군이다", "왕자의 동정과 예도가 여타 사람과 다른 것은 우연이 아니다", "조선의 왕자는 본시 귀골의 자손이라, 어질고 덕망이 있음이 보통 사람과 다르다", "태자의 거동이 비범하니 진실로 이는 부처님이다" 등 자신을 찬탄하는 언사를 끊임없이 들었다고 기록되어 있다. 남의 나라 왕자에게 악담을 퍼부을 필요야 없었다 하더라도 수양에 대해 '진실로 장군', '여타 사람과 다른', '보통 사람과 다른', '진실로 부처님'이라는 평을 굳이 했을까 의심스럽기는 하다. 세조 대에 편찬된《단종실록》에 이처럼 찬사를 쏟아낸 이방인의 반응을 살뜰하게 기록해 놓은 것은 아마도 수양의 집권이 필연이었음을 강조하려는 의도가 아니었을까 여겨진다.

수양이 나라 밖에서 스타로 거듭나고 있는 동안 안평은 1453년(단종 1) 1월 10일 돌아오는 형을 맞이하기 위해 길을 떠나겠다고 청했다.

수양대군이 만 리나 되는 먼 곳에서 돌아오는데, 그가 떠날 때 신에게 이르기를, '내가 돌아올 때 우리 형제가 의주나 평양으로 와서 주상 전하의 자세한 안부를 전하도록 하라'고 했습니다. 지금 들으니, 환관을 보내어 평양에서 영접하여 위로한다 하니, 청컨대 신을 시켜 아버지 세종과 영빈 강씨 소생 화의군이나 계양군 가운데서 한 사람을 데리고 가게 하소서.

대간은 반대했다. 왕자가 사신으로 간 예도 없거니와 피폐한 평안도에 국상 중 선위사를 보낼 필요가 없다는 이유에서였다. 거듭된 반대에도 불구하고 2월 4일 한양을 출발한 안평은 2월 13일 평양에 도착해 그곳에서 절도 없이 즐기고 놀았다. 수양은 동생이 자신을 기다릴 거라 착각하면서 사람을 보내어 박천강 가에서 기다리고 있으라 했다. 하지만 안평은 놀다 지쳤는지 아니면 의도적이었는지 순안에 이르러 말에서 떨어졌다 핑계를 대고 가지 않았다. 그런 동생에게 화가 난 수양은 "너는 기생을 탐해 서울을 떠난 지 4일 만에 평양에 이르렀고, 이제 또 핑계를 대니, 어찌 형제의 정이 있다 하겠느냐"며 꾸짖었다.

두 사람은 2월 14일 순안에서 만났다. 수양은 글씨 쓰는 체법이 될 만한 명필만을 모은 서첩을 동생에게 선물로 주었다. 이후 길을 재촉해 2월 26일 한양에 도착했다. 반면 안평은 평양으로 다시 돌아가 그곳의 군기를 모조리 검열하고는 3월 7일에 돌아왔다.

형제가 권력을 두고 적이 된 상황에서 안평의 첩 집으로 남루한 옷차림을 한 황보인이 남의 눈을 피해 드나들었다. 또한 안평은 김종서·정분·허후·민신·이양·조극관·정효전·정효강 등 이른바 자신의 사람들과도 자주 잔치를 벌이고 술을 마셨다. 피를 나눈 형제가 같은 길을 가기는 어려운 듯 보였다.

드디어 수양은 3월 23일 한명회가 데려온 내금위 무사들에게 충성 서약을 받으며 충돌이 불가피함을 선언했다.

안평은 도리에 어긋나며 권력과 세력을 가진 간사한 신하들과 결탁하였다. 종묘와 사직이 불안하고, 생령들이 남김없이 죽어 가니, 의리상 큰 어려움을 평정하지 않을 수 없다.

수양의 사람들

한명회·권람 ___ 권람은 의정부 찬성 권제의 아들로 권지의 동생이다. 스스로 세상의 높은 선비로 자처해 30세가 넘도록 관료가 되지 못해도 뜻을 굽히거나 흔들리지 않았다. 오히려 학문하기를 즐기고 사소한 예절에는 구애받지 않았으며 풍류와 학문이 동년배의 마음을 쏠리게 했다. 과거에 합격하기 위한 사소한 문예는 익히지 않았으며, 국가의 일을 담론할 적에는 말이 거침없었다. 사람들은 그런 권람더러 '백의 재상'이라 부르기도 했다.

권람은 첩에게 미혹된 아버지 권제가 어머니를 소홀히하자 울면서 호소했다. 하지만 아버지는 도리어 아들을 때렸다. 상처받은 권람은 집을 나와 여행길에 올랐다. 그때 동행한 이가 망형교忘形交를 맺은 한명회였다.

3___
계유정난,
핏빛 서사

한명회는 추증된 영의정 한기의 아들로, 일찍이 고아가 되어 가난했다. 글은 깨우쳐 과거를 여러 번 치렀지만 합격하지 못했다. 권람과 한명회 두 사람은 해를 넘도록 유명한 산을 두루 유람하며 경치가 좋은 곳을 모두 찾았다. 두 사람은 의기투합했다. "남아는 창을 드날리고 말을 달려서 변경 사이에서 공을 세우고 마땅히 1만 권의 서적을 읽어서 불후의 이름을 세워야 한다"며 서로를 독려했다.

권람은 1450년(문종 즉위) 정인지가 관장하는 문과에 합격했다. 이날 한밤중에 문종이 향시·회시에서는 모두 으뜸, 전시에서는 4등을 차지한 권람의 대책을 가져오게 했다. 당시 그는 "옛날 신돈이라는 중 하나가 오히려 고려 500년의 왕업을 망치기에 충분하였는데, 하물며 이 두 중이겠는가"라며 신미·학열 무리를 극력 비난했다. 문종은 "권람이 회시에 장원을 하였고 또 본래 명성이 있었는데, 이제 대책을 보니 또한 훌륭한 작품이다. 권람을 장원으로 삼는 것이 어떠한가"라고 의견을 냈고, 그에 따라 1등으로 올렸다.

한명회는 절친 권람이 문과에 합격한 후에도 여전히 백수로 있었다. 한명회가 그나마 벼슬 한자리를 얻게 된 때는 1452년(문종 2)이었다. 이때 태조가 왕이 되기 전에 거주했던 개경의 옛집인 경덕궁의 궁지기로 겨우 임용되었다. 할아버지 한상질이 1393년(태조 2) '조선' 국호를 정하는 데 이바지한 덕분에 특채된 것이었다.

두 사람이 적극적으로 정치에 관여하게 된 것은 1452년(단종 즉위) 수양을 도와 병서를 편찬하던 권람이 병이 나서 사직한 후 동래 온천에 갔다가 돌아왔을 때였다. 한명회가 찾아와 권람에게 시사에 관한 자신의 뜻을 알렸다.

지금 임금은 어리고 나라는 뒤숭숭한데, 대신이 권력을 마음대로 하고……안평대군이 대신들과 굳게 결탁하여 이름과 명예를 세상에 널리 떨치고 뭇 소인배를 불러 모아서 흉모를 꾸미고 있다.……수양대군은 뛰어나게 지혜롭고 총명하며 굳세고 꿋꿋하여 견뎌 내는 힘이 있으며 정직하여 사심이 없으니, 세종께서 중요한 임무를 맡기신 바이다. 자네는 가까이서 모신 지 오래인데, 어찌 은근히 돌려서 하는 말로써 그 뜻을 보이지 않는가?

한명회의 말을 들은 권람은 의중을 파악하기 위해 수양을 찾아가 말을 꺼냈다.

안평대군의 소행을 보면 조용함을 지키는 이가 아니니, 총명하신 공께서는 언행의 올바르고 당당함만을 믿고 환난에 대비하는 계책이 없어서는 안 될 것입니다.……문종이 돌아가시고 주상이 나이 어리시니 나라가 뒤숭숭합니다. 명공이 반드시 의심받을 처지에 계시니, 삼가지 않으실 수 있겠습니까.……총명하신 공께서는 문종의 동생이오, 세종의 여러 아드님 중에서 가장 나이가 많으시고 또 어지시니, 만일 종사와 생민을 염려하지 않으신다면 반드시 후회가 있을 것입니다.

수양은 권람의 말을 듣고 속내를 솔직하게 털어놓았다.

죽고 사는 것은 명에 있으니, 내가 마땅히 그 바른 것을 순순히 따를 뿐이다.……안평대군의 사람됨이 흉악한 미치광이 같고 성질이 고약하고 사나워 반역할 마음을 품은 지가 이미 오래되었다.⋯⋯주상의 어린 것을 경멸하고 더욱 방자 횡포하며 내가 손위인 것을 꺼려서 밤낮으로 꾀를 내어 나를 해치려고 하니, 화가 닥칠 기미가 이미 절박한데 장차 이를 어찌할꼬.⋯⋯일에는 순역이 있으니 또한 어찌 족히 두려워하겠느냐? 그대는 곰곰이 생각해 보라.

현 정치 상황에 대한 수양의 불편한 뜻을 확인한 권람은 한명회를 소개했다.

권람: 모름지기 장사로서 사생을 부탁할 만한 자 두어 사람을 얻어서 미처 어찌할 사이 없이 매우 급작스럽게 일어날 변에 대비하소서.

수양: 매우 좋다. 그러나 가히 장사를 얻게 해줄 만한 자가 누구인가?

권람: 한명회가 할 수 있습니다. 한명회는 어려서부터 기개가 범상하지 않고 포부도 작지 않으나, 명이 맞지 않아 지위가 낮아서 사람들이 아는 자가 없습니다. 공이 만일 발난拔亂할 뜻이 있으시면 이 사람이 아니면 할 수 없을 것입니다.

수양: 예로부터 영웅은 또한 세상이 험악하여 처세하기 어려움이 많으니 지위가 낮은들 무엇이 해롭겠느냐? 내가 비록 그 얼굴을 보지 못하였으나, 이제 논하는 바를 들으니 참으로 나라의 선비로다. 내가 마땅히 대면하여 상의하겠다.

권람은 한명회를 보증했다. 친구가 범상하지 않고 포부도 크지만 지위가 낮아 알려지지 않았다면서 군사를 동원하여 난을 일으키고자 한다면 반드시 그가 있어야 한다고 주장했다.

또 한명회에게 수양의 말을 전했다. 그러자 한명회는 전폭적으로 그 뜻을 지지했다.

자네가 비록 말하지 않았더라도 내가 본래 이를 생각하였다. 어찌 한 두 사람 할 만한 자가 없겠는가? 안평대군이 불의로써 여러 사람을 얻으니, 나 또한 한심하게 여긴 지 오래다. 수양대군은 성품이 본래 엄정하며, 문에 사사로이 찾아오는 사람이 없어 세력이 필부와 같으니, 세상을 구제할 재능이 있다 하더라도 어찌 능히 홀로 이루겠는가?

권람을 매개로 수양과 한명회가 결탁했다. 끈끈한 관계가 형성되는 순간이었다. 이때 수양은 35세, 권람은 그보다 한 살 위, 한명회는 권람보다 한 살 위로 수양과는 두 살 차이였다. 셋 모두 피가 철철 끓는 중년의 남자들이었다.

수양과 한명회가 직접 만난 때는 1453년(단종 1) 3월 21일이었다. 수양은 처음부터 그를 오랜 친구와 같이 여겼다.

주상께서 나이는 비록 어리다고 하지만 이미 큰 도량이 있으니, 만약 잘 보좌만 한다면 족히 수성할 것이다. 다만 한스러운 것은 대신이 간사하여 어린 임금을 부탁할 수 없으며, 도리어 두 마음을 품어 선왕의 부탁한 뜻을 저버리는 것이다. 지난번에 권람을 보고, 그대가 이 세상에 뜻이 있음을 알았으니, 청컨대 나를 위하여 일정하게 자리 잡은 주장이나 판단을 마련하라.

한명회 역시 수양의 뜻을 받아 사례했다.

저는 본래 용렬하고 어리석으니, 능히 일을 잘 꾸미거나 해결해 내야
하는 것에 어찌 반드시 부응하겠습니까.……안평대군이 대신들과 결
탁하여 장차 불궤를 도모하려 하는 것은 길 가는 사람들도 아는 것이
나, 그의 배반하는 정상을 뒤밟아 그 역모를 드러낼 수 없으니 비록 즉
시 거의 하려 해도 또한 이루기 어려울 듯합니다.

한명회는 일을 잘 꾸미지도 못하고 떨쳐 일어나기도 어려울 것 같다
했지만 곧바로 행동을 개시했다. 자신의 종 조득림으로 하여금 안평대
군의 종 및 여러 사람과 교제하게 하여 그의 행적을 밝게 했다. 염탐에
따르면, 안평은 황보인이 보낸 흰옥 허리띠를 받고서 황금 침향대로 보
답했고, 김종서와 정분에게는 물소 뿔 허리띠를 각각 하나씩 주었으며
또 다른 여러 사람에게도 진귀한 물건과 서화를 나누어주면서 매수했
다고 했다. 또한 안평의 심복인 조번과 왕래하면서 환심을 사서 그 세
력을 파악한 바에 따르면, "3공과 찬성 이양과 이조판서와 병조판서가
모두 삶과 죽음을 같이할 사람들이고, 군기판사 윤처공이 관장한 별군
과 수백 명 이상의 장인이 장악되었으며, 이명민이 영솔한 많은 역부까
지 포함하면 모두 1천 인은 확보했다"는 내용이었다.

신숙주 —— 신숙주는 경상도 고령현 사람으로, 공조 우참판에
추증된 영의정 신장의 아들이었다. 1439년(세종 21) 문과 제3인으로 뽑
혀 집현전 종6품 부수찬·정4품 응교를 거쳐 단종 대에 직제학에 이르

렀다. 신숙주는 세종 대 이래로 수양과 친밀한 사이였다. 나이가 같은 두 사람이 의기투합하게 된 계기는 1452년(단종 즉위) 8월 10일의 만남이었다. 당시는 교서를 통해 분경 금지령이 내려져 있었다. 이날 수양은 집으로 찾아온 정수충과 밖에서 이야기하다가 문 앞을 지나치는 신숙주를 보았다. 수양은 "신 수찬!"(신숙주는 1441년(세종 23) 부수찬이었다)이라 정답게 부르며 집으로 들어오게 해서 술자리를 가졌다.

수양: 옛친구를 어찌 찾아와 보지 않는가? 이야기하고 싶은 지 오래였다. 사람이 비록 죽지 않을지라도 사직에는 죽을 일이다.

신숙주: 장부가 편안히 아녀자의 수중에서 죽는다면 그것은 '집에 있으며 알지 못하는 것'이라고 할 만하겠습니다.

수양: 그렇다면 중국으로나 가라.

선문답 같은 농담으로 서로의 뜻을 확인한 두 사람은 이후 명나라 사은사 출장에 동행하면서 5개월을 함께 보냈다. 수양이 신숙주와 뜻을 같이했다는 것은 세종 대 집현전을 통해 성장한 여타 학자 관료의 지지를 끌어낼 수 있다는 의미였다. 그런 점에서 신숙주의 합류는 수양에게 큰 힘이 되었다.

홍윤성 ___ 홍윤성은 충청도 회인현 사람으로 1450년(문종 즉위) 문과에 급제한 인물이었다. 문신이지만 무재가 뛰어났다. 문종이 수양으로 하여금 진서陣書를 편찬하는 일을 관장하게 했을 때 권람과 함께 낭좌로 참여했다.

홍윤성은 한명회보다도 앞서 수양의 사람이 되었다. 1452년(단종 즉위) 먼저 수양을 찾아갔다. 수양은 농담 반 진담 반으로 '처자를 잊고 사직을 위해 죽을 것'을 다짐받았다. 둘은 이후 같은 배를 탔다.

홍윤성은 1453년(단종 1) 3월 22일 김종서의 집에서 열린 술자리에 초대받았다. 이날 술자리에는 막 충청도서 돌아온 그와 민신·조순생도 참여했다. 사복직장이었던 홍윤성은 여기서 불안한 국가 상황, 사람 쓰는 일, 변방 대책 등을 주제로 그들 사이에 오간 대화를 들었다. 이튿날 밤 김종서가 사람을 시켜 홍윤성을 불렀다. 이현로와 아들 김승규를 모두 내보낸 후 자신이 고시관으로서 홍윤성을 뽑았다며 문생門生인 그를 친자식처럼 여긴다고 했다. 그러면서 수양을 섬기지 말고 안평을 섬기라 권유하며 그 징표로 활을 주었다. 홍윤성은 이 호의에 거짓으로 응하는 체하며 활을 받아 물러났다. 그러나 결국 수양의 뒤에 줄을 섰다.

양정·홍달손 ___ 당시 한명회는 양정·유수·유하와 더불어 여러 번 시사를 논하였다. 이들은 임금의 호위와 궁중 숙위를 위해 설치된 금군의 하나였던 내금위에 속한 무사였다. 한명회는 이들에게 수양이 의를 분발하여 백성을 구제할 뜻이 있다고 말했다. 이 말을 들은 유수 등은 모두 죽기를 다하여 돕겠다고 했다.

내금위 무사인 이들이 수양에게 협력하게 된 것은 김종서에 대한 불만 때문이었다. 앞서 1451년(문종 1) 5월 6일 김종서는 내금위 인사를 두고 신랄하게 비판했다. "내금위는 본디 정밀하게 뽑아야 하는데 근래에는 혹 알맞지 않은 자가 있다"며 문제를 지적했다. 그래서 문종은 무반의 일을 아는 김종서를 시켜 내금위 간택을 관장하게 했다. 이것이

양정·홍달손 등이 김종서를 등지고 수양 편에 선 이유였다.

1453년(단종 1) 3월 23일 수양은 한명회의 소개로 양정과 유수, 유하를 만나 후하게 대접했다. 그러면서 "안평은 부도하여 권간들과 결탁하였다. 종묘와 사직이 불안하고, 백성들이 남김없이 죽어 가니, 의리상 대란大難을 평정하지 않을 수 없다. 그대들은 힘을 다할 수 있겠느냐?"라고 물었다. 이들은 충성을 맹세했다.

5월 15일에는 홍달손도 만났다. 한명회와 동갑인 홍달손은 재주가 뛰어나고 무략이 있었다. 두 사람은 시사를 주고받으면서 뜻이 맞음을 확인했다. 이때도 수양은 홍달손을 받아들였다. 그의 합류는 천군만마를 얻은 것이나 마찬가지였다. 홍달손의 임무는 도성을 순찰하는 순라를 감독하여 허술함이 없도록 하는 감순監巡이었다. 감순의 합세는 도성의 출입을 장악할 수 있다는 의미로 순졸 수백 인을 얻는 효과와 맞먹는 것이었다.

수양, 단기로 나서다

정변의 징조 ___ 수양이 세종의 둘째아들로 조카를 제치고 등극할 수 있을지 여부는 누구도 예견할 수 없었다. 어쩌면 꿈이었을 이 일은 적어도 세종이 살아 있는 동안에는 생각조차 할 수 없었다. 하지만 1443년(세종 25) 6월 21일 수양의 꿈에 나타난 노인의 존재는 일말의 기대를 품기에 모자라지 않았다. 꿈에서 노인은 공부에 힘쓰면서도

기를 조절하고 작은 욕심을 버리고 큰 욕심을 이루어 더없이 덕이 높은 사람이 되기에 부끄럽지 않도록 작은 선을 쌓아 성인의 큰 덕을 이루라고 수양에게 당부하고 사라졌다.

시중드는 사람들이 모두 잠든 고요함 속에서, 수양은 놀라 꿈에서 깬 후 솔바람 불고 창틈으로 별이 보이는 침잠의 시간 동안 시를 지었다.

한밤에 솔바람 소리 듣고 뚫린 창 너머로 별을 헤아려 본다.
탄식한다, 나의 노둔한 재질을 학업에 진력한들 어이 능히 이루랴?
한없는 고요 속에서 박명을 알지만 그 누가 이 심정을 위로해 주리.
나는 생각한다, 그 옛날 사람들의 행하신 바가 성실 않음이 없네.
성실은 도를 행하는 방법, 옛것을 익혀서 더욱 정진하리라.
큰 근본이 잘 정해져야 온갖 인재들이 많은 영화를 누리리라.

수양이 그런 꿈을 꾸었는지 누가 알 수 있으랴! 하지만 《세조실록》 총서에서는 특히 날짜를 특정해 꿈의 내용을 구체적으로 기록해 놓았다. 대군 신분의 수양에게 '큰 욕심'을 이루라며 권유한 노인을 등장시킴으로써 대군 그 이상으로 부상하리라는 예언을 해놓은 것이다.

그로부터 10년 후인 1453년(단종 1) 8월 수양대군 집의 가마솥이 스스로 소리 내어 울었다. 사저의 사람들이 원인을 몰라 떠들썩하고 뒤숭숭하자 수양은 "잔치를 베풀 징조이다"라고 해석했다. 그런데 무당 비파가 급히 달려와서 수양의 부인 윤씨에게 "이는 수양대군께서 39세에 임금의 자리에 오를 징조입니다"라고 말했다. 점사를 들은 윤씨가 놀라 다시 묻고자 했지만, 무당은 더 이상 고하지 않고 가버렸다.

과연 비파는 용한 점쟁이였다. 세종의 둘째아들이자 문종의 아우이고 단종의 숙부인 수양은 37세 되는 1453년(단종 1) 10월 10일 핏빛 권력을 잡았다. 그리고 그로부터 2년 뒤 등극했다.

오죽하면 점쟁이의 말을 《세조실록》 총서에 기록해 놓았으랴! 《실록》은 없는 사실을 기록하지는 않는다. 적어도 《실록》에 대한 그런 믿음은 있다. 마침 가마솥이 균형이 맞지 않아 소리가 났을 수도 있다. 하지만 사관은 신통한 점쟁이가 수양의 즉위를 예언했다며 의미를 붙여 특별히 기록해 놓았다. 이는 점괘를 언급할 만큼 수양의 즉위 명분을 찾기 궁박했다는 의미이기도 하다.

호랑이 등에 오른 편 가르기 ___ 타오르는 불길처럼 성했던 의정부 세력을 일거에 궤멸시킬 정변의 조짐은 수양이 북경에서 돌아온 이후부터 감지되었다. 누구의 라인을 탈 것인지 고민하는 사람들이 나타났다. 내 편 네 편의 편 가르기가 본격적으로 이루어졌다.

먼저 1453년(단종 1) 4월 9일 안평의 확실한 사람으로 분류되었던 이현로가 수양을 섬기려고 찾아왔다가 욕을 먹고 돌아갔다. 다음 날 정수충이 수양을 찾아와서 "이양은 안평에게 깊이 아부하는 자이고, 민신은 은근히 아부하는 자"라며 믿지 말 것을 귀띔했다. 수양도 그의 말에 동의하며 그들을 '웃음 속에 칼을 품은 자들'로 분류했다. 7월 28일 현릉의 감역관 안지귀가 충성을 맹세했다. 당시 수양은 현릉의 비석을 보러 갔다가 그와 함께 활을 쏘았다. 150보의 표적을 쏘아 백발백중하는 수양을 보고 안지귀는 "비록 큰일이 있더라도, 죽어도 따르겠습니다"라며 귀복했다.

이 무렵 안평의 행동은 가관이었다. 요절한 삼촌 성녕대군의 종 김보명의 풍수설에 따라 창의문 밖 인왕산 자락에 무계정사를 지었다. 겉으로는 "나는 산수를 좋아하고 번거롭고 속된 세상을 좋아하지 않기 때문"이라 했지만 실은 "비기에 이른바 장손에 이롭고 만대에 왕이 일어나는 명당"이라는 설을 따른 때문이었다. 안평은 이곳을 '시를 짓는 집'이라 부르며 널리 조사와 결탁했다. 이현로·이승윤·이개·박팽년·성삼문 등과는 마음으로 굳게 맹세하고 '문하門下'라고 칭하면서 건물 이름을 지어서 문사임을 자랑하며 서로 한편이 되었다. 이현로 등은 안평을 '사백(문장의 큰아버지)'이나 '동평(후한 광무제의 제8자인 동평 헌왕 유창. 집에 있을 때 선을 행하는 것이 가장 즐겁다고 하였음)'이라 칭하기도 했다. 김종서는 안평에게 글을 보낼 때마다 자신을 '맹말(맹세한 사람 가운데 끝자리 사람)·맹로(맹세한 사람 가운데 늙은 사람)'라고 낮춰 말하며 친숙함을 표했다.

《단종실록》의 기록에 나타난 이 시기 안평의 행동은 참람하기 그지 없었다. 거듭 강조하지만 《실록》은 사실만을 기록한다. 다만 치우쳐 강조하는 바가 있기는 하다. 안평이 실제 반역을 염두에 두고 의도적으로 이처럼 행동했는지는 확인할 수 없다. 하지만, 적어도 신하로서 부적절했음은 확실하다.

안평은 무계정사를 본거지로 하여 이들의 부추김에 취해 임금의 자리를 엿보았다. 스스로 권세가 있고 부유하다면서 다른 사람을 멸시했다. 또 참람한 물건을 많이 만들어 착용했다. 계모임에서는 시문을 지어서 등급을 매기고 큰 인장을 만들어 찍었다. 마음대로 역마도 사용했다. 안평에게 아첨하는 자들은 임금에게 보내는 계서처럼 글을 보냈고,

임금을 상징하는 용비(용처럼 날다)·봉상(봉황의 날개)·반린부익(용의 비늘을 부여잡고 봉의 날개를 붙듦)·계운·개치 등의 용어를 함부로 썼다.

김종서의 위세는 더 가관이었다. 1453년(단종 1) 6월 24일 임금이 임시로 옮겨 가 거처하는 시좌소 바깥마당으로 한 여인이 옷을 차려입고 거리낌 없이 걸어 들어왔다. 김종서의 첩이었는데 연지동에서 자기 어머니를 만나고 지나다가 들른 것이었다. 이 여인이 시좌소에 들른 것이 이번이 처음은 아니었다. 마침 이날 문지기가 출입을 막는 바람에 그녀가 배회하고 있는 모습을 환관 김연이 보았다. 세상에, 좌의정의 정실부인도 아닌 첩이 임금이 있는 곳에 마음대로 드나들다니! 공론화한다면 일이 커질 터였다. 김연은 도승지 박중손과 의논 끝에 단종에게 아뢰어 드나들지 못하도록 하는 것으로 일을 마무리했다.

1453년(단종 1) 8월 15일 김종서는 병을 핑계로 사직한 집현전 직제학 조어를 불렀다. 청렴하고 강개하여 영리에 힘쓰지 아니하고 권귀를 섬기지 않는다는 평을 듣던 인물이었다. 당시 조어는 임금이 어리고 국가가 위태로워 인사와 형벌이 침체하여 예전 같지 못하다 여긴 까닭에 고향으로 돌아가려 했다. 그런데 하직 인사를 하러 온 그를 만난 김종서는 하위지를 언급하며 협박했다. 단종이 장성하면 마땅히 다시 돌아오겠다고 했던 하위지의 말을 들어 그를 본받지 말라는 것이었다. 이 말에 가족에게까지 화가 미칠까 우려한 조어는 고향에 가족을 두고 자신은 돌아오려고 생각을 고쳐먹었다.

이렇듯 당시 안평은 왕을 참칭하면서 군림하고 있었고, 김종서 등은 어린 왕을 능멸하면서 관료들을 압박하고 있었다. 그런 가운데 일의 본격적인 시작은 의외로 아랫것들의 대화 속에서 감지되었다. 1453년(단

종 1) 9월 25일 가죽공예를 동업하던 권람의 종 계수와 황보인의 가동家
童이 대화를 나누었다.

황보인 가동: 네가 나랏일을 아느냐?

권람의 종 계수: 내가 어찌 알겠느냐?

황보인 가동: 우리 주인 영의정이 김공 등 여러 재상과 더불어 의논하
여, 장차 임금을 폐하고 안평대군을 세워서 삼으려고 하는데, 오는
10월 12일과 22일로 기한을 정하였다. 안평대군이 우리 주인에게 묻
기를, '어떤 꾀로 군사를 많이 얻을 수 있겠는가?' 하니, 우리 주인이
'창덕궁으로 이어할 날이 매우 급한데 수리하는 일이 늦다고 아뢰어
외방의 군인 수천 명을 불러서 이명민에게 거느리게 하고, 또 비밀
리에 황해도·충청도 두 도의 연변 주군의 군사를 징집하여 배로 싣
고 와서 마포에 대면, 대군께서 새벽에 그들을 거느리고 들어와서
이명민과 합세해 뜻을 이룰 수 있습니다'라고 답하더라. 윤처공과
조번이 군기감 병장을 안평대군의 집으로 비밀리에 운반하고, 또 거
사하는 날짜를 약속하여 오로지 병기를 공급하게 하였다더라.

계수는 이 말을 주인 권람에게 전했다. 권람은 수양에게 고했다. 그
러면서 "간당의 음모를 이미 다 알았으니 일이 급박합니다. 원컨대 공
은 큰 계책을 빨리 결정하십시오"라고 재촉했다. 수양은 큰일을 가볍
게 행할 수 없다며 다시 여러 사람과 함께 숙의해야 할 것이니 한명회
등과 함께 오라고 했다.

이날 밤 수양은 권람과 한명회, 홍달손, 양정, 유수, 유하 등을 만나

방책을 물었다. 여러 의논으로 이러니저러니 말이 많았다. 그러자 수양은 먼저 일어날 것을 결정했다.

이제 곧 임금에게 글로써 청하여 주살하는 것이 상책이나, 김연과 한숭이 밤낮으로 곁에 모시고 있으니, 내가 비록 몰래 아뢰더라도 저들이 반드시 먼저 알 것이다. …… 무릇 천하의 일은 사람이 마땅히 지켜야 할 올바른 도리인 상경常經과 목적 달성을 위하여 그때그때의 형편에 따라 임기응변으로 일을 처리하는 방도인 권도權道가 있는데 어찌하나만 굳게 지키고 통하지 못하여 일의 기회를 잃을 것인가? 변통하여 균형을 얻는 것이 곧 상경이니, 의가 마땅히 먼저 발하고 난 뒤에 글로써 아뢸 것이다.

그로부터 4일 뒤인 9월 29일 수양은 한명회, 권람 등을 다시 만나 드디어 거사할 날을 정하였다. 10월 10일이었다. 그런데 3일 후인 10월 2일 수양은 권람에게서 10월 10일을 거사 일로 정한 사실이 황보인과 김종서의 귀에 들어갔음을 알게 되었다. 그러나 주저하지 않았다. 이미 정한 대로 결행할 의지를 다시금 천명했다.

저들이 비록 알더라도 회의하기를 3일, 경영하기를 3일, 약속하기를 3일로 하면 총 8~9일은 걸릴 것이다. 만일 10일의 기한만 어기지 않으면 이룰 수 있다. 그러나 말이 입에서 나오면 사람은 알지 못하더라도 귀신이 알고 귀신이 알면 사람이 또한 아는 것이니, 혹시라도 입 밖에 내지 말고 더욱 조심하여 기다리고 다시는 와서 의논하지 말라.

계유년 그날 ___ 드디어 예정한 날이 되었다. 1453년(단종 1) 10월 10일 새벽, 수양은 권람·한명회·홍달손을 불러 김종서를 죽일 계획을 말했다. 모두가 찬성하자 무사들을 불러 후원에서 과녁을 쏘고 술자리를 베풀며 그를 치러 가겠다는 뜻을 분명히 밝혔다.

오늘은 요망한 도적을 소탕하여 종사를 편안히 하겠으니, 그대들은 마땅히 약속대로 하라. 내가 깊이 생각해 보니 간당 중에서 가장 간사하고 교활한 자로는 김종서 같은 자가 없다. 그가 만일 먼저 알면 일은 성사되지 못할 것이다. 내가 한두 명의 힘쓰는 자를 거느리고 곧장 그집에 가서 선 자리에서 베고 달려 임금에게 아뢰면, 나머지 도적은 평정할 것도 없다. 내가 오늘 여러 무사를 불러 후원에서 과녁을 쏘고 조용히 이르겠으니, 그대들은 느지막이 다시 오라.

한낮쯤 되어 권람이 수양의 집으로 다시 왔다. 수양이 그를 보고 난뒤 도로 후원으로 들어갔다. 강곤·홍윤성·임자번·최윤·안경손·홍순로·홍귀동·민발 등 수십 인이 와서 더불어 과녁을 쏘는데 감히 입을 열지 못하였다. 수양은 어미의 상중에 있어 참여하기 어렵다는 곽연성을 회유하라고 권람에게 일렀다. 이에 권람은 곽연성을 설득했다.

권람: 수양대군께서 지금 종사의 큰 계책으로 간사한 도적을 베고자 하는데, 함께 일할 만한 사람이 없기 때문에 자네를 부른 것이니, 자네는 장차 어찌하려는가?

곽연성: 이미 들었다. 장부가 어찌 장한 마음이 없을까마는 부모가 돌

아가심에 상복을 입고 명령을 따르기가 어렵다.

권람: 선비는 자기를 알아 주는 사람을 위하여 죽는 것이다. 지금 수양
대군께서 만 번 죽을 계책을 내어 국가를 위해 의를 일으키는 것인데,
자네가 어찌 구구하게 작은 절의를 지키겠는가? 또 충과 효에는 두
가지 이치가 없으니, 자네는 구차히 사양하지 말고 큰 효를 이루라.

곽연성: 수양대군께서 이미 명령이 있으니 마땅히 힘써 따르겠으나, 이
것이 작은 일이 아니니, 그대는 자세히 방략을 말해 보라. 나머지는
의논할 것이 없고, 다만 수양대군께서 김종서의 집을 왕래하는데 이
르고 늦는 것을 알 수 없으니, 성문이 닫히면 어찌할 것인가?

권람: 이것은 미처 생각지 못하였다. 마땅히 조치하겠다.

해가 저물자 홍달손이 감순을 위해 먼저 나갔다. 수양은 활을 쏜다는
핑계를 대고 멀찌감치 무사 등을 이끌고 후원 소나무 정자에 나가 소리
쳤다.

지금 간신 김종서 등이 권세를 희롱하고 정사를 오로지하여 군사와 백
성을 돌보지 않아서 원망이 하늘에 닿았으며, 임금을 무시하고 간사함
이 날로 자라서 비밀히 안평대군 이용에게 붙어 장차 불궤한 짓을 도
모하려 한다. 무리의 응원이 이미 성하고 화가 닥칠 기미가 바로 임박
했으니, 이때야말로 충신열사가 대의를 분발하여 죽기를 다할 날이다.
내가 이것들을 베어 없애서 종사를 편안히 하고자 하는데 어떠한가.

수양의 외침에 그곳에 모인 대다수가 찬성했다. 하지만 송석손·유

형·민발 등이 반대했다. 이들은 마땅히 왕에게 먼저 아뢴 후 김종서를 죽여야 한다고 했다. 의논이 떠들썩하여 복잡하고 어지러웠다. 북문으로 도망가는 자도 있었다. 수양은 방법을 물었다. 강행해야 한다는 의견이 주류였다.

한명회: 길 옆에 집을 지으면 3년이 되어도 이루지 못하는 것입니다. 작은 일도 오히려 그러한데, 하물며 큰일이겠습니까? 일에는 역과 순이 있는데, 순으로 움직이면 어디를 간들 이루지 못하겠습니까? 모의가 이미 먼저 정해졌으니, 지금 의논이 비록 통일되지 않더라도 그만둘 수 있습니까? 청컨대 공이 먼저 일어나면 따르지 않을 자가 없을 것입니다.

홍윤성: 군사를 쓰는 데에 있어 가장 크게 해가 되는 것은 이럴까 저럴까 결단하지 못하는 것입니다. 지금 사기가 심히 급하니, 만일 여러 사람의 의논을 따른다면 일은 다 틀릴 것입니다.

반면 송석손 등은 옷을 끌어당기면서 두세 번 만류했다. 그러자 수양이 화를 내며 고함을 치고는 드디어 활을 들고 일어서서 말리는 자를 발로 차고 하늘을 가리켜 맹세했다.

너희들은 다 가서 먼저 고하라. 나는 너희들을 의지하지 않겠다. 지금 내 한몸에 종사의 이해가 매었으니, 운명을 하늘에 맡긴다. 장부는 사직에 죽을 뿐이다. 따를 자는 따르고, 갈 자는 가라. 나는 너희들에게 강요하지 않겠다. 만일 고집하여 사기를 그르치는 자가 있으면 먼저 베고 나가겠다. 빠른 우레에는 미처 귀도 가리지 못하는 것이다. 군사는 신속한 것이 귀하다. 내가 곧 간흉을 베어 없앨 것이니, 누가 감히 어기겠는가.

처음 권람은 수양의 명에 따라 김종서의 집에 가서 인사했다. 권람과 김종서는 인연이 있었다. 권람이 과거장에 있을 때 당상에 있던 시관 김종서가 졸다가 꿈을 꿨다. 한 발이 넘는 검은 불꽃이 갑자기 머리 위에서 하늘로 솟아오르는 꿈이었다. 놀라 깬 김종서는 그곳에 있던 권람을 보고 그를 뽑았다. 이런 에피소드가 있는 권람이 이날 김종서를 찾아가 명함을 건넸다. 김종서는 그를 불러들여 별실에서 한참 동안 이야기했다. 권람이 돌아와 김종서의 동태를 보고하자 수양은 문을 나섰다.

전년 사은사행을 전후해 눈물로 나날을 보냈던 부인 윤씨는 이날 중문으로 나온 남편에게 갑옷을 가져다 입혔다. 수양은 가동 임어을운을 데리고 별도의 의장 없이 홀로 말에 올랐다. 집을 떠나기 전 권람과 한명회는 "지금 대군이 몸을 일으켜 홀로 가니 뒤에서 돕지 않을 수 없다"며 권언·권경·한서구·한명진 등을 시켜 서쪽 돈의문 내성 위에서 잠복하게 했다. 또 양정·홍순손·유서 등으로 하여금 미복 차림으로 수양을 따라가게 했다.

수양이 김종서의 집이 있는 마을 입구에 도착해 주위를 살폈다. 그의 아들 김승규의 집 앞에 무사 셋이 병기를 가지고 귀엣말을 하고 있었다. 말을 탄 무장 군사 30여 인은 길 좌우를 끼고 있으면서 "이 말을 타고 적을 쏘면 어찌 한 화살에 죽이지 못하겠는가?"라며 서로 과시하고 있었다. 수양은 이들에게 물러나라 호통치고 칼을 품에 감춘 양정과 활과 화살을 찬 유서를 잠시 기다리라고 하고는 김종서의 집에 이르렀다.

문 앞에서 김승규가 신사면·윤광은 등과 얘기하고 있었다. 수양은 김종서 보기를 청했다. 아들의 말을 전해들은 김종서가 한참 만에 나왔다. 수양은 멀찍이 서서 앞으로 나아가지 않았다. 그 모습에 김종서는 두세 번이나 들어오라고 청했다. 수양은 거절하며 다만 한 가지 일을 부탁하기 위해 왔다고 했다. 그러자 김종서가 부득이하게 앞으로 나왔다.

이에 앞서 수양은 자신의 사모뿔이 떨어져 없어진 것을 알았다. 이에 짐짓 김종서에게 빌려 달라고 했다. 사모뿔을 급히 빼 준 김종서에게 수양은 청탁의 뜻을 전했다. "종부시에서 영응대군 부인의 일을 탄핵하고자 하는데, 정승이 지휘하십니까? 정승은 누대 조정의 훈로이시니, 정승이 편을 들지 않으면 어느 곳에 부탁하겠습니까?"

여기서 영응대군 부인의 일이란 '송경'의 처벌과 관련된 것이다. 영응대군은 송복원의 딸과 혼인했다. 송경은 영응대군 부인의 조카이다. 송경은 누이와 재산문제로 서로 치고 박고 싸워 고신을 박탈당했다가 돌려받았는데, 여기에 고모의 청탁이 있었다 하여 탄핵에 이른 것이었다.

바로 이때 임어을운이 앞으로 나왔다. 수양이 물리치며 그를 꾸짖었다. 김종서는 하늘을 쳐다보며 한참 말이 없었다. 김종서 옆에는 윤광은·신사면 등이 굳은 표정으로 앉아 있었다. 그러자 수양은 은밀히 청할 것이 있다며 그들더러 물러가라고 했다. 그러면서 "청을 드리는 편지가 있다"며 종자를 불러 가져오게 했다.

수양은 "그 편지 한 통이 어디 갔느냐?"며 임어을운에게 소리쳤다. 수양의 독촉에 담당 관서의 편지를 바쳤다. 김종서가 물러서서 건네받은 편지를 달에 비춰 보았다. 바로 그 순간 수양이 어을운에게 눈짓했다. 어을운은 철퇴로 김종서를 내리쳤다. 김종서가 땅에 쓰러졌다. 아들 김승규가 놀라서 그 위에 엎드렸다. 양정이 들어와 칼을 뽑아 김승규를 베었다. 김종서 부자를 처리한 후 수양은 천천히 돌아왔다. 권언 등으로 하여금 돈의문에 들어가 지키게 했다.

허망하게 당한 김종서는 사실 이날 힘쓰는 자들을 모아 음식을 먹이고 병기를 정돈하게 하면서 경계했었다. 수양이 도착했다는 말을 듣고 사람을 시켜 담 위에서 엿보게 하면서 "사람이 적으면 나아가 접하고, 많으면 쏘라"고 지시했었다. 이들은 말 한 마리만 타고 온 수양을 보고 그대로 보고했다. 김종서는 그 말에 방심했다. 무장하기는커녕 두어 자루 칼까지 오히려 벽 사이에 걸어 놓고 나왔다가 불의의 일격을 당한 것이다.

앞서 수양은 단기로 집을 나서면서 무사들을 자신의 집 창고에 가두었다. 그러자 이들은 떠들어 대며 다투어 튀어나오려고 했다. 그중에는 "(임금에게) 먼저 아뢰지 않고 임의로 대신을 베는 것이 가합니까? 장차 우리를 어느 땅에 두려고 합니까?"라고 항의하는 자도 있었다. "어째서 우리에게 미리 일러 활과 칼을 준비하게 하지 않았습니까? 지금 다만 빈주먹이니 어찌합니까?"라고 불안해하는 자도 있었다. 그러자 권람이 문을 막아서서 그들을 설득하며 안심시켰다. "우리는 용렬하지만 대군은 식견이 높고 사물에 밝으니 익히 계획하였을 것이다. 그대들은 의심하지 말라."

한명회는 성문에 이르렀다가 다시 수양의 집으로 돌아와 명령을 반복해 고하면서 무사를 대기시켰다. 권람은 야간 순찰을 맡아 보던 순청으로 달려가 홍달손을 만나 수양이 이미 김종서의 집에 간 것을 은밀히 알리면서 순졸을 동원하지 말고 기다리라고 했다. 홍달손은 두 사람을 나누어 보내어 남쪽의 숭례문, 서쪽의 서소문 두 문을 닫게 했다. 돈의 문에 이르러서는 갑사 두 사람·총통위 열 사람을 시켜 지키게 하면서 비록 종소리가 다하더라도 문을 닫지 말고 수양대군을 기다리라고 했다. 이 모든 상황은 권언을 시켜 감독하게 했다.

다시 수양의 집으로 돌아가려던 권람은 미처 돌다리를 건너기 전에 성안에서부터 달려오는 사람을 만났다. 돌아보니 양정을 시켜 말고삐를 흔들면서 오고 있는 수양이었다. 만면에 웃음을 띤 것으로 보아 김종서 부자를 죽인 거사는 성공한 듯했다.

수양이 순청에 이르렀다. 홍달손은 순졸을 거느리고 뒤를 따랐다. 수양이 향한 곳은 궁 밖에 단종이 머물던 시좌소였다. 그곳에서 권람을 시켜 입직 승지 최항을 불러 내어 그의 손을 잡고 말했다.

황보인·김종서·이양·민신·조극관·윤처공·이명민·원구·조번 등이 안평대군과 한편이 되어 함길도 도절제사 이징옥·경성 부사 이경유·평안도 도관찰사 조수량·충청도 도관찰사 안완경 등과 연결하여 모반을 공모하여 거사할 날짜까지 정하였다. 형세가 심히 위급하여 조금도 시간 여유가 없다. 김연·한숭이 또 주상 곁에 있으므로 와서 아뢸 겨를이 없어서 이미 적괴 김종서 부자를 베어 없애고 그 나머지 지당을 지금 아뢰어 토벌하고자 한다.

또 환관 전균도 불러 말했다.

황보인·김종서 등이 안평대군의 중한 뇌물을 받고 전하께서 어린 것을 경멸하여 널리 당원을 심어 놓고, 번진과 교통하여 종사를 위태롭게 하기를 꾀하였다. 화가 조석에 있어 형세가 궁하고 일이 급박한데 또 적의 무리가 곁에 있으므로, 지금 부득이하여 예전의 먼저 감행하고 뒤에 아뢰는 일을 본받아 이미 김종서 부자를 잡아 죽였다. 그러나 황보인 등이 아직도 있으므로 지금 처단하기를 청하는 것이다. 너는 속히 들어가 아뢰어라.

그런 다음 숙직한 김처의를 시켜 그의 아버지 도진무 판중추원사 김효성을 불러들였다. 병조참판 이계전 등도 불러들였다. 그들을 시켜 단종에게 김종서 부자를 먼저 처단했음을 통고하게 했다. 단종은 이들의 보고를 듣고 군국의 중한 일을 모두 수양에게 위임했다. 그리고 삼군진무 한 사람에게 명하여 군사 140인을 거느리고 수양을 따르게 했다.

황보인·이양·조극관·한확·허후·이사철·정인지·박중손 등이 대궐로 소환되었다. 안평의 처족이던 도진무 정효전은 시좌소에서 집이 가까웠는데, 이날 문을 닫고 나오지 않고 울면서 "우리의 일은 이미 틀렸다"고 절망했다. 앞서 조극관은 수양을 안평보다 더 높이 평가하기는 했으나 동생 조수량의 "이미 음모에 참여했으니, 중도에 변할 수 없다"라는 말을 듣고 안평을 지지하는 뜻을 바꾸지 않았다.

경복궁 궐문에 이른 수양은 입직한 내금위 봉석주 등을 시켜 갑주를 갖추고 궁시를 차고서 남문 안쪽 뜰을 방비하면서 안평 쪽의 동향을 엿보게 했다. 또 여러 곳의 입직 별시위·갑사·총통위 등을 시켜 홍달손의 부서를 둘러서서 시위하게 하고, 순군에게 시좌소 앞뒤 골목의 출입

을 차단하게 했다. 친히 거느린 순졸 수백 인들을 시켜서는 남문 밖 가
회방 마을 입구 돌다리 가에 주둔하게 했다. 이들은 서쪽으로는 영응대
군 집 마을 입구부터 동쪽으로는 서운관 고개에 이르기까지 좌우로 나
누어 사람 출입을 통제했다. 또 돌다리로부터 남문까지는 마병·보병들
을 네 겹으로 에워싸게 했다. 힘쓰는 자인 함귀·박막동·수산·막동 등
을 시켜서는 제3문을 지키게 했다. 그리고 명령을 내렸다. "이 안이 심
히 좁으니, 여기 들어오는 재상들은 시중드는 사람을 제거하고 혼자 들
어오도록 하라."

　단종의 명령을 가장한 수양의 소환에 조극관·황보인·이양이 제3문
으로 들어왔다. 이들은 함귀 등의 철퇴를 맞고 죽었다. 이날 황보인은
창덕궁 동구에 이르러 김종서가 죽었다는 소식을 듣고는 사인 이예장
의 손을 잡고 "나의 후사를 보호하여 주게"라며 마지막 부탁을 했다.

　궁으로 들어오지 않은 윤처공·이명민·조번·원구 등은 수양이 보낸
사람들에 의해 죽임을 당했다. 또 삼군 진무 최사기를 환시 김연의 집
으로 보내 그를 죽였다. 문종의 현릉 비석을 감독하느라 비석소에 있던
민신에게는 삼군 진무 서조를 보내 베었다. 앞서 민신은 안평과 술을
마시다 돌아와 울며 "국가에서 나의 죄를 알지 못하고 살려 둔다", "내
죄를 안다"며 한탄했었다. 최사기와 의금부 도사 신선경을 시켜 군사
100명을 거느리고 성녕대군의 집으로 가서 도피한 안평을 체포하게 했
다. 수양은 강화로 압송당하는 안평에게 손수 편지를 써 "네 죄가 참으
로 커서 주살해야 하나, 다만 세종·문종께서 너를 사랑하시던 마음으
로 용서하고 다스리지 않는다"고 했다

　안평은 그 말을 전하는 사자를 보며 눈물을 흘렸다. "나 또한 스스로

죄가 있는 것을 안다. 이렇게 된 것이 마땅하다"고 후회했다. 아들 이우직도 삼군 진무 나치정에 의해 강화로 보내졌다. 사실 안평은 김종서가 이미 주살된 것을 알지 못하고 끝까지 저항했다. 강화로 가기 전 양화도에 이르러 종 영기를 불러 옷을 벗어 입히고 "네가 김 정승에게 가서 때가 늦어진 실수를 말해 주거라. 일이 만일 이루어지지 않으면 하석이 반드시 먼저 베임을 당할 것이니, 네가 꼭 뼈를 거두어 오라. 내가다시 보고야 말겠다"고 몰래 부탁했다.

그러나 반전은 없었다. 이우직은 강화에 이르러 "제가 여쭙지 않았습니까?"라며 원망했고, 아버지는 "부끄럽다. 할 말이 없다"고 변명했다. 안평의 당여 대정은 성녕대군 부인 성씨의 침실에 여장하고 숨어있다가 발각되어 베임을 당했다.

운성위 박종우는 수양을 만나러 문에 이르렀으나 선뜻 들어가지 못했다. "비록 부르시는 명령은 없으나 변고가 있음을 듣고 여기 와서 명을 기다립니다" 하고 조심스러워했다. 우승지 권준·동부승지 함우치도 수양을 만나러 왔다. 수양은 그중 박종우와 권준만 불러들였다.

이날 밤 몹시 추웠다. 정인지는 권람을 시켜 이계전·최항과 함께 붓을 잡고 교서를 짓게 했다. 단종이 환관 엄자치를 시켜 수양 이하 여러 재상에게 술과 안주를 내렸다. 수양은 군사에게도 술을 먹이도록 청하는 한편, 안평의 무리인 환관 한숭·사알 황귀존을 궐내에서 잡아 의금부에 넘기도록 압박했다.

그런데 어을운의 철퇴를 맞던 김종서가 놀랍게도 죽지 않고 다시깨어났다. 수양이 이미 궁을 장악한 줄 알지 못한 김종서는 원구를 시켜 돈의문을 지키는 자에게 달려가 "내가 밤에 어떤 사람에게 상처를 입어 죽게 되었으니 빨리 약을 보내라고 의정부에 고하고 안평대군에게도 고하고, 내금위를 보내도록 임금에게 아뢰라. 나를 상하게 한 자를 잡으려 한다"는 말을 전하도록 했다. 당연히 수문장은 듣지 않았다. 김종서는 상처를 싸매고 여자 옷을 입고서 가마를 타고 돈의문·서소문·숭례문 세 문을 거쳤으나 모두 들어가지 못하고 아들 김승벽의 처가로 가서 숨었다.

10월 11일 아침에 이명민도 다시 깨어났는데 들것을 타고 도망가다가 홍달손에게 발각되었다. 홍달손은 호군 박제함을 시켜 그를 베었다. 수양은 여러 적이 다시 깨어날 것을 염려하여 양정과 의금부 진무 이흥상을 보내 수색했다. 김종서는 아들 김승벽의 처가에서 체포되었다. 이때 김종서는 죽는 것이 아니라 옥에 갇히는 것이라 여겨 "내가 어떻게 걸어가겠느냐? 종2품 이상 벼슬아치가 타던 초헌을 가져오라"고 눈치 없이 큰소리쳤다. 이것이 끝이었다. 끌려 나온 김종서의 머리가 잘렸다.

이틀간에 걸친 이 유혈 참극으로 김종서 부자·황보인·이양·조극관·민신·윤처공·조번·이명민·원구 등이 모두 저자에 효수되었다. 훗날 시장 아이들은 효수된 이들의 머리를 본떠 탈을 만들어 쓰고 음력 섣달 그믐날에 민가와 궁중에서 묵은해의 마귀와 사신을 쫓아 내려고 베풀던 나희를 하며 노래 불렀다. "김종서 세력을 따라 조극관도 몰락하네."

이날 밤에 달이 지고 하늘이 컴컴해지자 별똥별이 떨어졌다. 호위 무사가 놀라서 고하니, 이계전이 두려워하여 나팔 불기를 청하였다. 수양이 웃으며 "무엇을 괴이하게 여길 것이 있는가? 조용히 하여 진압하라"고 말했다.

세조는 후에 이날의 일을 기록하게 했다. 1464년(세조 10) 10월 14일 신숙주·한명회·최항·노사신 등을 시켜 찬술하게 했던 《정난일기靖難日記》가 그것이다.

수양은 당시 권력을 독점한 이들 의정부 대신을 포함하여 그들의 사람을 폭력적으로 제거했다. 계유년 수양의 주도로 이루어진 이 정변은 사적 물리력을 동원해 공적 시스템을 무력화시킨 사건이었다. 아버지 세종은 유교 국가 조선의 군왕으로서 형륙을 당한 사대부가 없는 나라를 만들고자 했다. 반면 아들 수양은 권력을 장악하기 위해 자신과 결당한 이들과 더불어 폭력으로 강제하며 시스템 속의 관료들을 숙청했다. 예치의 부정이었다.

정난의 결과

영의정부사 겸판이병조사 수양 —— 피바람이 몰아친 다음 날
인 1453년(단종 1) 10월 11일 주요 인사가 단행되었다. 수양이 영의정
부사 영경연서운관사 겸판이병조사가 되었다. 의정부 서사제에서 영의
정은 신하로서는 최고권력자였다. 단종이 허울뿐인 왕이라면 실질적
권력자는 영의정 수양이었다. 게다가 각 조의 판서가 최고책임자로 있
음에도 그보다 상위의 판사직까지 겸하여 이조와 병조를 장악했다. 이
로써 수양은 문무관료의 인사권을 거머쥐었다.

일인지하 만인지상의 권력자가 된 수양은 호위를 강화했다. 갑사·별
시위 각 50명, 총통위·방패 각 20명 등이 수양을 시위했다. 수양 자신
은 군사를 거느리고 종친청宗親廳에서 숙직했다. 병조판서 이계전·병조
참판 박중손·도승지 최항·좌부승지 박팽년·우부승지 박원형·동부승

____4
**수양
천하**

지 권자신 등도 3정승이 집무하던 빈청에 모여 숙직했다.

이날 의정부·6조·승정원·대간·8도의 주요 인사가 단행되었다. 정인지를 의정부 좌의정으로, 허후를 의정부 좌참찬으로, 정창손을 이조판서로, 김조를 예조판서로, 이계전을 병조판서로, 박중림을 호조참판으로, 박중손을 병조참판으로, 권준을 사헌부 대사헌으로, 홍달손을 병조참의로, 김자갱을 형조참의로, 최항을 승정원 도승지로, 신숙주를 우승지로, 박팽년을 좌부승지로, 박원형을 우부승지로, 권자신을 동부승지로, 이종목을 첨지중추원사로, 허추를 사간원 좌헌납으로, 김계우를 우헌납으로, 공기를 우정언으로, 민건을 충청도 관찰사로, 기건을 평안도 관찰사로, 성승을 충청도 병마도절제사로, 박호문을 함길도 병마도절제사로, 김윤부를 충청도 수군 도안무처치사로 삼았다. 이날 임용된 인물 중에서 일부가 사직을 청했다. 박중손·김문기 등이었다.

또 안평의 잔당을 처리했다. 지정을 영암에, 정분을 낙안에, 조수량을 고성에, 이석정을 영일에, 안완경을 양산에 안치했다. 또 한숭을 여연에, 황귀존을 강계로 압송하여 종으로 만들었다. 또 구치관을 함길도 경성으로 보내 도호부사 이경유를 베게 했다. 상호군 송취에게 함길도로 가서 도절제사 이징옥을 압령押領하여 평해에 안치하게 했다. 김종서 편에 섰던 박이령·조석강·함우치 등과 안평과 바둑을 두었던 이승손도 파면했다.

10월 12일 수양은 경복궁 충순당으로 옮겨 갔다. 《단종실록》에는 이날의 출근길을 '환희'의 송가가 울려 퍼지듯 벅차게 묘사해 놓았다. 이날 수레가 문으로 나오니, 도성 사람들이 수양의 의위儀衛를 바라보고 놀라워하면서 눈물을 흘리는 자까지 있었다고 했다. 무지개가 백악에서 수양의 집까지 이어졌다고 했다. 경복궁 집현전에서는 무지개를 가리키며 "하늘에서 충심을 믿은 것이다"라고 감탄했다고 했다. 백관이 모두 글을 올려 시정의 계책을 말하니 백성이 환호했다고 했다. 피의 희생을 대가로 권력을 쟁취한 수양의 발걸음에 어찌 찬사만 있었으랴마는 어쨌든 공식 기록은 이렇게 장밋빛 등장 광경만을 묘사해 놓았다. 믿거나 말거나다.

10월 12일 황보인의 사위 홍원숙을 황해도에, 권은을 경기 용인에, 김종서의 아들 김승벽을 충청도 청주·공주·전의 등지에, 김종서 첩의 자식 김석대를 충주에, 윤처공의 아들 윤경을 전라도 남원에 안치했다. 이경유의 아들과 사위도 멀리 변방에 안치했다. 다음 날에는 박하와 하석을 안치하고 《대명률》의 모반 대역조에 따라 정분·조수량·안완경·조충손·지정·이보인·이석정·이의산·박하·조순생·조완규·한숭·이차효산·안막동·황귀존·이징옥 등을 변방에 안치했다. 이들의 자식으로 나이 16세 이상인 자는 영원히 변방 마을의 관노로 삼았다. 나이 15세 이하인 자 및 모녀·처첩·조손·형제·자매 또는 자식의 처첩은 영구히 외방 관노에 붙였다. 백숙부와 형제의 아들은 외방에 안치했다. 강화로 보내진 안평대군 부자를 교동현으로 옮겼다. 안평 부자·황보인·김종서·이양·조극관·민신·윤처공·이명민·김연·조번·김승규·원구·이현로·대정·하석 등의 재산을 몰수했다. 나머지는 재산을 몰수하지 않았다. 허후를 거제에, 이세문을 삼척에, 유형을 고성에, 윤광은을 간성에 안치했다. 영해에 안치한 김처선은 석방되었다. 허후는 이중적 태도를 보인 것이 죄가 되었다. 겉으로는 충성하고 바른 체했지만 안으로는 화가 되는 마음을 품고 조정을 혼탁하게 어지럽혔다는 것이다. 허후는 항상 먼저 김종서의 집에 몰래 가서 주의할 것을 보고한 다음, 정청에 나와 그들의 뜻에 따라 제수했다. 정난 당일에는 동기인 황보인을 두둔해 효수하지 말기를 청했다. 정난 직후 수양이 찬성을 제수하자 굳이 사양하고 받지 않다가 이때 거제에 안치되었다.

이틀 뒤 10월 14일에는 정난을 하례하는 전을 단종에게 올렸다. 이때 수양이 전면에 섰다. 수양은 종친·문무 백관과 함께 길복을 입고 행사를 치렀다.

어찌 뜻하였으랴. 지친이 가만히 역당과 결탁하여 흉악한 무리가 중외에 포열하고 화의 기미는 경각 사이에 절박하였다. 다행히 종묘 안의 돌로 만든 신주를 모셔 두는 종석의 영이 있어 신통한 꾀를 능히 결단하니 흉한 무리는 스스로 멸망에 이르고 온 조정은 이미 청명해졌다. 무릇 보고 듣는 자는 모두 같이 뛰고 춤추었다. 엎드려 생각건대, 신등은 모두 용렬한 자질로서 기세가 크게 일어나 뻗어 나가는 시기에 즈음하여 즐거이 백관과 더불어 대궐 계단의 하례가 깊이 간절하여 공경히 만수를 빌며, 숭악의 환호(한나라 무제가 숭산에 올라가 제사를 지낼 때 곳곳에서 만세소리가 들렸다는 고사에서 나온 말로서 백성들이 임금을 찬양하여 만세를 부르며 즐거워함을 말함)를 모셔 올립니다.

이날 다시 남아 있는 적의 잔당을 처결했다. 지화를 베고, 김정·김말생을 각각 장 100대를 때려 영구히 변방 고을 관노로 보냈다. 김산·정대평·박효충·김효산·홍은봉·안막동·양옥·고계로·심견·최로·귀봉·남해·강통·우명로·중을·지명·구지·불련·망실·말생·영기·석동·박금·몽동·군생·거을·우미·을봉·천로·춘길·막동·승통은 영구히 변방 고을의 관노로 충당시켰다. 지화는 태종 때부터 궁중에 출입한 맹인으로 젊어서부터 길흉을 잘 점치는 것으로 소문난 인물로, 위복을 떠벌여서 조사들조차 감히 똑바로 보지 못할 정도였다. 임금이 될 운명이라고 안평을 부추겨서 난을 꾀하려는 뜻을 굳히게 했다가 이때 결국 주살되었다.

10월 15일 다시 인사가 단행되었다. 한확을 우의정으로, 이사철을 좌찬성으로, 김효성을 판중추원사로, 이계린을 좌참찬으로, 박중림을 형조판서로, 이변을 호조참판으로, 김말을 경창부윤으로, 이흥상을 첨지중추원사로, 김신민을 집현전 부제학으로, 하위지를 사간원 좌사간으로, 성삼문을 우사간으로, 이개를 수사헌 집의로, 구치관을 지사간원사로, 유응부를 평안도 도절제사로, 박쟁을 충청도 처치사로, 이교연을 밀양 부사로 삼았다.

반역자의 무리를 찾아내는 일 역시 계속되었다. 김종서에게 말을 준 김윤부는 파직했다. 안평을 따라 강화로 들어갔던 관노 박금·영기·군생 등과 수원 관할 광덕에 숨어 있는 김승벽을 체포했다. 정분·조수량·안완경·조충손·지정·이보인·이석정·이의산·박하·조완규·조순생·한숭·이징옥·이세문·윤광은·유형·허후·이차효산·안막동·황귀존 등의 임명장도 박탈했다. 박하는 본래 재능이 없었지만 우스갯소리를 잘하고 성질이 호방했다. 사람들이 열에 넣어 주지 않아 나이 늙도록 벼슬길이 순조롭지 않았다. 대궐 서문을 지나는 그를 문루에 있던 안평이 보았다. 그때부터 친해져 노복처럼 안평을 섬겼다. 박하는 그 대가로 중추원 녹사에서 선공주부로, 조금 뒤에 다시 감찰로 승진했다가 고양

현감이 되었는데 이때 추탈당했다. 조완규와 조순생 두 사람은 모두 다 장기와 바둑으로 안평 집에 드나들었는데 역시 이때 추탈당했다.

10월 17일 양녕대군 등이 교동으로 옮긴 안평을 죽이라고 청했다. 계유년 그날 이후 정부·6조·대간·부마부·중추원 등에서 안평 부자를 법대로 처리해야 한다고 계속 요청한 지 일주일가량 지난 시점이었다. 수양은 626년 당 태종이 형인 태자와 넷째동생을 궁궐의 현무문에서 습격해 죽였던 '현무문의 변'까지 언급하면서 눈물을 멈추지 않았다. 그러면서 "세종·문종의 유교가 있고, 또 〈용비어천가〉에도 있으니, 지친에게 사사할 수는 없다"며 죽여서는 안 된다고 하고, 작은 방에 들어가 다시 통곡했다.

10월 18일 종친청에서 경회루 남문으로 나온 수양은 최항을 불러 요나라 태조의 고사를 말하며 반드시 동생을 보전해야 한다고 단종에게 다시 아뢰게 했다. 단종은 수양의 뜻을 진심으로 받아들이고 안평을 죽이는 것을 윤허하지 않았다. 그러자 수양은 전날과는 다른 뉘앙스로 말하였다.

나의 소회는 이미 주상 앞에서 다 말하였다. 그러나 내가 진달한 것은 사사로운 정리이고 여러 재상이 진달하는 것은 공론이다. 나도 또한 공론을 저지하는 것이 아니고 다만 소회를 말하여 임금의 결정을 기다릴 뿐이다.

안평을 죽이는 것이 수양의 본뜻이었다. 사사로운 정을 끊고 공론을 따르겠다는 수양의 말을 단종은 그제서야 알아들었다. 곧 대의로 결단한다면서 안평에게 죽음을 내리고 아들 이우직을 진도로 옮겼다. 또 안평의 첩과 며느리를 외방의 관비로 삼았다. 조카인 안평과 내밀했던 죽은 성녕대군의 부인 성씨를 경주로 유배했다.

정난공신 책봉 ___ 정치적으로 판을 뒤엎는 수양의 계유정난에 적극적으로 참여한 이들은 모두 공신록에 이름을 올렸다. 1453년(단종 1) 10월 15일 정난의 공을 논하였다. 정난공신 총 3등급 43명이었다.

등급	인원	충원
1등	수양·정인지·한확·박종우·김효성·이사철·이계전· 박중손·최항·홍달손·권람·한명회	12명
2등	권준·신숙주·윤사윤·양정·유수·유하·봉석주· 홍윤성·곽연성·엄자치·전균	11명
3등	이홍상·이예장·성삼문·김처의·권언·설계조·유사· 강곤·임자번·유자황·권경·송익손·홍순손·조윤·유서· 안경손·한명진·한서구·이몽가·홍순로	20명

1등에는 수양 자신을 포함하여 플랜 마스터 한명회 등 정난 과정에 기여한 핵심 인물들이 이름을 올렸다. 2등에는 신숙주 외에 내금위 무사와 궁 안의 내시 등이 랭크되었다. 3등에는 성삼문 등 김종서를 제거하는 데 반대하지 않은 사람까지 열거되었다. 이들이 적어도 수양과 뜻을 같이한 사람들임에는 의심의 여지가 없었다.

이징옥의 난, 발발과 진압

김종서의 사람 이징옥의 반발 ___ 계유정난의 정치적 여파는
컸다. 열흘도 되지 않아 이징옥이 가장 먼저 반발했다. 김종서의 우익
이었던 이징옥은 안평 사람으로 분류되어 1450년(문종 즉위) 함길도 도
절제사에 임명된 이래 정난 직전까지 그 자리를 지키고 있었다.

이징옥의 반란 가능성은 정난 5개월 전인 1453년(단종 1) 5월 홍달손
이 수양을 만나 알린 적이 있었다. 홍달손은 "이징옥이 비밀히 이경유
를 시켜 경성의 병기를 한양으로 옮기도록 하였다"는 소문을 수양에게
전했다. 수양은 그 말을 한 귀로만 들었다.

이징옥은 완벽하게 김종서 사람이었다. 게다가 함길도는 조선에서
지방 군사력이 가장 센 곳이었다. 그러니 그를 정난 후에도 도절제사
직에 그대로 두어 군사를 지휘하게 할 수는 없었다. 수양은 김종서를
친 다음 날 그를 평해에 안치했다. 후임으로는 박호문을 임명했다. 그
런데 그 이틀 뒤인 10월 13일 형조참판 김문기가 이징옥의 의심스러운
행적을 다시 도승지 최항에게 전했다. 앞서 언급되었던 북방 사변에 관
한 내용이었다.

작년 가을 내가 함길도에 있으면서 '도적이 도절제사영 창고의 북쪽
벽을 헐고 병기를 많이 훔쳐갔다'는 것과 '지금의 절제사 이징옥이 여
러 일을 심히 까다롭게 살피나 다만 군기를 도둑맞은 일에 관해서는
전혀 추문하지 않으니 의심스럽다'는 말을 들었고, 이를 수양대군에

게 전했습니다. 그러자 제 말을 들은 대군은 '마땅히 주상께 아뢰어야 한다'고 말했습니다.

이징옥의 의심스러운 동태에 관한 이런저런 이야기가 연이어 전해 지는 와중에 '정난'이 감행된 지 15일이 지난 10월 25일 함길도 관찰사 성봉조의 급한 보고가 올라왔다. 일주일 전쯤인 10월 17일에 이징옥이 신임 도절제사 박호문을 죽이고 그 아들과 종을 감금했다면서 자신이 6진 군사를 동원해 대비태세를 취하게 했다는 것이었다.

수양은 즉시 좌의정 정인지·우의정 한확·우승지 신숙주 등을 대군 청으로 불러 모았다. 그리고 단종의 말을 빌려 함길도 관찰사·절제사, 평안도 관찰사에게 "역적 황보인과 김종서의 당"인 이징옥을 처치할 것을 명령했다.

이징옥은 북쪽 변방에 오래 있어 위엄이 있다고 소문났었다. 당시 안 평은 바깥의 원조가 필요했다. 명망 있던 그가 딱이었다. 안평은 그를 자기 사람으로 만들고자 했다. 이징옥 역시 단종이 어리고 나라가 의심 스럽다며 당시 정치 상황을 비판적으로 보고 있었다. 그는 조정 대신이 모두 안평에게 동조한다고 판단했다. 때문에 안평과 함께할 뜻을 굳혔 다. 두 사람은 몰래 교통했다.

홍달손이 전한 말은 사실이었다. 이징옥은 경성 부사를 시켜 병기를 비밀리에 한양으로 실어 날랐다. 그러다 수양이 김종서를 제거했다는 말을 듣고는 박호문을 죽였다. 그리고 여러 진의 군사를 징발해 이행검 을 데리고 곧장 종성으로 갔다. 종성은 두만강 유역에 설치된 5진 가운 데 한 곳이었다.

이징옥은 종성의 남문에 앉아 좌우로 내상·종성 두 진의 군사를 늘여 세우고 선언했다. "나를 따르는 자 중에서 4품은 첨지로 승진시키고, 5~6품은 4품으로 승진시키고, 나머지는 각각 차례에 따라 승진시키겠다." 또 교도 이선문을 시켜 조서를 쓰라고 재촉했다. 그러나 이선문은 아프다며 거부했다. 이에 진무 황유를 압박해 작성하게 했다. 이징옥은 '대금 황제'를 자처하면서 '짐'이라 참칭했다.

대금 이후로 예의가 폐하고 끊어져서 여러 종류의 야인들이 무고한 사람을 죽이고 혹은 부모를 죽여 조화로운 기운을 상하게 하므로, 하늘이 헤아려 다스리라고 타일러 보이었다. 짐이 박덕으로 하늘의 명대로 한다고는 보증하기 어려우나, 감히 스스로 마지못하여 그 자리에 오른 지가 대개 또한 해가 넘었다. 지금 하늘이 다시 유시하시니, 내가 감히 상천의 명령을 폐하지 못하여 모년 월일 새벽녘에 즉위하였으니, 경내의 대소 신민은 마땅히 그리 알라.

이징옥은 함길도 여러 고을에 사람을 보내 여진 부락 가운데 하나인 화라온이 사변을 일으켰다고 속였다. 동시에 자신의 즉위 사실을 알리기 위해 천호·만호를 시켜 군사를 뽑아 열흘 치 양식을 주고 영으로 보냈다. 그러는 한편 야인 추장 동속로첩목아에게 군사를 청했다. 이에 통사 김죽이 고령·오음회 등 야인 부락의 군마를 거느리고 들어왔다.

이징옥의 반발은 1115년 여진족 아구다에 의해 세워졌다가 1234년 몽골에 의해 멸망당한 금나라를 언급하고 그 황제를 자처하며 두만강 여진을 끌어들였다는 점에서 추이를 예측하기 어려웠다. 시급히 진압해야 할 필요성이 고조되었다.

중외병마도통사 수양의 군사권 장악 ___ 수양은 보고가 올라온 10월 25일 이징옥의 형 중추원사 이징석과 그의 아들 이팔동을 의금부에 감금했다. 그리고 다음 날 스스로 중외병마도통사가 되어 직접 가서 토벌하겠다고 선언했다. 이틀 뒤 정인지·한확·이사철·이계린·이계전·박중손·최항·신숙주 등을 대군청으로 불러 회의한 후 두만강 유역의 5진 인근에 있는 여러 종족의 야인에게 이징옥을 무력으로 치겠다는 의지를 알렸다.

그런데 정토를 공언한 바로 그날, 함길도 관찰사의 보고가 올라왔다. 이징옥이 군사를 일으키겠다고 선언한 이틀 뒤인 10월 19일 밤에 종성 판관 정종·호군 이행검 등에 의해 세 아들과 함께 이미 죽임을 당했다는 것이었다.

당시 거병한 이징옥은 활과 칼을 몸에서 떼어 놓지 않았고 등불을 켜 놓은 채 조금도 자지 않았다. 또 뜰에는 작두를 늘어 놓아 명령을 따르지 않는 병사에게 두려움을 심어 주려 했다. 이날 정종은 날이 몹시 춥다며 군사에게 술 먹일 것을 이징옥에게 청하여 허락을 얻어 냈는데, 그를 기회로 처단했다. 정종은 작은 쟁반에 차린 술상을 들고 가서 이징옥에게 잔을 바쳤다. 그가 받아 마시려는 바로 그때 고을의 군졸이 일시에 북을 치면서 들어와 활을 난사했다. 이징옥은 화살을 맞고 창고로 달려들어 갔으나 죽음을 피할 수 없었다. 이로써 대금 황제라는 찬란한 그의 꿈은 이틀 만에 산산이 부서졌다.

이징옥의 반역 소문에 중외가 흉흉했다. 중앙에서는 "이징옥이 5진의 정병을 거느리고 야인과 연결하니, 그 형세가 제어하기 어려울 것이다"라며 사태를 예의주시했다. 하지만 수양은 바로 반박하면서 승리를 호언장담했다.

수양의 예언이 맞았다. 역설적으로 이징옥의 난은 조정 신하와 도성 사람의 뇌리에 "참으로 밝기가 만 리를 보는" 사람으로 수양을 각인시켰다. 이징옥에 동조했던 야인들은 이징옥의 머리에 활을 쏘며 "우리는 장차 수양 대장군에게 힘을 다하겠다", "수양대군은 태조의 후신이다"라며 태세를 전환했다.

이징옥이 죽임을 당한 후에도 수양은 도통사 직을 내려놓지 않았다. 겉으로는 면직시켜 달라 했으나 사정을 눈치챈 단종이 허락하지 않았다. 아니, 허락할 수 없었다. 이를 계기로 수양은 경복궁 담장 밖에 있는 충순당에 군막을 설치했다. 그리고 윤자운을 시켜 계속 일을 보게 했다. 이제 수양은 영의정이자 이조와 병조의 판사이자 중외병마도통사로서 인사권과 군사권을 모두 틀어쥐었다. 명실상부한 최고권력자 수양의 뒤에 모든 이들이 늘어섰다.

이징옥의 난은 1453년(단종 1) 11월 20일 단종이 공신을 거느리고 성 북쪽 단에서 진압 사실을 고하고 환궁하여 경회루 아래에서 음복하는 것으로 끝났다. 이후 수양은 왕이나 마찬가지였다.

수양은 인사권을 독점적으로 행사했다. 단종은 1453년(단종 1) 11월 27일 겸판사 수양과 가까운 사람이라도 법에 얽매이지 말고 벼슬을 제수하라고 이조와 병조에 전지했다. 12월 27일에는 자신이 천거한 사람을 임용하라는 압박을 수양으로부터 받기도 했다. 이 시기 관료의 임용은 온통 수양의 손아귀에서 이루어졌다.

1454년(단종 2) 1월 6일에는 나라 밖 요동의 소문이 전해졌다. "수양 대군은 대장의 의모가 있었는데, 이제 과연 발란반정(난을 평정하여 질 서를 회복함)하였다"고 찬양하는 사람들이 넘쳐났다는 내용이었다. 전 년의 사은사행을 통해 '보통사람과 다르다'는 평을 들었던 요동의 스 타 수양의 정난은 필연이 되었다.

2월 15일부터 수양은 나각을 부는 취타수인 취라치 2인과 태평소 1 인의 수종을 받았다. 3월 26일에는 도통사의 인장이 별도로 주조되었 다. 즉위한 후 수양의 옛집에 보관해 두었던 이 인장을 1464년(세조 10) 2월 12일 상서사로 옮겨 영구히 전하게 했다. 그때 인장의 꼭대기에 사 적을 새겨 두었다. 3월 29일에는 둑 하나도 받았다. 둑은 대가나 군대 의 행렬 앞에 세우던 대장기인데, 큰 창에 소의 꼬리를 달거나 창에 삭 모를 달아서 만들었다. 왕도 아닌 수양의 행차에 둑을 내세우다니! 당 시 수양은 왕은 아니었지만 실제로는 이미 왕이었다.

1454년(단종 2) 4월 2일 수양은 살곶이 목장에서 벌어진 열병을 총괄 했다. 이 해 12월 17일 청예산의 사열 때에 참여한 야인 동속로첩목아 등은 수양을 보고 이렇게 말했다.

우리는 태상왕께서 다시 나오신 줄 알고 내알한 것입니다(태상왕은 태 조를 가리킨다). 나의 생사가 도통사에게 달렸습니다. 아들 동청주는 곧 도통사의 종이니, 자라면 바치겠습니다.

수양은 자신을 만나려 몰려든 외인을 맞아들였다. 1455년(단종 3) 1 월 7일에는 야인과 왜인을 사저에서 접견했다. 그런데 연향과 의마는 모두 관에서 준비했다. 내금위 20인·상대호군 20인·군사 550인 등이 안팎 뜰에 줄지어 서서 호위했다. 2월 4일에는 단종과 왕비 송씨가 직접 수양의 집으로 찾아가 연회를 베풀었다.

조카 단종은 계유년 사건이 일어난 약 두 달 뒤인 1453년(단종 1) 12월 28일부터 왕비를 맞아들이라는 압박을 계속 받고 있었다. 여러 차례 거절하다가 이듬해인 1454년(단종 2) 1월 10일 송현수의 딸을 왕비로, 권완의 딸을 후궁으로 맞아들였다. 송씨는 1월 22일 책봉례를 했다. 상중에 혼인한 왕의 상기를 단축하는 문제를 둘러싸고 성삼문 등의 극렬한 반대가 있었으나 단종은 결국 길복으로 바꾸어 입었다. 27일 만에 상을 그만둔다는 중국의 임시제도를 따라야 한다는 수양의 의견을 따른 결과였다. 단종 부부가 수양의 집으로 행차하는 데 대해 사헌부는 반대했다. 친정도 아닌데 신하의 집에 왕비가 직접 찾아간 예는 없다는 이유에서였다. 그러나 중궁이 가야만 수양의 부인을 위로할 수 있다는 강권에 따라 이날 기어이 왕비는 수양의 집으로 가야만 했다.

계유년 그날 이후 수양이 내린 명령은 실제로 법이 되었다. 뒤에 1463년(세조 9) 1월 17일 세조는 의정부를 시켜 계유년 이후에 내린 명령을 어찌할지 의논하게 했다. 단종의 전지를 세종·문종의 예와 같이 한다면 '부적절'하다는 이유를 들었지만, 실은 왕은 아니지만 왕이나 마찬가지인 수양의 결정을 어찌할 것이냐의 문제 때문이었다. 의정부에서는 단종 때의 일이라도 계유년 10월 11일 이후는 모두가 도통부에서 정한 것이라면서 폐할 수는 없다고 답했다. 마침내 단종 재위 3년 중 수양이 집권한 이후의 일만을 반영하도록 예조에 전지했다.

세조의 이 결정은 계유년 이전의 단종은 왕으로 인정하지 않는다는 의미이며 동시에 계유년 이후에는 수양이 왕이라는 의미였다. 계유년 그날 이후 수양은 형식적으로도 또 실질적으로도 왕이나 마찬가지였다.

세조의 즉위

단종의 양위: 세조의 즉위 ___ 수양은 1455년(세조 1) 윤6월 11일 조선의 제7대 국왕으로 경복궁에서 즉위했다. 계유정난을 통해 권력을 장악하고 이징옥의 난을 진압한 2년 뒤였다. 이날 단종은 환관 전균을 시켜 한확 등에게 전지했다.

내가 나이가 어리고 중외의 일을 알지 못하는 탓으로 간사한 무리들이 은밀히 발동하고 난을 도모하는 싹이 종식되지 않으니, 이제 대임을 영의정에게 전하고자 한다.

전위의 뜻을 들은 한확 등은 일단 "이제 영의정이 중외의 모든 일을 다 총괄하고 있는데, 다시 어떤 대임을 전한다는 것입니까?"라며 당황 해했다. 하지만 단종은 속히 모든 일을 처리하라고 명령했다. 군신들은 다시 의견을 모아 명을 거두어 주십사 강하게 요청했다. 영의정 수양 또한 눈물을 흘리며 완강히 사양했다.

그러나 단종은 오히려 부절符節과 각인刻印의 일을 맡아 보던 상서사 관원을 시켜 임금의 도장을 들여오라고 재촉했다. 동부승지 성삼문이

경회루 아래로 대보를 받들고 갔다. 단종은 영의정 수양을 불렀다. 수양이 달려들어 갔다. 승지와 사관도 그 뒤를 따랐다. 단종은 성삼문을 시켜 임금의 도장을 수양에게 넘기도록 했다.

처음 수양은 엎드려 울면서 굳게 사양했다. 그러자 단종이 손으로 잡아 전해주었고 더 사양하지 못한 수양이 이를 받고 계속 엎드려 있었다. 그러자 단종이 수양을 부축해 나가도록 명령했다. 수양이 대군청에 이르니, 사복시 관원이 시립하고 군사들이 시위하였다.

곧이어 의정부에서는 집현전 부제학 김예몽 등을 시켜 선위·즉위의 교서를 짓도록 했다. 관련 부서가 의위儀衛를 갖추어 대청 아래에서 종과 북을 틀에 걸어 놓았다. 관현악기를 갖추어 편성한 악대인 헌가 역시 근정전 뜰에 설치하였다.

수양은 이제 조선 국왕 세조였다. 세조는 익선관과 곤룡포를 갖추고는 백관을 거느리고 근정전 뜰로 나아갔다. 단종은 곧 전위 교서를 사정전에서 선포했다.

나 소자가 나라의 편안하지 못할 때를 당하여 어린 나이에 선왕의 대업을 이어받고 궁중 안에 깊이 거처하고 있으므로 내외의 모든 사무를 알 도리가 없으니, 흉한 무리가 소란을 일으켜 국가의 많은 사고를 유발하였다. 숙부 수양대군이 충의를 분발하여 나의 몸을 도우시면서 수많은 흉도를 능히 숙청하고 어려움을 크게 건지시었다. 그러나 아직도 흉한 무리가 다 소탕되지 않아서 변고가 계속되고 있으니, 이 큰 어려움을 당하여 덕이 부족한 내 몸으로는 이를 능히 진정할 바가 아닌지라, 종묘와 사직을 수호할 책임이 실상 우리 숙부에게 있는 것이다. 숙부는 선왕의 아우님으로서 일찍부터 덕망이 높았으며 국가에 큰 훈로가 있어 천명과 인심의 귀의하는 바가 되었다. 이에 이 무거운 짐을 풀어 우리 숙부에게 부탁하여 넘기는 바이다.

정통성의 하자라고는 추호도 없었던 이 어린 왕이 기꺼이 자리를 내어주고 싶었을 리 없다. 하지만 왕의 자리에서 내려와야만 하는 상황을 바꿀 수 있는 가능성은 제로였다. 자신이 의지했던 아버지 문종의 신하들이 참혹하게 죽임을 당했고, 주변은 온통 수양의 사람이었다. 권력을 오롯이 쥐고 있는 숙부 수양에게 자리를 넘기지 않는다면 자신은 죽음 외에는 달리 길이 없었다.

단종을 알현한 세조는 곧이어 면복으로 갈아입고 비로소 경복궁 근정전에서 즉위했다. 왕이나 마찬가지가 아니라 이제 그냥 왕이었다. 한확이 백관을 인솔하고 전문을 올려 하례하자 세조는 교지를 내렸다.

공경히 생각건대 우리 태조께서 하늘의 밝은 명을 받으시고, 이 대동의 나라를 가지셨고, 열성께서 서로 계승하시며 밝고 평화로운 세월이 거듭되었다. 그런데 주상 전하께서 선업을 이어받으신 이래, 불행하게도 국가에 어지러운 일이 많았다. 이에 덕이 없는 내가 선왕과는 한 어머니의 아우인 데다가 또 자그마한 공로가 있었기 때문에 나이 많은 내가 아니면 이 어렵고 위태로운 상황을 진정시킬 길이 없다고 하여 드디어 대위를 나에게 주시므로 굳게 사양하였으나 이를 얻지 못하였다. 또 종친과 대신들도 모두 이르기를 종사의 대계로 보아 의리상 사양할 수 없다고 하는지라, 필경 억지로 여정을 좇아 1455년(경태 6) 윤6월 11일에 근정전에서 즉위하고, 주상을 높여 상왕으로 받들게 되었다.

이날 경복궁에서 즉위의 예를 마친 세조는 법가를 갖추어 다시 자신의 집으로 돌아갔다. 밤 2고 무렵(밤 10시경) 서청으로 나왔는데 병조판서 이계전·이조판서 정창손·도승지 신숙주·좌부승지 구치관 등이 입시했다. 이때 정인지를 영의정으로 하는 왕으로서의 첫 번째 인사를 단행했다.

다음 날 세조는 법가를 갖추고 연을 타고 다시 경복궁으로 가서 광화문 앞에서 내려 근정전 서쪽 뜰로 걸어 들어갔다. 백관은 동서쪽에 반열대로 정돈했다. 세조가 면복을 갖추고서 근정전 계단 위에 올라 최선을 다하겠다며 감사한 뜻의 전문을 단종에게 올렸다.

이날 경회루에서 잔치를 베풀었다. 익선관과 검정 곤룡포 차림의 단종이 남쪽을 향해 앉고 세조 역시 익선관과 곤룡포 차림으로 서쪽을 향해 앉았다. 세조가 무릎 꿇고 올린 잔을 단종 또한 무릎 꿇고 받아 마신 후 다시 건네었다. 세조 또한 무릎 꿇고 받아 마시고 자기 자리로 돌아왔다. 양녕대군 이제가 차례로 잔을 일곱 번 올렸다. 예를 마친 세조는 걸어서 광화문까지 나와 연을 타고 잠저로 돌아왔다. 연은 옥개屋蓋에 붉은 칠을 하고 황금으로 장식하였으며, 둥근 기둥 네 개로 작은 집을 지어 올려 놓고 사방에 붉은 난간을 친 임금만이 탈 수 있는 가마였다.

세조는 즉위한 지 아흐레가 지난 윤6월 20일 경복궁으로 들어갔다. 이날 단종은 창덕궁으로 옮겨 갔다. 7월 4일에는 종묘에, 8월 5일에는 사직에 제사했다.

즉위한 지 약 넉 달 뒤인 1455년(세조 1) 10월 24일 세조는 모화관 남문에 나아가서 명나라로 가는 신숙주와 권람을 전송했다. 이때 신숙주는 단종의 사은표 및 주본을, 권람은 세조의 사은표를 받들었다. 이들을 보낸 세조는 본궁(잠저)으로 돌아와 어가를 호위한 종친과 홍달손 등을 불러 서청에서 풍악을 벌이고 모두 일어나 춤을 추게 했다. 그리고 흥겨운 기분에 자신을 한 고조에 빗대며 한껏 흥분했다.

옛날 한나라 고조가 천하를 얻고 풍패로 돌아가서 술자리를 벌이고는 매우 즐겼는데, 이 궁은 나의 풍패이다. 오늘은 내가 비단옷을 입고 고향에 돌아온 날이다.

명나라로 떠난 신숙주는 1456년(세조 2) 2월 21일 돌아왔다. 세조는 사정전으로 그를 불러 술을 마시며 한껏 즐겼다.

옛날에 만 리를 동행하였고, 다시 동맹하여 이제 능히 대사를 성취하였으니 기쁨을 헤아릴 수 있겠는가.

이로써 세조의 꿈은 완벽히 현실이 되었다. 언제부터 꾸었던 꿈인지 특정할 수는 없지만 세종의 둘째아들에서 문종의 동생을 거쳐 단종의 삼촌이었던 수양은 드디어 지존이 되었다.

왕실의 확립 ___ 1455년(세조 1) 7월 11일 즉위하고 한 달 뒤 세조는 단종을 공의온문상태왕으로 봉하고 송씨를 의덕왕대비로 하였다. 이날 면복을 입고 법가를 갖춘 세조는 종친과 문무백관을 거느리고 창덕궁으로 거둥하여 상왕을 알현했다. 하지만 상왕과 대비는 백관의 하례를 모두 받지 않았다.

다음 왕실을 확립했다. 1455년(세조 1) 7월 14일 원자의 이름을 이장으로 지어 하사했다. 7월 20일에는 근정전에 나아가 계유년 그날 갑옷을 끌어다 입히며 독려했던 부인 윤씨를 왕비로 책봉했다. 이날 백관과 각 도의 하례를 받은 세조는 종친·부마·정부·6조·승지 등과 함께 경회루에서 잔치를 벌였다. 중궁 역시 모든 공주와 옹주, 내명부·외명부를 불러 내전에서 잔치를 벌였다.

7월 26일에는 원자 이장을 왕세자로 책봉하고, 며느리 한씨를 왕세자빈으로 삼았다. 세자는 7월 29일 경복궁 자선당에서 스승과 상견례를 행한 후 종묘에 찾아가 조상을 뵙고 다시 창덕궁으로 나아가서 상왕을 알현했다.

좌익공신 책봉 ___ 두 달여에 걸쳐 이루어진 즉위 절차와 축하 의식이 모두 마무리되고 1455년(세조 1) 8월 13일 세조는 손수 글을 써서 화가위국化家爲國하는 데 이바지한 이들에게 감사하다는 뜻을 전했다. 그리고 9월 5일 명단을 발표했다. 이들이 좌익공신으로 총 44명이었다. 세조 집권에 핵심적인 역할을 담당했던 권람·한명회·신숙주 등을 포함하여 이름을 올린 수의 3분의 1이 정난공신에 이어 거듭 책봉되었다. 종친이나 왕실과 인척 관계에 있는 이들의 수는 정난공신보다 더 많았다. 한명회와 한계미, 권람과 권지 등 공신 상호 사이에 혈연으로 얽힌 이들도 적지 않았다.

등급	인원	충원
1등	이증·이관·한확·윤사로·권남·신숙주·한명회	7명
2등	정인지·이사철·윤암·이계린·이계전·강맹경·윤형·최항·전균·홍달손·양정·권반	12명
3등	권공·이징석·정창손·황수신·박강·권자신·박원형·구치관·윤사윤·성삼문·조석문·이예장·원효연·한종손·이휘·황효원·윤자운·이극배·이극감·권개·최유·조효문·한계미·정수충·조득림	25명

정난공신에 이어 좌익공신까지 거듭 책봉된 이들이 진정한 세조의 사람이었다. 이들은 연달아 공신으로 책봉됨으로써 왕의 동지이자 친구이자 신하임을 공식적으로 인정받았다. 세조는 목숨을 내놓고 자신의 편에 선 그들이 너무 소중하고 고마웠다. 하지만 그만큼 갚아야 할 빚도 있었다. 세조의 어깨 위에 놓인 그 짐은 당연했지만 너무나 무거운 것이었다.

권력으로 강제하다

6조 직계제의 부활

세조는 '왕위 찬탈'이라는 정권 창출의 태생적 약점을 극복해야만 했다. 국정 장악력을 높일 필요가 있었고 이를 위해 소수의 핵심 측근과만 권력을 공유했다. 세조는 이런 방식으로도 자신이 부정한 아버지 세종의 예치를 자신의 조선에 구현할 수 있으리라 여겼다.

1455년(세조1) 윤6월 11일 야사 통사인 조선 후기 이긍익의 《연려실기술》 단종조 고사본말에 나타난 바, 성삼문의 통곡과 박팽년의 익사 시도를 뒤로하고 즉위한 세조는 두 달 뒤인 8월 권력 구조를 개편할 뜻을 승정원에 밝혔다. 앞서 1436년(세종 18) 4월 의정부에서 3의정이 의결하여 왕에게 아뢰던 구조를 의정부를 거치지 않고 6조에서 직접 보고하는 것으로 다시 변경하려 한 것이다. 결국 8월 7일 세조는 조종의

5___
**권력 구조의
개편**

옛 제도를 회복하여 6조에서 바로 왕에게 보고하게 하겠다는 뜻을 의정부에 전했다.

의정부에 전지하기를, '상왕께서 나이가 어리시어 모든 조치를 다 대신에게 위임하여 의논해서 시행했던 것인데, 이제 내가 명을 받아 한 갈래로 이어온 계통을 이으면서 군국의 서무를 모두 친히 보고받고 결단하여 조종의 옛 제도를 모두 회복하였으니, 이제부터 형조의 사형수를 제외한 모든 서무는 6조에서 각기 그 직무에 따라 직접 글로 아뢰어라' 하였다.

그러자 이틀 뒤 6조 판서들을 위시한 6조의 인사 대부분이 이전의 사례를 들어 그대로 의정부에서 서사할 것을 청했다. 이들은 조선은 개국 이후 일의 대소를 막론하고 모두 의정부에서 의논해 글로 아뢰었다면서, 1414년(태종 14)에 태종이 혁파했으나 세종조에 부활시킨 전례를 유지하라고 했다.

세조는 분노했다. 급기야 6조의 관료들에게 직임을 감당할 자신이 없거든 사퇴하라고 강경하게 말했다.

옛날에 3공은 이치를 강론하여 나라를 경륜하였고, 6경은 각기 직임이 나누어져 있었으니, 내가 이 제도를 좇으려고 한다. 경들이 만약 6조의 직임을 감당하지 못하겠거든 사퇴하는 것이 옳을 것이다.

논의에 참여한 판서 등은 세조의 태도에 일단 한발 물러났다. 하지만

6조 직계로의 권력 구조 개편을 둘러싼 군신 갈등은 특히 예조참판 하위지의 발언을 둘러싸고 극으로 치달았다.

하위지와의 갈등

하위지의 반대 ___ 세조가 직임을 감당하지 못하겠거든 사표를 내라고 판서들을 압박하자, 병조판서 이계전은 예조참판 하위지에게 공을 넘겼다. 하위지는 주나라의 제도를 거론하며 6경이 직임을 나누어 맡았다 해도 항구한 이치를 강론하여 나라를 경륜했던 것은 영의정·좌의정·우의정과 좌참찬 등이었다고 말하며 이들이 백관의 우두머리가 되는 재상을 겸임했으니 옛 제도를 따르라고 주장했다.

세조는 여전히 꽉 막힌 태도를 고수하는 하위지를 극렬하게 비난했다. 심지어 그의 관을 벗기고 곤장을 치게 했다. 왕인 자신을 유명무실한 존재로 여긴다는 판단 때문이었다.

총재에게 위임한다는 것은 임금이 죽었을 때의 제도이다. 너는 내가 죽은 것으로 생각하느냐? 또 내가 아직 어려서 서무를 재결하지 못할 것으로 생각하고 끝내 대권을 아랫사람에게로 옮겨 보겠다는 말이냐.

미친 듯이 흥분하는 세조를 운성부원군 박종우가 말렸다. 그는 담당 부서에 회부하면 될 뿐 군주가 신하를 핍박할 필요는 없다고 했다. 하지만 세조는 막무가내였다. 이번에는 하위지의 머리채까지 움켜쥐고 끌고 나가 의금부에 가두게 했다.

당시 세조가 이성을 잃은 듯 행동한 것은 의도적이었다고 여겨진다. 즉위 직후 국정 장악력을 높여야 하는 상황에서 세조는 권력 구조를 개편해야 했다. 그것도 전광석화처럼 신속히 단행해야 했다. 세조로서는 공론을 수렴할 시간과 여지를 줄 수도 없었고, 줄 생각도 없었다. 그래서 하위지의 반대를 필요 이상으로 확대 해석하여 난장을 벌인 것이다.

하위지가 대신에게 아부하여 나를 어린아이에 비유하고 망령되게 고사를 인용하며 스스로 현명함을 자랑하여 국가의 모든 사무를 다 의정부에 위임하려고 하니 이를 추국하여 글로써 아뢰라.

세조는 자신을 어린아이 취급하며 잘난 척하는 하위지를 큰길에서 목 베어 후일 두 마음을 품는 자들에게 경종을 울리겠다고 의금부에 전했다. 이는 엄포였다. 이런 세조를 종친들도 말렸다. 이들은 하위지의 죄를 용서하라 청했다. 그러나 세조는 오히려 친히 신문하겠다며 그를 데려오게 했다.

다음 날인 8월 10일 세조는 의정부로부터 하위지를 국문한 결과를 보고받았다. 전날의 분노를 누그러뜨리고 어느 정도 평정심을 찾았는지 그를 용서해 직임에 나가게 하겠다는 뜻을 전교했다. 하지만 하위지를 불러 조심하라는 경고의 메시지를 보내는 것도 잊지 않았다.

당시 세조가 특히 하위지를 겨냥하여 경고한 데에는 몇 가지 이유가 있었다. 하나는 문종 대 수양의 주도로 편찬된 《병요》를 둘러싼 일 때문이었다. 정난 전에 수양은 그 사업에 참여한 인물의 벼슬 등급을 올려 주도록 단종에게 청한 바 있었다. 당시 사헌집의 하위지도 그 대상자였는데, 그는 1453년(단종 1) 4월 22일 상소하여 수양의 호의를 끝까지 거절했다. 집현전은 본래 책을 만드는 곳이고, 자신은 서적을 자세히 살펴보거나 점검하면서 읽는 것이 직분으로 다만 국가의 일을 했을 뿐이라면서, 종실이 사사로이 국가의 공적인 그릇인 상작賞爵을 시행하여 은혜를 베푸는 것은 부당하다고 강력히 발언했다.

이런 하위지의 태도는 수양을 거슬리게 했다. 게다가 정난 직후 하위지는 또다시 수양의 눈살을 찌푸리게 했다. 권력을 장악한 영의정 수양에게 다른 마음을 먹지 말고 문종의 자손을 대대로 보필하라고 충고했다. 세조는 당시 자신을 지지하지 않기 때문에 하위지가 그런 말을 했다고 여겼다. 그래서 이때 6조 직계 반대를 트집잡아 필요 이상으로 그를 비난함으로써 쌓여 있던 불만을 터뜨린 것이었다.

이계전의 수모 ___ 6조 직계로의 복구를 둘러싼 세조의 뒤끝은 길었다. 8월 16일 창덕궁에 거둥한 세조는 상왕 단종을 알현했다. 이날 개국·정사·좌명·정난의 4공신 등은 동맹하겠다는 다짐과 그 명단을 적은 족자를 바쳤다. 그 직후 벌어진 잔치에 양녕대군이 비파를 잡고, 권공이 징을 잡았다. 여러 공신이 차례로 일어나 춤을 추었다. 음악이 끝나려고 할 때 세조도 춤을 추었다. 창덕궁에서 1차를 한 세조는 막냇동생 영응대군의 집으로 가서 2차를 하고 경복궁으로 돌아왔다.

술 취한 세조가 사정전으로 들어갈 때 곁에 임영대군과 영응대군·이계전·홍달손·신숙주 등이 서 있었다. 이때 술이 과했으니 침실로 들어

가시라고 이계전이 조용히 아뢰었다. 그저 술에 취했으니 들어가라 했을 뿐인데 세조는 크게 화를 냈다. 갑자기 그의 관을 벗기고 홍달손에게 명하여 머리채를 잡아채어 흔들고 호위무사를 불러 곤장을 치라고 했다.

나의 몸가짐은 내 마음대로 하는데 네가 어찌 나를 가르치려고 하느냐? 네 죄는 단지 이것뿐이 아니다. 지난번에 의정부에서 서리하는 것을 폐하지 말라고 하위지와 더불어 마음을 같이하여 아뢰었으니, 너희들은 학술이 모두 바르지 못한 것이다. 너는 극히 간사하고 음흉해서 병조의 장관이 될 수 없다. 네 직임을 파하고 홍달손으로 대신하겠다. 내 평일에 너를 사랑하기를 비할 바가 없었는데 너는 어찌하여 내 마음을 헤아리지 못하느냐.……네가 나를 사랑하는 것이 어찌 나와 같겠느냐? 내가 너를 사랑하기 때문에 너를 좌익공신의 높은 등급에 올려놓으려고 하는데, 너는 그렇게 하지 않느냐?

세조가 화를 낸 것은 자신더러 들어가라 한 때문이 아니었다. 세조는 앞서 이계전이 하위지와 뜻을 같이했다는 걸 잊지 않았다. 그래서 이때 별일도 아닌 것을 꼬투리 잡아 노여워했다. 세조는 무려 2품인 판서의 관을 벗기고 머리채를 잡아끌고 곤장을 쳤다. 그러고선 다시 달랬다. 모욕 뒤의 위로라니, 그야말로 병 주고 약 주는 꼴이었다.

어르고 달래는 통에 이계전은 머리를 땅에 대어 사죄하고 목 놓아 통곡했다. 어상에서 내려온 세조는 왼손으로는 이계전을, 오른손으로는 신숙주를 잡고 함께 서서 술을 권했다.

우리는 옛날의 동료이다. 같이 서서 술을 마시는 것이 어찌 의리에 해롭겠느냐? 내가 이계전에게 생각하지 못할 욕을 주었으니, 생각하지 못할 은전을 베풀 것이다.

이계전에 대한 조롱은 여기서 끝나지 않았다. 세조는 "내가 너에게는 어떤 사람인가?"라고 물었다. 이계전은 바로 앞에서 '옛날의 동료'라 한 세조의 말을 떠올려 '옛 동관'이라고 대답했다. 그러자 세조는 크게 웃으며 임영대군을 시켜 주먹으로 장난삼아 그를 때리게 했다. 얻어맞은 이계전은 수치스러웠지만, 어쩔 수 없이 세조의 명에 따라 춤추어야 했다. 그 어느 때보다 길었을 이계전의 하루는 밤이 2고(21시~23시)나 되어 끝났다.

세조의 관료에 대한 이런 태도는 유교 국가의 군왕으로서 상상하기 어려운 것이었다. 세조는 친밀과 무례를 구별하지 못한 채 즉흥적으로 반응했다. 아니, 의도적으로 구별하지 않았을 수도 있다. 세조의 무례는 이후 동지이자 친구이고 신하인 관료의 불경에 직면하게 되었다.

즉위 직후 권력 구조를 개편한 세조는 국정 장악력을 높였다. 1461년(세조 7) 6월 23일에는 《대전》에 정해진 바, 사형을 결정할 때 먼저 의정부에 보고하는 법을 없애도록 했다. 이에 대해 의정부는 불가하다고 말하였으나 세조는 강경한 태도를 고수했다.

어찌 백 대의 임금이 모두 유충하며 백 대의 정부가 모두 이윤伊尹과 주공周公 같겠는가? 어찌 6경이 모두 정부보다 어질지 못하여 믿을 수가 없는 것이 있겠는가?

발단

김질의 고변 ___ 왕이 된 이듬해인 1456년(세조 2) 5월 21일, 세조는 갑자기 궁 밖에 있는 대신의 집에 행차하지 않기로 했다. 어두운 밤중에 훈신과 함께 민가 사이를 다니는 일도 불가할 뿐더러 숙위병에게 일시 술을 내리지 말도록 하라는 시독관 양성지의 의견을 받아들인 것이다. 함께 경연에 참여했던 임원준이 집현전으로 나와 양성지의 발언을 전하자 이개는 박팽년의 동생 박기년에게 눈짓을 하였다. 양성지가 자신의 계획을 미리 알아챘다고 생각해서였다.

열흘 뒤 즉위한 지 꼭 1년 지난 1456년(세조 2) 6월 2일 성균사예 김질과 그 장인인 우찬성 정창손이 세조를 찾아왔다. 김질은 1454년(단종 2) 8월 순서를 따르지도 않고 정해진 햇수를 채우지도 못했는데 6품에서 4품으로 승진했고, 이조판서였던 정창손도 이를 피혐하지 않아 입

___6

상왕 복위
모의 사건의 진압

길에 오르내린 적이 있었다. 세조는 사정전으로 이들을 불러들였는데, 그 자리에서 충격적인 이야기를 들었다. 성삼문의 모반에 관한 내용이었다. 요약하면 성삼문 등이 자신과 세자, 윤사로·신숙주·권람·한명회 등을 죽이고 상왕 단종의 복위를 모의했다는 것이다. 김질이 밀고한 성삼문과의 대화 내용은 그렇게 해석될 여지가 많았다.

성삼문: 근일에 혜성이 나타나고 임금의 식사와 대궐 안의 식사 공급에 관한 일을 관장하는 사옹방의 시루가 저절로 울었다니 장차 무슨 일이 있을 것인가?

김질: 과연 앞으로 무슨 일이 있기 때문일까?

성삼문: 근일에 상왕이 창덕궁의 북쪽 담장 문을 열고 금성대군의 옛집에 왕래하시는데, 이것은 반드시 한명회 등이 계책을 올려서일 것이리라.

김질: 무슨 말인가?

성삼문: 그 자세한 것은 아직 알 수 없다. 그러나 상왕을 좁은 곳에다 두고, 한두 사람의 힘쓰는 자를 시켜 담을 넘어 들어가 반역을 도모하려는 것에 지나지 않는다. 상왕과 세자는 모두 어린 임금이다. 만약 왕위에 오르기를 다투게 된다면 상왕을 보필하는 것이 정도이다. 모름지기 그대의 장인을 타일러 보라.

김질: 그럴 리가 만무하겠지만, 가령 그런 일이 있다 하더라도 우리 장인이 혼자서 어떻게 할 수 있겠는가?

성삼문: 좌의정(당시 한확)은 북경에 가서 아직 돌아오지 아니하였고, 우의정(당시 이사철)은 본래부터 결단성이 없으니, 윤사로·신숙주·

권람·한명회 같은 무리를 먼저 제거해야 마땅하다. 그대의 장인은 사람들이 다 정직하다고 하니, 이런 때에 의를 부르짖어 상왕을 다시 세운다면 그 누가 따르지 않겠는가? 신숙주는 나와 서로 좋은 사이지만 그러나 죽어야 마땅하다.

김질: 그대의 뜻과 같은 사람이 또 있는가?

성삼문: 이개·하위지·유응부도 알고 있다.

성삼문과의 대질 ___ 세조는 황당했다. 김질이 주동자라고 언급한 인물이 성삼문이기 때문이었다. 성삼문은 당시 승정원 좌부승지였다. 게다가 정난 3등, 좌익 2등 공신이었다. 자신의 최측근이 등 뒤에 칼을 꽂으려 한다는 고변에 세조는 가장 먼저 숙직하던 호위병들을 집합시킨 후 급하게 승지들을 불렀다. 도승지 박원형·우부승지 조석문·동부승지 윤자운 그리고 여기에 문제적 인물 성삼문까지 들어왔다.

모두 모인 자리에서 세조는 내금위 조방림을 시켜 성삼문을 잡아 끌어 내어 꿇어 앉히고는 김질에게서 들은 말을 확인하려 했다. 그러자 성삼문은 김질과 대질을 요구했다. 부름을 받고 들어온 김질이 세조 앞에서 대화 내용을 세세히 털어 놓았다. 그러자 성삼문은 중간에 말을 막으며 자신의 본뜻이 왜곡되었다고 변명했다. 세조는 그간의 정리를 보아 알고 있는 모든 내용을 토설하라고 회유했다. 성삼문은 결국 동조자의 이름 여럿을 댔다.

성삼문: 김질이 말한 것이 대체로 같지만, 그 곡절은 사실과 다릅니다.

세조: 네가 무슨 뜻으로 그런 말을 하였는가?

성삼문: 지금 혜성이 나타났기에 신은 남을 헐뜯어서 죄가 있는 것처럼 꾸며 윗사람에게 고해 바치는 짓을 하는 사람이 나올까 염려하였습니다.

세조: 너는 반드시 깊은 뜻이 있을 것이다. 내가 네 마음을 폐간을 들여다보듯 하니 사실을 소상하게 말하라.

성삼문: 신은 그 밖에 다른 뜻이 없었습니다.

세조: 너는 나를 알고 지낸 지 가장 오래되었고, 나 또한 너를 극히 후하게 대접하였다. 지금 네가 비록 그 같은 일을 하였다고 하더라도 내 이미 친히 묻는 것이니, 숨기는 것이 있어서는 아니 된다. 네 죄의 경중도 역시 나에게 달려 있다.

성삼문: 진실로 임금의 말과 같습니다. 신은 벌써 큰 죄를 범하였으니 어찌 감히 숨김이 있겠습니까? 신은 실상 박팽년·이개·하위지·유성원과 같이 공모하였습니다.

세조: 그들뿐만이 아닐 것이니, 네가 모조리 말함이 옳을 것이다.

성삼문: 유응부와 박쟁도 또한 알고 있습니다.

하위지·이개·박팽년의 연루 ___ 성삼문으로부터 함께 도모한 이들의 이름을 확인한 세조는 그중 한 사람인 하위지를 잡아들였다. 하위지는 심문을 받으면서도 끝까지 입을 열지 않았다.

세조: 너는 성삼문과 무슨 일을 의논하였느냐?

하위지: 신은 기억할 수 없습니다.

세조: 별의 위치나 빛에 생긴 이상스러운 일에 관한 것이다.

하위지: 신이 전날 승정원에 이르러서야 비로소 별의 위치나 빛에 이상한 일이 생긴 것을 알게 되었습니다.

세조: 별의 위치나 빛에 생긴 이상한 일로 인하여 반역을 같이 공모했느냐?

다음 이개도 불러 심문했다. 이개도 입을 열지 않았다.

세조는 모반에 참여한 이들을 심문하는 동안 따로 동부승지 윤자운을 상왕 단종에게 보내어 사태를 알리도록 했다. 상왕과 연결되었으리라 의심한 때문이었다.

성삼문은 심술이 좋지 못하지만, 학문을 조금 알기 때문에 그를 승정원에 두었는데, 근일에 일에 실수가 많으므로 예방에서 공방으로 바꾸어 맡겼더니 마음으로 원망을 품고 말을 만들어 내어 말하기를, '상왕께서 금성대군의 집에 왕래하는 것은 반드시 가만히 불측한 일을 꾸미고 있는 것이다' 하고, 인하여 대신들을 모조리 죽이려고 하였으므로 이제 방금 그를 국문하는 참입니다.

성삼문 등 주동자들이 심문당하는 동안 자수하는 자들이 하나둘 나타났다. 공조참의 이휘가 그중 한 명이었다. 이휘는 성삼문·이개 등의 일이 발각되었음을 확인하고는 자발적으로 출두해 알고 있는 사실을 토설했다. 그의 입을 통해 권자신 등 다른 이들의 연루 사실이 추가로 드러났다.

세조는 다시 성삼문·박팽년 등을 친히 국문했다. 박팽년을 통해 앞서 언급된 인물 외에 김문기·성승·송석동·윤영손·이휘·박팽년의 아버지까지 연루되었음이 확인되었다. 성승·유응부·박쟁 등이 별운검 지위를 이용하여 거사하려 한 것도 밝혀졌다. 별운검은 대개 2품 이상인 무반 2명이 어전에서 큰 칼을 차고 좌우에 모시고 서게 되어 있었다. 거사 날짜는 6월 1일, 거사 장소는 명나라 사신과의 연회장으로 정한 것도 밝혀졌다. 만약 실패할 경우, 세조가 농사일을 보러 나갈 때 길에서 도모하려 한 사실도 밝혀졌다.

어제 연회에 그 일을 하고자 하였으나 마침 장소가 좁다 하여 운검을 없앤 까닭에 뜻을 이루지 못하였습니다.……이날 임금이 상왕과 함께 대전에 나가게 되고, 성승·유응부·박쟁 등이 별운검이 되었는데, 임금이 전내가 좁다고 하여 별운검을 없애라고 명하였습니다. 성삼문이 승정원에 건의하여 없앨 수 없다고 아뢰었으나 임금이 신숙주에게 명하여 다시 건물 안을 살펴보게 하고, 드디어 별운검을 들어가지 말게 하였습니다. 후일에 농사를 살피러 나갈 때 길가에서 큰일을 일으키고자 하였습니다.

세조는 박팽년에게서 파악한 사실을 이개를 통해 재차 확인했다. 나머지 사람들도 모두 인정했다. 다만 김문기만이 불복했다. 주동자로 거론된 인물 중 유성원은 불러오지 못했다. 집에 있다가 일이 발각된 것을 알고 자살한 때문이었다.

세조는 밤이 깊도록 심문하면서 대강의 사실을 파악한 후 모두 하옥하라고 명령했다. 그리고 도승지 박원형·좌참찬 강맹경·좌찬성 윤사로·병조판서 신숙주·형조판서 박중손 등을 시켜 의금부 제조 파평군

윤암·호조판서 이인손·이조참판 어효첨과 대간 등과 함께 다시 그들을 국문하게 했다.

전개

모반 대역 ___ 사건의 전모가 밝혀진 다음 날인 6월 3일 세조는 유성원의 삼촌인 함길도 온성 절제사 유사지를 타일러 연좌에서 풀어 준다는 뜻을 밝혔다. 반면 경기 광주 목사에게는 급히 글을 내려서 이 사건에 연루된 동생 금성대군이 살던 고을로 사람을 보내 엄중히 감시하도록 했다. 또 세종과 영빈 강씨 소생 화의군 이영, 세종과 혜빈 양씨 소생 한남군 이어와 영풍군 이전, 문종의 딸 경혜공주의 남편인 영양위 정종 등의 주위 경계도 강화하도록 했다. 이들 외에 연좌된 이들은 서울에서는 의금부에, 외방에서는 소재한 고을에 감금하고, 연좌된 수령은 다른 고을에 가두도록 했다.

세조에게 이들이 계획한 상왕 복위는 자신의 정통성에 대한 전면 부정을 의미했다. 가혹한 처벌이 이어졌다. 6월 5일 세조는 이들을 《대명률》 모반 대역죄와 모반죄로 처결하고, 모반한 사람들의 친자식으로 10세 이상과 그 밖에 연좌된 16세 이상인 남자는 잡아 가두도록 했다. 이미 자백한 자의 연좌인 가운데 부녀들은 먼저 조치하도록 했다. 관련자에 대한 조치 사실은 6월 6일 8도의 관찰사·절제사·처치사에게 알려졌다.

집현전 혁파 ___ 사건과 연루된 자들의 이름이 떠돌면서 분위기가 흉흉해졌다. 특히 집현전 관원들이 벌벌 떨었다. 먼저 양성지의 소문이 돌았다. 6월 2일 어떤 사람이 와서 직제학 양성지의 관련 가능성을 보고했다. 그러나 세조는 그를 두둔했다. 구치관과 신숙주가 각기 다른 의견을 냈지만, 세조는 신임을 거두지 않았다. 양성지를 고발한 자도 처벌하지 않았다. 연루자를 숨길까 우려해서였다.

이런 때에 어느 사람인들 두려워하지 않겠느냐. 더구나 양성지로 말하면 온 관사의 사람들이 잡혀 갔으니 어찌 두려운 마음이 없겠느냐. 양성지는 나를 따른 지 오래이니 반드시 그런 일이 없을 것이다.……이 일에 대해서는 내 이미 실정을 알았다. 옛날에 당나라 때 측근인 방현령이 태종을 배반하였다고 고발한 자가 있었을 때 즉시 고발한 자의 목을 베었다. 지금은 말하는 자를 막을까 염려하여 다만 (그 말을) 물리칠 뿐이오, 죄 줄 수는 없다.

전 집현전 부수찬 허조는 일이 발각된 후인 6월 6일 자살했다. 허조는 이개의 매부였는데, 모반에 참여했다. 이날 세조는 이들의 근거지인 집현전을 뒤도 돌아보지 않고 혁파했다. 6월 25일에는 부제학 이하 녹관을 혁파하고, 직제학 2명과 직전 2명을 관각館閣의 예에 따라 다른 관직으로 겸임시켰다. 서연의 녹관 6명도 겸관 4명으로 축소했다.

세조의 이 조치는 성삼문·박팽년·이개·하위지·유성원·허조 등 모의 주동자들이 세종 대 집현전을 통해 성장한 인물들이었기 때문에 나온 것이다. 세조가 보기에 집현전은 반역의 본산이었다. 집현전 출신

학사 중에는 신숙주처럼 세조에게 협력한 인물도 상당수였다. 하지만 세조는 이때의 상왕 복위 모의 사건을 계기로 그곳을 불온의 온상으로 간주하고 과감히 폐지해 버렸다. 이는 향후 세조가 유학자의 자문 없이 국가 정책을 추진할 것이라는 의미였다. 실제로 이후의 국정 운영 과정에서 세종이 집현전을 자문기구로 활용한 것과는 달리 세조는 즉흥적으로 의사를 결정하는 모습을 빈번하게 드러냈다.

세조는 집현전의 기능을 예문관으로 하여금 대신하게 했다. 1459년 (세조 5) 12월에는 이조의 계에 따라 3품 이하의 문신으로 젊고 총명 민첩한 사람 15명을 선발해 본관에 근무하면서 예문관 직책을 겸하게 했다. 이들이 겸예문이었다. 겸예문은 집현전을 폐지한 후 문사를 진려振勵할 방도가 없어 인재가 드물어지자 이 문제를 해결하려는 일환으로 설치한 직책이었다. 겸예문의 인원은 1464년(세조 10) 7월 더 확대되었다. 종래 집현전에서 담당했던 경연도 예문관에서 주도했다.

세조는 죽을 때까지 집현전 자체를 복구시키지 않았다. 1468년(세조 14) 6월 2일 신숙주·최항 등이 문장에 능한 자 20여 인을 가려서 국가의 제술을 담당하게 하라고 건의했다. 그러나 세조는 거부했다. 병자년의 난(상왕 복위 모의 사건)에 견식이 높은 의론을 부르짖은 자가 모두 집현전에서 나왔다며 다시 이들을 양성해 봐야 자신에게 반기를 들 것이라 미리 경계한 때문이다.

상왕 단종의 연루 ___ 세조는 이 사건의 주동자들과 상왕 단종의 연결을 의심했다. 그래서 1456년(세조 2) 6월 7일 좌승지 구치관을 의금부에 있는 성삼문에게 보내 상왕 단종이 자신을 복위시키고자 하는 모의를 사전에 알고 있었는지를 물었다. 성삼문은 사실대로 대답했다. 상왕의 외삼촌인 권자신이 모의 내용을 어머니에게 고했고, 외할머니가 손자 상왕께 알렸으며 그 뒤에 권자신·윤영손 등이 여러 차례 약속하고 만나서 기일을 고하였다는 것이었다. 그리고 계획대로라면 디데이였을 6월 1일 아침에 권자신이 창덕궁에 나가 상왕을 만났는데, 그때 상왕이 큰 칼을 내려 주었다는 내용도 자복했다. 권자신의 대답도 성삼문의 그것과 같았다. 상왕의 사전 인지가 확인된 셈이었다.

결과

효수 ___ 상왕 복위 모의 사건의 결과는 참혹했다. 6월 7일 박팽년이 옥중에서 죽었다. 세조는 자살한 유성원·허조와 함께 이들의 시체를 수레에 묶어 찢고 목을 베어 효수하고, 찢긴 시신을 8도에 전해 보이도록 했다. 재산은 몰수하고 친자식들을 모조리 목을 졸라 죽였다. 어머니와 딸·처첩·조손·형제·자매와 아들의 처첩 등은 영구히 멀리 떨어진 변경의 황폐한 고을 노비로 만들었다. 백·숙부와 형제의 자식들도 영원히 먼 지방 황폐한 고을 노비로 만들었다.

6월 8일에는 성삼문·이개·하위지·박중림·김문기·성승·유응부·윤영손·권자신·박쟁·송석동·이휘·상왕의 유모 봉보 부인의 여종 아가지·권자신의 어머니 집 여종 불덕·별감 석을중 등을 끌고 와 장을 때리면서 같은 편이 더 있는지를 신문했다. 그런 다음 이들에 대해서 "결당하여 어린 임금을 끼고 나라의 정사를 마음대로 하기를 꾀했다" 하여 능지처사를 결정하고 가산을 몰수했다. 또 이들의 친자식들 역시 모조리 목을 졸라 죽이는 형에 처했다. 어머니와 딸·처첩·조손·형제·자매와 아들의 처첩은 변방 고을의 노비로 영속시켰다. 나이 16세 미만인 자는 외방에 보증인을 두어 맡도록 하였다가 나이가 차기를 기다려서 안치하도록 했다. 다만 아가지와 불덕은 연좌시키지 않았다.

이날 세조는 백관을 군기감 앞길에 모여 빙 둘러서게 했다. 이들은 성삼문 등이 각각 다른 수레에 팔과 다리가 묶인 채 반대 방향으로 끌리면서 갈기갈기 찢기는 이른바 '환열轘裂'의 모습을 지켜보아야 했다. 이개 등의 머리는 효수되어 3일 동안 저자에 전시되었다.

사건의 여파는 계속되었다. 6월 2일부터 몰아친 피바람의 광풍은 두 달 가까이 계속되었다. 관련자들은 죄의 경중에 따라 가혹하게 죽임을 당하거나 장 100대에 유 3천 리에 처해지거나 관노로 안치하거나 변방 고을의 노비가 되었다. 이 가운데 6월 16일 무녀 용안은 "상왕께서 금년에 복위하시는 기쁜 일이 있다"고 점사占辭한 죄로 능지처사되었다. 6월 28일에는 난신에 연좌된 사람 중 공노비와 사노비 이외의 여인은 공신의 집에 주어서 여종이 되게 했다. 7월 7일에는 이미 죽은 성승의 아버지 성달생과 권자신의 아버지 권전의 고신을 추탈하고, 무덤 위의 의물도 철거하며 무덤을 지키는 사람과 제사도 없애게 했다. 이 비극은 7월 12일 종묘와 사직에 역신들을 죽인 일을 고함으로써 비로소 끝나는 듯했다.

사육신 ___ 《세조실록》에 따르면 상왕 복위 모의 사건의 주동자들은 충절의 상징이 아니었다. 이들은 세조와 각각 얽힌 오래된 혐의가 있었다.

성삼문은 출세에 조급했다. 당하관 이하의 문무관에게 10년마다 한 번씩 보게 하던 중시에 장원했으나 오래도록 3품의 제학과 참의에 머물러 있다고 불만족스럽게 생각했다. 게다가 아버지 성승은 본래 안평대군과 가까이 지냈다. 성승은 1452년(단종 즉위) 8월 의주 목사로 있으면서 군관이었던 별시위 오자경의 무고를 믿고 고을 향리인 김사염을 가혹하게 고문하여 죽게 했다. 아랫사람의 말만 믿고 죄 없는 사람을 죽음에 이르게 한 이 일로 성승과 오자경은 고신을 박탈당하고 장례비로 거두는 은전인 매장은을 김사염의 집에 주어야 했다. 이런 성승을 구제해 주었던 이가 안평대군이었다. 성승은 안평대군의 비호로 박탈당한 고신과 과전을 일주일 만에 돌려받을 수 있었다. 성삼문은 아버지의 이 일이 알려지자 자신이 세조에게 용납되지 못할 것이라 우려했다.

박팽년은 사위가 영풍군 이전이었다. 이전의 어머니는 세종의 후궁 혜빈 양씨였다. 혜빈은 출생 직후 엄마가 죽은 단종을 길렀다. 그래서 이전은 안평대군의 사람으로 분류되었다. 박팽년 역시 이런 사위 때문에 화가 미칠까 두려워했다.

하위지는 《병요》와 관련한 일로, 또 6조 직계제의 부활을 둘러싸고 일찍이 세조의 견책을 받았다. 이개와 유성원은 벼슬이 낮은 데 대해 불만을 갖고 승진을 위해 깊이 결탁했다. 김문기는 박팽년과 족친이 되었고, 또 친밀히 교제하였다. 그때 김문기가 정3품 도진무가 되었는데 박팽년·성삼문과 함께 모의하면서 "그대들은 안에서 일이 성공되도록 하라. 나는 밖에서 군사를 거느리고 있으니, 비록 거역하는 자가 있다 한들 그들을 제재하는 데 무엇이 어렵겠는가"라고 말하며 참여했다. 이처럼《세조실록》에 따르면 이 여섯 명의 신하는 상왕에 대한 충절을 지키고자 떨쳐 일어난 것이 아니었다.

과연 진실은 무엇일까? 이들은 세조의 정통성을 부정했다. 반면 세조에게 이들은 사적 욕망에 충실한 보통 이하의 인간이어야 했다. 그래야 충절의 순수성을 훼손할 수 있었다. 아마도 진실은 그 중간쯤의 어딘가에 있을 것이다. 이 사건의 주동자 6신은 이로부터 230년도 더 지난 숙종 대에 이르러 공식적으로 충절의 화신이 되었다. 1691년(숙종 17) 노량진을 건너던 숙종은 길 옆에 있는 성삼문 등의 무덤을 보고 절의에 감동했다. "6신은 명나라의 방효유*와 무엇이 다르겠는가"라며 관작을 복구하고 사당에 편액을 내리라고 명했다. 그 후 12월 6일 사당에 민절愍節이라는 편액을 내리고, 비망기도 내렸다. 이로부터 6신은 공식적으로 절의節義의 표상이 되었다.

나라에서 먼저 힘쓸 것은 본디 절의를 널리 권장하는 것보다 큰 것이 없고, 신하가 가장 실천하기 어려운 것도 절의에 죽는 것보다 큰 것이 없다. 저 6신이 어찌 천명과 인심이 거스를 수 없는 것인 줄 몰랐겠는

---

* 명 초의 학자로서, 혜제에게 중용되었는데, 성제가 제위를 찬탈하고, 방효유를 불러 조서를 초하게 하니, 붓을 땅에 던지며 말하기를, "죽이면 죽을 뿐이고, 조서는 초할 수 없다"하였다. 마침내 성제가 저자에서 거열형에 처하게 하였는데, 족친과 벗으로서 연좌되어 죽은 자가 수백 명에 이르렀다.

가마는, 그 마음이 섬기는 바에는 죽어도 뉘우침이 없었으니, 이것은 참으로 사람이 능히 하기 어려운 것이어서 그 충절이 수백 년 뒤에도 늠름하여 방효유·경청*에 견주어 논할 수 있을 것이다.

영월의 노산군

금성대군의 역모 ___ 상왕 복위 모의 사건은 남아 있던 단종 지지 세력을 싹 쓸어 버리는 결과를 초래했다. 먼저 상왕 단종의 삼촌인 이유李瑜가 그 대상이었다. 형 세조와 한글 이름이 같은 왕자 이유는 1426년(세종 8) 3월 28일 세종의 여섯째아들로 태어났다. 1433년(세종 15) 1월 19일 금성대군으로 봉해져 1437년(세종 19) 무인년에 희생당한 소도공 이방석의 후사가 되었다. 금성대군은 계유정난 이후인 1455년(단종 3) 2월 죄명이 분명히 드러나지 않았는데도 고신을 박탈당했다. 물론 곧이어 돌려받았으나 당시 죄가 무엇인지 밝히라고 대간이 요구할 정도로 경위가 애매모호했다.

당시 금성대군은 단종을 양육했던 혜빈 양씨와 그 소생인 수춘군 이

---

* 성제가 제위를 찬탈하자, 방효유 등과 순국하기로 약속하였다가 혼자 칼을 품고 궁궐에 들어갔는데, 성제가 경청을 의심하여 몸을 수색하게 하고, 칼을 찾아낸 다음 이를 힐책하니 경청이 "옛 주인을 위해 복수하고자 하였을 뿐이다" 하였다. 성제가 노하여 거열형에 처하고 족친까지 아울러 죽였다.

현과 가까웠다. 또 다른 세종의 후궁이었던 영빈 강씨의 소생 화의군 이 영과도 가까웠다. 화의군 역시 아내가 궐내에 출입하자 자신도 몰래 혜빈과 금성대군의 집을 드나들었다. 문종의 사위 영양위 정종과도 금 허리띠를 주면서 가까워졌다. 상궁 박씨와는 계집종을 주면서 결탁했다.

수양은 1455년(단종 3) 5월 26일 계양군 이증과 파평위 윤암의 방문을 받았다. 이들은 사직의 존망을 위해 금성대군·화의군과 혜빈·상궁 박씨를 제거해야 한다고 강력히 주장했다.

결국 금성은 세조가 즉위한 당일 경기 삭녕(지금의 연천)으로 보내졌다. 앞서 혜빈·상궁 박씨·한남군 이어와 영풍군 이전 등과 함께 형의 즉위를 반대했던 일이 드러났기 때문이었다. 혜빈은 왕비가 없었던 문종에게 청하여 교태전에 들어와 내정을 총괄하려 했었다. 천애고아로 왕이 된 단종은 자신을 길러 준 그녀를 만나고자 했으나 여의치 않았다.

금성은 둘째형 수양의 정적이었던 셋째형 안평과 가까웠다. 그래서 수양이 안평을 죽이자 항상 불만을 품어 왔다. 그러다 화의군과 협력하기로 모의하고 은밀히 혜빈에게 뇌물을 주어 안으로는 궁인과 결탁하고 밖으로는 환관과 연결하여 일당을 모았다. 금성은 그들의 격려를 받으며 은밀하게 무사를 불러 활쏘기도 하고 사냥도 하면서 돈도 많이 썼다. 이 일 때문에 도성을 떠나 삭녕에 보내졌다가 윤6월 19일 경기 광주로 옮겨졌다.

세조는 금성을 제거해야 한다는 한명회 등의 주장이 있을 때마다 거부했다. 겨우 목숨을 부지했던 금성은 성삼문 등의 불궤가 드러나자 1456년(세조 2) 6월 26일에 가산과 고신을 몰수당한 채 다시 경상도 순흥으로 옮겨졌다. 그곳에서 난간·담장과 문호가 높고 견고한 집에 거처하며 항상 사람들의 감시를 받았고, 외간 사람들과 서로 왕래하지 못한 채 단절의 삶을 이어 갔다.

상왕 단종, 노산군으로 강등 ___ 상왕은 1457년(세조 3) 1월 26일 창덕궁에서 나와 비어 있던 숙부 금성대군의 집으로 거처를 옮겼다. 상왕이 궁 밖으로 나간 상황에서 약 5개월 뒤인 6월 21일 다시 역모 고변이 올라왔다. 백성 김정수가 "판돈녕부사 송현수와 행돈녕부판관 권완이 반역을 도모한다"고 전 예문제학 윤사윤에게 첩보했던 것이다.

송현수는 세조에게는 제수씨가 되는 영응대군 부인의 오빠이자 단종의 장인이었다. 송현수는 이때의 고변에 앞서 1456년(세조 2)에도 성삼문 등의 모의에 참여했을 거라는 의심을 받았다. 하지만 세조가 그를 배려해 연좌되지 않도록 했다. 그러나 세조의 배려는 딱 한 번뿐이었다. 상왕의 장인은 사실이든 아니든 제거되어야 했다. 결국 송현수는 역모 혐의로 의금부에 하옥되었다. 이날 세조는 상왕을 노산군으로 내려 봉하고 영월로 보낸다는 교지를 발표했다.

전날 성삼문 등이 말하기를, '상왕도 그 모의에 참여하였다' 하였으므로, 종친과 백관들이 뜻을 모아 말하기를, '상왕도 종사에 죄를 지었으니, 편안히 서울에 거주하는 것은 마땅하지 않습니다' 하고, 여러 달 동안 청하기를 그치지 않았으나 내가 진실로 윤허하지 아니하고 처음에 먹은 마음을 지키려고 하였다. 지금에 이르기까지 인심이 안정되지 아니하고 계속 잇달아 난을 선동하는 무리가 그치지 않으니, 내가 어찌 사사로운 은의로써 나라의 큰 법을 굽혀 하늘의 명과 종사의 중함을 돌아보지 않을 수 있겠는가?

노산군이 영월로 떠날 때, 세조는 환관을 시켜 화양정에서 전송하게 하고 기름종이를 덮어씌워 만든 유롱 하나와 도롱이 하나, 포의 뒷자락을 가리어 덮는 전삼 둘을 내려 주었다. 한더위에 길 떠나는 노산군에게 각 고을에서는 얼음도 바치도록 했다. 영월이 소재한 강원도의 관찰사 김광수에게는 사철 과일, 수박, 참외 등을 올리도록 당부했다.

이 무슨 소용이랴! 삼촌은 조카의 자리를 빼앗고 궁에서도 내쫓았다. 노산군은 "성삼문의 역모를 나도 알고 있었으나 아뢰지 못하였다. 이것이 나의 죄다"라고 자책하며 떠났다.

노산군이 영월에 고립되어 있는 동안, 금성이 역모를 도모했다는 고변이 6월 27일 올라왔다. 송현수의 고변에 이은 두 번째였다. 이날 경상도 안동의 관노 이동이 판중추원사 이징석을 통해 역모의 증거라며 금성이 주었다는 명주 띠를 내놓았다. 세조는 계양군 이증·도승지 한명회에게 명하여 증거를 따져서 물어보게 했다. 또 소윤 윤자를 순흥에, 우보덕 김지경을 예천에, 진무 권감을 안동에 보내어 금성의 공사에 관련된 사람들을 국문하게 했다. 그리고 환관 지덕수·안충언에게 명하여 순흥에 가서 금성대군과 그 처자들을 거느리고 오게 했다.

관노 이동의 고변이 있은 지 일주일 뒤인 7월 3일 이번에는 순흥 부사 이보흠이 금성의 역모를 급히 보고했다. 세조는 대사헌 김순과 판예빈시사 김수에게 명하여 순흥에 가서 그를 국문하게 했다. 처음 이동의 고변이 있었을 때 세조는 동생 금성을 생각하여 집을 수리하고 집기와 노비들을 마련하여 소환하려고 했다. 그런데 이런 형의 뜻을 알지 못한 금성이 남몰래 순흥부의 아전 정중재와 내통하여 음모했다. 부사 이보흠이 자신을 찾아왔을 때에도 진기한 보물과 옷가지를 선물로 주면서 모반에 동참하라고 위협했다.

이틀 뒤 세조는 순흥으로 내려간 대사헌 김순에게 급히 글을 보내 아전 정중재를 조사하도록 했다. 그가 금성의 말을 듣고 몰래 아들을 옛 종의 집에 보내어 내통한 데다 이보흠이 금성을 만날 때 자리를 함께했기 때문이었다. 7월 9일에는 금성의 목에 나무칼을 씌우지 말고 발목에 쇠사슬도 채우지 말며 고문도 하지 않도록 했다. 또 이보흠의 일에 연루된 사람들과 문서를 대조하여 사실을 밝혀 내되, 만약 실정을 자백하지 않거든 "의금부로 하여금 잡아 와서 추국하게 하겠다"고 엄포하도록 했다. 다음 날에는 금성을 조곤조곤 잘 타이르되 부득이하면 협박했다 풀어 주고 가쇄했다 풀어 주는 등 유연하게 대처하여 실상을 파악하도록 했다.

7월 26일 김순이 돌아와 순흥 사람들이 금성의 음모를 따랐다고 최종 보고했다. 세조는 이에 따라 역모의 본산지인 순흥의 토지와 인민을 모두 풍기군에 붙였다. 창고와 관사는 파괴하고 터는 파헤쳤다. 또 순흥의 호장·기관·장교로서 우두머리 되는 자의 전 가족을 강원도의 낡고 헐어서 변변하지 못한 역의 아전으로 붙이도록 했다. 금성이 잡인들과 몰래 내통할 때 게을리하고 살피지 않아 흉모가 이루어지도록 한 것이 그 이유였다. 10월 9일에는 금성과 함께한 정중재 등 관련자를 능지처사했다.

노산군의 죽음 ___ 골육지친 금성이 삶과 죽음의 갈림길에서 아슬아슬한 줄타기를 하는 동안 그를 법대로 처단해야 한다는 상소가 연이어 계속되었다. 나아가 대간을 필두로 종친과 의정부·6조도 함께 나서 영월로 옮겨 간 노산군 또한 처벌해야 한다고 주장했다. 종친의 최연장자 양녕과 효령도 합세했다.

1457년(세조 3) 10월 21일 근정문에 나아가 조참을 받은 세조는 대간 등의 처벌 요청에 금성대군과 노산군 등의 죄를 분간해야 한다며 누가 괴수인지를 물었다. 이들은 전년의 변란, 즉 성삼문 등이 주도한 상왕 복위의 일은 노산군이 괴수가 되고, 금일의 일, 즉 순흥에 있으면서 몰래 군소배와 결탁하여 불궤한 짓을 도모한 것은 금성이 괴수가 된다고 대답했다.

마침내 세조는 주범인 동생 금성을 사사하고, 단종의 장인 송현수를 교형에 처하도록 했다. 송현수는 앞서 1457년(세조 3) 세조의 명에 따라 장 100대를 맞고 먼 지방의 관노로 영속된 터였다. 그를 죽여야 한다는 상소도 이어졌지만 옛친구임을 들어 계속 기각했었는데 이때 결단한 것이다. 영월의 노산군은 자신의 편이었던 이들의 죽음에 스스로 목매어서 죽었다.

이 비극은 노산군의 죽음으로 끝나지 않았다. 세조는 1457년(세조 3) 11월 18일 노산군 및 이유·이영·이어·이전을 태조와 태종의 적자만을 기록한 족보인 종친록에서 삭제하고, 문종의 사위 정종을 왕의 여계 후손을 6대까지 수록한 족보인 유부록에서 삭제했다. 1458년(세조 4)에는 경상도 성주 선석산에 있는 금성대군의 태실을 철거했다. 법림산에 있는 노산군의 태실도 철거했다.

세조는 역모의 주범과 종범 그리고 그와 관련된 자들의 존재를 흔적
조차 찾을 수 없도록 집요하게 발본색원했다. 세조로서는 정권의 정통
성을 정면으로 부정하는 이들을 추호도 용납할 수 없었다. 역모의 중심
에는 상왕 단종이 있었다. 세조에게 단종은 존재만으로도 위협적이었
다. 세조에게 노산군의 자살은 좋든 싫든 정치적 환경의 개선 가능성을
의미했다. 하지만 이후 세조는 내내 노산군의 망령에 시달리면서 왕권
의 보위에 신경을 곤두세워야 했다.

정권을 부정하는 난언들

세조의 폭압적 집권에 대한 반발은 1456년(세조 2) 6월의 상왕 복위 모의 사건, 1457년(세조 3) 8월 금성대군 역모 사건으로 이어졌고 그 처벌은 가혹했다. 세조 초반의 이 같은 정치 상황에서 난언亂言이 난무했다.

난언에 대한 처벌 규정은 이미 1423년(세종 5) 정해진 바 있었다. 앞서 세종은 난언으로 법을 범한 사람을 정상의 경중을 논하지 않고 모두 반역죄의 형률을 적용하는 것이 문제가 있다고 여겼다. 그래서 형조를 시켜 다시 검토하도록 했다. 이에 당의 〈형률〉과 《당률소의》와 《원사》 형법지를 살피고 또 정부의 여러 관청과 함께 의논했다. 그 결과 난언으로 윗사람을 범하였으되, 그 정리가 매우 해로운 자는 참형에 처하게 하고 가산을 몰수하게 했다. 매우 해롭지 않은 자는 곤장 100대를 치고 3천 리 밖으로 귀양 보내도록 했다. 교서를 받든 사신에게 항거하고 신하의 예가 없는 자는 교형에 처하도록 했다. 혹 사삿일로 인하여 싸운 자는 비록 공사로 인한 것이라 하더라도 교서에 관계되지 않는다면 모두 투구(싸우며 때림)와 매리(심하게 욕하며 나무람)에 관한 형률을 적용하도록 했다.

세조 대 횡행한 난언죄의 경우도 이를 적용했다. 사육신 사건 이후인 1456년(세조 2) 12월 전 예안 현감 정보가 잡혀 와서 고문당했다. 당시 성삼문의 행동이 옳았다고 한 그의 말을 아뢴 이는 한명회였다. 한명회의 첩이 정보의 얼매孽妹였기 때문에 사실을 고변한 것이었다. 정보는 '성삼문'을 입에 올린 죄로 장 100대를 맞고 변방 고을의 종으로 영속되었다가 바로 죽임을 당했다. 가산 역시 몰수당했다.

1457년(세조 3) 9월에는 승려 의전이 고발당했다. 그를 고발한 이는 같은 승려인 혜명이었다. 혜명이 의전을 고발한 이유는 그가 "민신의 난이 장차 다시 있을 것이다. 지금 가뭄이 심하여 상왕을 세우려는 자가 있다", "가뭄이 너무 심한데 상왕이 왕위에 오르면 벼농사가 무성하게 되리라"고 말했기 때문이다. 사실 이는 무고였다. 혜명은 자신과 사이가 좋지 않았던 의전을 거짓말을 꾸며 고발했다. 그런데 조사 결과 혜명까지 목이 잘렸다. 실제 모역이 있었던 것도 아니고 단지 무고에 그쳤을 뿐인데 고발자를 참형에 처했던 것이다. 이는 난언의 파장이 간단치 않음을 의미했다.

혜명의 말 가운데 등장하는 민신은 계유정난 그날 밤 비석소에서 목숨을 잃은 인물이었다. 당시 그는 문종의 능인 현릉의 비석을 감독하고 있었다. 수양은 김종서를 격살한 후 시어소에 있던 단종을 찾아가 경복궁으로 관료를 소집하도록 압박했다. 그때 민신은 근무하느라 오지 않았는데 세조는 별도로 사람을 보내어 그를 살해했다. 혜명은 세조에 의해 희생당한 민신과 같은 사람들이 다시 난을 일으킬 것이고, 그들이 상왕인 단종을 복위시킬 것이라 언급했다. 이는 세조의 가장 치명적인 약점을 건드린 셈이었다.

사실이든 아니든 세조에 의해 무고하게 희생당한 사람이 제2의 계유정난을 감행해 상왕을 복위시킬 것이라는 말은 언급 자체가 금기였다. 그러니 혜명은 '난언으로 윗사람을 범하였으되, 그 정리가 매우 해로운 자'였다.

난언이 난무하자 세조는 1457년(세조 3) 10월 2일 단호히 대처할 것을 천명했다. 난언이 말로만 그치는 것이 아니라 모반을 전제로 한다며 철저한 처벌 의지를 밝혔다. 난언은 정권의 부정을 의미했다. 대법大法의 엄격한 적용을 거론한 것은 이런 이유에서였다.

당시 난언이 난무한 배경에는 영월로 거처를 옮겨야만 했던 노산군이 있었다. 종친 및 의정부·충훈부·6조 등은 1457년(세조 3) 10월 16일 노산군에 대해 이미 우려를 드러냈다. 이들은 근일에 부귀를 도모하려는 자들이 종사에 죄를 지은 노산군을 빙자해 난언하면서 난리 치고 있으므로 이들을 법대로 강력하게 처리해야 한다고 주장했다.

실제로 다양한 신분의 사람들이 다양한 경로로 난언을 마구 뿌렸다. 이들은 노산군을 다시 복위시켜야 한다고 주장하면서 세조를 비난했다. 1457년(세조 3) 10월 학생 심희괄이 참형에 처해진 것 역시 난언 때문이었다. 심희괄이 처벌당한 이때는 노산군이 영월에서 스스로 목을 매어 죽은 이틀 후였다. 심희괄은 세조가 없었다면 농사가 잘 되었을 것이고, 상왕을 복위시켰더라면 벼락이 떨어져 사람이 죽는 불상사는 일어나지 않았을 거라면서 세조의 정당성을 부정했다. 이는 왕을 범하는 일이었다.

난언의 실상

왕실의 저주 ___ 난언은 1455(세조 1)~1457년(세조 3) 3년 동안 특히 분분했다. 이때는 1456년(세조 2) 6월 2일 상왕을 복위시키고자 했던 모의가 발각된 후 이듬해 1457년(세조 3) 10월 21일 노산군이 스스로 목을 매기까지 정치적 후폭풍이 몰아치던 기간이었다. 상왕과 관련한 이런 일들이 연이어 전개되는 상황에서 노산군이 죽기 직전인 1457년(세조 3) 9월 2일 세조의 맏아들 세자 이장이 본궁 정실에서 죽음을 맞이했다. 불과 20세였다.

이장은 처음 병이 들었을 때 종이와 붓을 찾아 옛시를 썼는데 그 내용이 상서롭지 못하다고 그를 모시는 사람들이 걱정했다.

비바람 무정하여 모란꽃이 떨어지고,
섬돌에 펄럭이는 붉은 작약이 주란에 가득 찼네.
명황이 촉 땅에 가서 양귀비를 잃고 나니
후궁이야 있었건만 반겨 보지 않았네.

이후 유명을 달리한 세자 이장을 내세워 왕실을 저주하는 난언이 연이어 일어났다. 9월 9일에는 세자의 죽음을 출세의 발판으로 삼고자 학생 박신이 성승과 성삼문을 거론하는 난언을 했다. 9월 23일에는 황해도 관찰사가 글을 올려 사노 석산의 난언을 아뢰었다. 석산은 세자의 요절이 당연하며 둘째아들인 해양대군도 같은 운명이 될 것이라고 불경하게 발언했다. 아들을 잃고 죽으로 끼니를 때울 정도로 슬픔에 젖어 있던 세조는 둘째아들까지 저주하는 내용을 듣고 "정말 난언이다"라 말하고는 당사자와 그를 신고한 자, 그리고 그 말을 들은 이들을 모두 압송하도록 했다.

불궤의 도모 ___ 1459년(세조 5) 5월 14일에는 임영대군의 노비 상좌의 고발에 따라 강원도 평창 사람 이위와 그 종형인 이금목을 의금부에 감금했다. 또 영월과 평창 등지로 진무를 보내 유득량과 반당 70여 명을 잡아 가두도록 했다. 당시 상좌는 전직 교유 유득량의 모반도 고발했다. 유득량이 모래내 고개의 북쪽에 풍악원을 지어 문기(증명하는 문서)를 만들고, 금성대군과 노산군 등의 반당과 장차 난리를 꾀하려 했다는 것이었다.

세조 재위 후반까지 난언은 그치지 않았다. 1464년(세조 10) 1월, 충청도 임천 사람 전영정의 가노 금이와 비부 을참의 목을 잘랐다. 당시 이들은 주인 전영정이 계유정난의 피해자 김종서 등을 옹호하고, 계유년의 일이 앞으로도 계속되리라 발언했다며 거짓으로 고발했다. 이들은 세조에게 영원히 금기라 할 계유정난의 최대 희생자들을 입에 올렸다. 김종서 부자가 죽었다 하더라도 혼이 남아 있어 반란이 계속될 것이라 주인이 말했다는 등 세조의 입장에서 볼 때 아무리 꾸며 댔다 하더라도 용납하기 어려운 내용을 언급했다. 마침내 무고의 주모자는 '윗사람을 범한 정리가 해로운 자'로 목이 잘렸다.

1464년(세조 10) 9월에는 전라도 고부의 선군 임양무와 김제의 정연 등 5인이 승정원에 나와서 나주 목사 송익손의 불궤를 고발했다. 송익손이 몰래 다른 뜻을 품고 전라도 몇 곳의 수령, 남양 부원군 홍달손과 내통하여 반란을 도모했다는 것이었다. 고변이 올라오자 송익손과 연루된 수령, 사건에 관계된 고부와 남원 사람, 승려 등과 송익손의 노비 등을 잡아 오도록 했다. 고발 당사자인 임양무 등은 송익손이 올 때까지 의금부에 감금했다. 고변 10여 일 후 세조는 직접 송익손 등을 국문하여 임양무 등의 무고를 밝혔다. 임양무는 앞서 고부·무장·흥덕·정읍의 수령들이 홍달손을 도에 지나치게 대접했다며 불평을 했다가 고문당하자 앙심을 품고 모반을 입에 올렸던 것이다. 사실을 파악한 세조는 홍달손을 과하게 대접한 수령을 질책했다. 이후 무고당한 송익손과 무고한 임양무 등을 잠시 석방했지만, 반역했다고 무고한 행위는 큰 죄라면서 수범 임양무의 목을 잘랐다.

1466년(세조 12) 7월 24일에는 사헌부 겸집의 강우문이 참형을 당했다. 이 일은 1465년(세조 11) 6월 제주 분대 어사였던 그가 제주 안무사 복승리가 노산군을 추모하는 제사를 지냈다며 고발한 데서 시작되었다. 복승리는 1461년(세조 7) 10월 세조가 지은 《병경兵鏡》을 잘 강독하여 성균관 유사를 능가한다는 평가를 받고 부장에서 상호군으로 승진한 인물이었다. 국문을 당하게 된 복승리는 울부짖으며 억울함을 호소했다. 제주에 있던 강우문도 잡혀 왔다. 1년여에 걸쳐 옥사가 벌어졌는데, 공사에 관련된 사람만도 무려 100여 인이나 되었다. 마침내 세조가 직접 나섰다. 친히 강우문을 신문한 결과, 복승리의 무고가 밝혀졌다. 결국 노산군을 들먹인 강우문의 목도 잘렸다.

난언의 정치적 파장

난언이 횡행하면서 정치적 파장도 컸다. 양녕대군과 임영대군 등 종친이 타의로 연루되기도 했다. 황수신·강맹경·한명회 등 공신이 무함을 받기도 했다. 세조는 친위 세력이라 할 이들을 보호해야 했다. 이들이 흔들리면 결국 자신도 흔들리기 때문이었다. 처벌이 강경으로 치달은 데는 이유가 있었다.

친세조 종친의 연루 ___ 1459년(세조 5) 11월 27일 승려 신순을 의금부에 감금했다. 양녕대군이 경주에서 역모를 꾀한다고 고발한 때문이다. 신순은 창녕 사람 이봉에게 들은 말을 고을 현감에게 전했다. "양녕대군이 하삼도를 순행하는 이유는 동경의 왕이 되고자 함이다"라는 내용이었다. 당시 양녕은 8월 22일 동래 온천을 갔다가 딸을 보기 위해 다시 전라도로 가려 했다. 8월 24일부터 접대의 폐단을 지적하는 대간의 비판이 이어졌지만, 세조는 오히려 큰아버지가 마음대로 사냥할 수 있도록 머무는 고을마다 재인과 백정을 뽑아 편의를 봐 주라고 명했다.

당시 세조가 양녕의 손을 들어 준 데는 이유가 있었다. 양녕은 폐세자가 된 후 1418년(태종 18) 6월 거처를 강화로 옮겼다. 그 후 주로 경기도 이천에서 거주하다가 1년에 한 번 정도 세종과 만났다. 왕이 되지 못한 선대왕의 맏아들은 의도했든 아니든 정치적 분란의 핵이 될 수 있었다. 실제로 1424년(세종 6) 3월 청주 호장 박광은 "양녕대군이 즉위하면 백성들이 자애로운 덕을 받게 될 것"이라고 말했다가 처벌당했다. 같은 해 10월에는 갑사 지영우가 "양녕이 병권을 장악하려고 한다"고 말했다가 처벌당했다. 목숨을 담보로 한 아슬아슬한 정치적 줄타기 속에서 동생 세종은 철저히 형을 보호했다. 탄핵이나 난언에 휘둘리지 않고 시종일관 형을 감쌌다.

세종이 훙서하자, 양녕은 왕실의 최고 어른이 되었다. 목소리를 높여 가던 그는 계유정난을 계기로 본격적인 정치적 행보를 취했다. 큰아버지는 조카 세조를 전적으로 지지했다. 1456년(세조 2) 6월 이래 연이어 일어난 일련의 사건을 본 양녕은 정적들을 처단하라는 의견을 과감히 피력했다. 1453년(단종 1) 10월 "안평의 죄가 크고 대역이 극도여서 천지 사이에 있을 수 없으니, 청컨대 사은을 끊어서 법을 바로 잡으소서"라고 주장했다. 1457년(세조 3) 10월에는 "전일에 노산군 및 금성대군 등의 죄를 청하였으나, 지금에 이르러서도 허락을 입지 못하였습니다. 청컨대 속히 법대로 처치하소서"라며 강력히 주청했다. 종친을 대표하는 최고 어른으로서 양녕의 지지는 세조에게 큰 힘이 되었다. 정치적 명분을 세워 준 큰아버지에게 조카는 보답하지 않을 수 없었다.

이런 양녕이 경주에서 반란을 일으키려 했다는 고변이 올라왔으니 세조는 황당무계했을 것이다. 그러나 고변이 올라온 이상 조사하지 않을 수 없었다. 의금부의 국문을 거쳐 이봉에 대한 처벌이 정해졌다. 그런데 그 수위가 장 100대 도 3년이었다. 이 난언을 해롭지 않은 경우로 간주한 결과였다. 즉 모반의 실체는 없었으나 왕의 권위를 건드린 죄를 손본 것이었다.

1464년(세조 10) 12월 내수소의 종 귀민이 의금부에 감금되었다. 함길도의 채방 별감 김속시가 난언했다고 고했기 때문이었다. 세조는 낭관을 보내 사건에 관계된 사람을 잡아 오게 했다. 당시 김속시는 명을 받들고 함길도 안변을 지나다가 귀민의 집에 머물렀다. 거기서 숙식하고 음주하며 귀민과 사사로이 가깝게 지냈다. 귀민은 임영대군과 원한이 있었다. 그래서 그 아들 구성군 이준까지 연루시켜 얽어 매고자 했다. "임영대군이 난을 일으키는 데 따르려고 한다", "구성군은 천하의 대장군이니, 나는 이를 섬기기를 원한다"고 무고한 이유도 이 때문이었다. 세조는 친히 이들을 국문했다. 조사 결과 근거 없음이 밝혀졌다. 귀민은 목이 잘렸고 그 말을 듣고도 고하지 않은 영귀와 김윤은 각각 장 100대에 처해졌다. 연유 없이 반역의 말을 발설한 김속시는 관료의 신분으로 마음대로 민가에 출입하여 술을 마시고 폐단을 저질렀다 하여 장 100대에 고신을 박탈당했다.

반면 세조는 입길에 올랐던 임영대군과 구성군의 관련 가능성에 대해서는 선을 긋고 이듬해 1465년(세조 11) 1월 전적으로 이들을 신뢰한다고 발언했다. 세조가 진실로 믿는다는 임영대군은 세종의 넷째아들로 세조의 동생이었다. 구성군은 그의 둘째 아들이었다. 세종은 부인 소헌왕후 심씨 사이에 대군 여덟을 두었다. 이들 중 다섯째 광평대군이 1444년(세종 26) 12월 7일에, 일곱째 평원대군이 1445년(세종 27) 1월 16일에 죽었다. 이어 맏이인 문종이 1452년(문종 2) 5월 14일 승하했다.

세조의 집권과 즉위 과정에서 셋째 안평대군이 1453년(단종 1) 10월 17일 사사되었다. 여섯째 금성대군 역시 1457년(세조 3) 10월 21일 사사되었다. 당시 친형제로는 넷째 임영과 막내 영응밖에 없었다. 이들은 조카의 자리를 찬탈한 형을 지지했다. 세조는 즉위 후 이들에게 역신의 전토와 난신의 노비를 내려 주는 등 대우해 주었다.

특히 세조는 이준을 총애했다. 그의 가능성을 높이 평가해 1464년(세조 10) 1월 그를 '아이 종친'이라 부르며 곁에 두었다. 세조가 친국에 나섰던 것은 몇 명 남지 않은 친형제인 이들을 평소 자신의 후원 세력으로 분류했기 때문이다. 만약 반역이 사실이라면 지금까지 자기를 지지하는 태세를 보인 종친을 전부 믿지 못하게 될 판이었다. 무고 행위라는 점은 같았는데 앞서 양녕의 건이 장 100대, 도 3년이었던 반면 이경우 참형으로 처단한 것은 양녕과 임영의 차이와 관련이 있어 보인다. 임영대군 부자는 언제든 제2의 세조가 될 수 있었다. 세조는 이들을 신뢰한다 했지만, 실상 이 사건을 '정리가 해로운 경우'로 판단했다. 정치적 견제구를 날린 것이었다.

공신의 무함 ___ 1458년(세조 4) 6월 26일 좌찬성 황수신이 경상도 상주 사람 주석순이 난언을 했다고 고발했다. 주석순은 황수신의 서조카였다. 황수신은 "신의 족류에 이와 같은 사람이 있으리라고는 생각하지 못하였습니다"라고 눈물을 흘리며 호소했다. 황수신은 세종 대 명재상 황희의 막내아들인데 좌익 2등 공신에 책봉되어 1457년(세조 3) 1월 좌참찬으로서 상왕 단종의 처단을 요구했던 인물이다. 이런 정치적 행보를 고려하면 모반을 전제한 서조카의 난언에 그가 눈물을 흘리며 변명했음은 당연했다.

1459년(세조 5) 2월에는 진주 사람 별시위 주명녕과 승려 일준 등을 의금부에 감금했다. 이들은 1458년(세조 4) 4월 오대산에서 왔다는 중 덕성이 '좌의정 강맹경이 왕이 될 것'이라 예언을 했다며 고발했다. "강姜 자의 아래위 획을 줄이면 왕王 자가 되므로 개국할 것을 알 수 있다"며 "충청도 논산의 개태사에 중 1~2인을 두면 수고롭지 않더라도 대업을 이룰 수가 있다", "강맹경과 일준 등이 전세에 자신과 더불어 동맹한 관계이니 이 사실을 급히 가서 고하라"고도 말했다는 것이다. 졸지에 개국의 주인공이 된 강맹경은 즉시 이 일을 자세히 보고했다. 세조는 주명녕과 일준을 의금부에 가두고, 그 말을 했다는 덕성을 잡아오게 했다.

그로부터 한 달 남짓 지난 3월 병조판서 한명회가 조사 결과를 올렸다. 그런데 오히려 한명회 자신이 또 다른 반란에 연관되어 있다고 보고했다. 강맹경의 개국설을 언급했던 주명녕이 별도의 난언을 의금부에 고했는데, "진주 목사와 판관이 군사를 훈련하여 모반하였을 때 한명회가 그 음모에 참여하여 알고 있었다"고 덕성이 발언했다는 내용이었다. 느닷없이 연루된 한명회는 황공함을 이기지 못하겠다며 호소했다.

강맹경은 계유정난에 직접 참여하지는 않았지만, 좌익 2등 공신에 책봉되어 특혜를 누린 인물이었다. 세조는 그를 의정부에 두었다. 영의정에 올랐던 강맹경은 이 시기 기득권층이었다. 반란의 연루자가 된 한명회 역시 두말할 것 없는 세조 대 최고 공신으로 엄청난 기득권을 누리고 있었다.

황수신·강맹경 그리고 한명회 등은 정권 찬탈에 협력하고 특권을 쥔 세조의 혈맹이었다. 세조에게 이들을 흔드는 일은 자신을 흔드는 것이었고 이들을 부정하는 행위는 자신을 부정하는 행위였다. 이 때문에 세조는 자신에게 미칠 파장을 우려해 무함한 자들을 극형에 처해 진화를 서둘렀다.

세조는 재위 14년 내내 정권의 정당성을 정면으로 겨냥하여 끊임없이 유포된 난언에 시달렸다. 이는 단순한 헛소문을 넘어 실제 모반으로 구체화하거나 타인을 무고하는 방편으로 이용되거나 지방 수령의 지휘 체계를 동요시키는 등 부정적인 결과로 이어졌다. 정권의 안정이 난언의 수습에 달려 있었다.

훈척의 형성

수빈 한씨의 아버지 한확 ___ 세조는 왕비 윤씨와의 사이에 2남 1녀를 두었다. 맏이였던 이숭은 1445년(세종 27) 종2품 정의대부 도원군에 봉해졌다. 도원군은 문종 대 한확의 딸과 결혼한 후 1453년(단종 1) 정2품 승헌대부로 올랐다. 아버지 세조가 즉위한 후 이장으로 이름을 고쳐 원자로 봉해졌다가 왕세자로 책봉되었다. 한씨는 세자빈이 되었다. 이 사람이 뒷날 성종의 친모, 인수대비가 되는 수빈 한씨이다.

 도원군의 장인 한확은 풍채와 용모가 중후하고 단정하며 성품과 도량이 온화하고 깔끔하다는 평을 들었다. 하지만 일에 임함에는 특출나지 않았다. 수양은 정난을 감행한 다음 날 사돈인 한확을 우의정으로 삼고자 했다. 그때 한확은 "도원군이 나의 사위이며, 오늘날 대군께서 권간을 베어 없애고 수상이 되어 정치를 보좌하는데, 내가 사돈집으로

훈척 중심의
국정 운영

서 아울러 참여하여 3공이 되면 여론이 어떠하겠습니까?"라며 사양했다. 수양은 오히려 그런 한확이 옳다고 여겼다. 그래서 기어이 그를 임명했다. 우의정 한확은 안평과 그 아들 이우직의 제거를 청했고, 세조가 즉위한 후에는 금성대군의 처벌을 주장했다. 앞장서서 껄끄러운 일을 거론했던 세조의 사돈은 1455년(세조 1) 좌의정이 되었다. 세조는 한확을 정난공신이자 좌익공신으로 거듭 책봉하고 자신의 사람으로 분류했다. 1455년(세조 1) 8월 18일 세조가 세자에게 "복이 있는 사람으로 너의 장인만한 이가 없다. 옛사람 중에서 구하여도 쉽게 얻지는 못할 것이다"라며 장인을 잘 따르라 타이른 것은 이런 속내의 표현이다.

한확은 세조와의 특별한 관계 속에서 공신이자 척신으로서 초반부터 정치에 적극적으로 참여했다. 그러다가 1456년(세조 2) 4월 27일 사위의 세자 책봉을 주청하기 위해 명에 고명 사은사로 갔다가 9월 11일 돌아오는 길에 죽었다. 세조는 그의 부음을 듣자 예관을 보내 압록강 위에서 널을 맞이하고, 도승지 한명회를 시켜 호송하게 했다. 한확은 세자빈의 아버지로서 죽기 전까지 세조에게 충성했던 든든한 인적 기반이었다.

장순왕후의 아버지 한명회 ___ 1455년(세조 1) 8월 19일 해양대군으로 책봉되었던 세조의 둘째아들 아홉 살 이황李晄은 세자 이장이 세상을 떠난 후 지위를 계승했다. 세조는 1457년(세조 3) 11월 10일 이조판서 한명회와 예조참판 구치관을 명나라에 보내서 해양대군 이황을 세자로 봉해 줄 것을 청했다.

해양대군은 이 해 12월 15일 경복궁 근정전에서 세자 책봉식을 했다. 그 후 3년 뒤 1460년(세조 6) 3월 28일 병조판서 한명회의 셋째딸을 빈으로 맞이했다. 한씨는 4월 11일 근정전에서 책봉례를 행했다. 이 사람이 뒤의 장순왕후이다.

왕세자빈의 아버지인 한명회는 처음부터 계유정난을 적극적으로 주도했다. 세조는 그 공을 인정하여 정난 1등·좌익 1등 공신으로 거듭 책봉했다. 이로써 한명회는 경덕궁 지기에서 일약 정치의 전면에 선 권력자가 되었다. 공신이어서 세자의 장인이 되었는지, 장인이 되면서 권력이 더 굳건해졌는지 선후를 매길 수는 없지만, 1460년(세조 6) 4월 한명회는 미래 권력이 될 세자의 장인이라는 날개까지 달았다. 그 앞에 펼쳐진 길은 탄탄대로였다.

왕세자빈은 1461년(세조 7) 11월 30일 밤 녹사 안기의 집에서 아들을 낳았다. 이날 시아버지 세조는 손자를 얻은 기쁨에 한명회 및 홍응을 즉시 불러들여 술자리를 베풀었다. "천하의 일에 무엇이 오늘의 기쁜 경사보다 더하다고 하겠는가?"라고 말하고는 밤새도록 손자의 탄생과 관련한 여러 소식에 귀를 기울였다.

기쁨은 여기까지였다. 아들을 낳은 지 일주일도 채 되지 않은 12월 5일 왕세자빈이 그 집에서 죽었다. '장순章順'이라는 시호가 내려진 것은 그 뒤 1462년(세조 8) 2월 4일이었다. 딸이 요절하자 한명회는 가만히 '왕의 장인'이라는 꿈을 내려놓아야 했다.

그러나 슬픔은 여기서 끝이 아니었다. 장순빈이 죽음으로 낳았던 원손이 1463년(세조 9) 10월 23일부터 풍질을 앓다가 다음 날 세 살 나이로 죽었다. 세조는 그를 인성군으로 추봉하고 고양현에 있는 큰아버지 의경세자 무덤 동쪽 가까운 땅에 장사지냈다. 왕세자빈이었던 딸을 잃은 데다가 외손자마저 죽음을 맞이함으로써, 한명회는 더는 세조의 패

밀리로 묶이지 못하는 듯했다.

하지만 한명회는 집요했다. 1467년(세조 13) 1월 12일 세조의 지지 속에서 자신의 막내딸을 의경세자의 둘째아들인 자을산군과 혼인시켰다. 세조는 손자의 혼인에 신경을 많이 썼다. 내종친과 상정소 당상을 신랑이나 신부를 데리고 가는 사람인 위요圍繞로 삼아 영응대군 이염의 집에서 친영하도록 했다.

이 혼인의 의미를 세조도 한명회도 당시에는 정확히 몰랐다. 그러나 세조가 승하한 후 의미가 분명해졌다. 한명회는 여러 변수를 제치고 자신의 사위를 조선의 제9대 국왕 성종으로 즉위시킬 수 있었다. 기어이 왕의 장인이 된 것이다. 세조의 동지였던 한명회는 왕의 가족이 되었고, 세조 대 훈척의 최고 실력자로 자리매김했다.

의숙공주의 시아버지 정인지 ___ 세조와 왕비 윤씨 사이에는 딸이 한 명 있었다. 바로 의숙공주이다. 의숙공주는 정인지의 아들인 정현조와 결혼했다. 정인지 역시 계유년 정난 당시 수양에 협력하여 직후 좌의정으로 책봉되고, 공신 1등에도 이름을 올렸다.

정인지는 세조가 즉위한 1455년(세조 1) 윤6월 하동 부원군으로 있다가 영의정에 임명되었다. 세조가 단행한 첫 인사였다. 이후 좌익 2등 공신으로 거듭 책봉된 정인지는 세조의 최측근으로서 인사에까지 참여했다. 의정부 당상이 차례대로 돌아가면서 인사에 참여하게 된 것이 바로 이때부터였다.

세조는 정인지를 한껏 추켜세웠다. 1457년(세조 3) 7월 6일 사정전에서 가진 술자리에서 세조는 태조가 이색을 대하는 것처럼 자신은 정인지를 대한다면서 술을 내려 주었다. 정인지 역시 세조의 사돈으로서 껄끄러운 사안을 주창하는 총대를 멨다. 앞장서서 세조의 동생인 안평이나 금성을 사사해야 한다거나 조카인 단종을 처벌해야 한다는 등의 청을 올렸다. 후에 술주정으로 인해 강제로 은퇴해야 했지만 정인지는 이시기 훈척의 대표 주자였다.

세조는 한확의 딸을 며느리로 삼았고. 정인지의 아들을 사위로 맞았으며, 한명회의 딸을 며느리와 손자며느리로 거듭 삼았다. 이로써 친구이자 신하였던 이들을 넓은 의미의 왕족으로 묶었다. 세조는 이들과 재위 기간 내내 정치적 행위를 함께했다. 이들 역시 왕의 후원 아래 권력을 누렸다. '계유정난'이라는 원죄를 함께 짊어진 대가로 손에 쥔 달콤한 사과였다.

체찰사제의 운용

인사 전권 행사 ___ 세조는 기본적으로 인사는 자신 고유의 권한이라고 생각했다. 1461년(세조 7) 11월 20일 통례문 판관을 제수한 신찬의 직을 바꾸라고 사헌부에서 상소했다. 발단은 세조가 이조정랑 이극증과 상피 관계에 있던 그 동생 이극돈을 통례문 판관으로 삼고 신찬을 성균 직강으로 삼으려는 데 있었다. 신찬은 문신이 아니었다. 그래서 서로 직을 바꾸었는데 이를 사헌부가 반대하고 나선 것이었다. 하지만 세조는 "제수하는 것은 나와 본조의 당상이 하는 것인데, 낭청이 어찌하여 관여하느냐?"며 거부의 뜻을 분명히했다.

1462년(세조 8) 1월 6일 사헌부에서 상피를 이유로 인사를 철회하라고 아뢰었다. 당시 세조는 병조판서 김사우의 처남인 이극배를 이조판서로 임명했다. 그러자 사헌 장령 유계번은 정권이 한 집안에 있게 되는 셈이니 잘못된 인사라고 했다. 인사를 개정하라는 상소에 세조는 자신이 이미 충분히 헤아려 정한 것이니 다시 언급하지 말라며 도리질했다.

세조는 자신이 검증한 사람만을 썼다. 1462년(세조 8) 1월 17일 노사신을 동부승지로 임명했다. 그의 할머니는 세조의 이모, 즉 세종의 장인인 영의정 심온의 딸로서 소헌왕후와 자매였다. 임금의 친척이었지만 열심히 공부하여 집현전 박사가 된 노사신은 날마다 장서각에 나아가 두루 책을 읽었다. 식사까지 폐하고 읽을 정도로 열심히 했다. 세조는 '진짜 박사'라는 평을 듣던 그와 더불어 고금의 일을 논했다. 승지에 제수한 이유도 그와 더불어 나눈 대화 가운데 마음에 드는 것이 많았기 때문이다.

4월 11일에는 홍응을 도승지로 승차陞差시켰다. 이 인사는 예例에 의해 자리를 옮긴 경우가 아니었다. 그래서 세조는 이를 강행한 이유를 신숙주에게 말했다. 자신이 '죽이는 것이 옳다'고 말할 때마다 홍응은 형방 승지로서 반드시 살릴 방책을 구하였다며 "사람을 살리려는 뜻이 많다"고 봤기 때문이라는 것이다.

1463년(세조 9) 1월 13일 이조판서 박원형 등이 사은사로서 명나라를 다녀온 참의 이예의 직을 올려 주라고 건의했다. 세조는 들어주지 않았다. 그리고 다음 날 그 이유를 참판 한계희에게 알렸다. "이예의 성품이 한 국면에 치우치고 넓지 못하여 화통함이 없고, 내가 성과와 재능을 보지 못하였으니, 으레 재상이 됨은 불가하다."

3월 10일에는 어효첨을 이조판서로 임명했다. 이날 세조는 세자를 불러 그에게 술을 따르게 했다. 술에 취하면 양어깨가 높이 솟아서 '어부漁父'라 칭해졌던 이 사람은 화공 최경의 인사에 대해 세조에게 직간했다. 난다 긴다 했던 세종 대 안견조차 서반 4품에 이르렀다면서 이를 감안하면 최경의 벼슬을 천예賤隸인 화공의 직품 한도 5품을 넘어서 3품으로 올린 것은 통분할 만한 일이라고 했다. 깊이 취했음에도 대답에 실수하지 않는 그를 두고 세조는 참으로 '낙지군자樂只君子(도를 즐기는 군자)'라며 이조판서로 삼았다.

12월 19일 세조는 사헌부에 어서御書를 전했다. 호패의 일을 규찰하고 검문하기 위해 분대로 내려간 김인문의 인사 때문이었다. 앞서 세조는 그가 올린 절목에 부당한 점이 많다고 판단해서 파출했었다. 그런데 이때 이조의 입계로 도리어 정3품 군자시 판사가 되었다. 세조는 분노했다. 이 같은 인사는 임금을 두려워하지 않기 때문이라며 김인문과 같은 예를 샅샅이 찾아내라고 압박했다.

1464년(세조 10) 2월 세조는 이조에 전지하여 아직 서용되지 못한 왕비 윤씨의 족친을 모두 녹용錄用하도록 명했다. 당시 중궁은 "관작은 마땅히 어진 사람을 선택하여 제수하는 것이고, 윤씨 집안의 자제는 하나가 아닌데 어찌 현부를 가리지 않고서 다 쓰겠습니까? 또 이씨·심씨의 족친으로서 아직 서용하지 못한 자도 오히려 많은데, 홀로 윤씨의 족친만 쓰겠습니까? 마음에 실로 미안합니다"라며 남편을 만류했다. 그러나 세조는 오히려 도승지 노사신을 불러 이씨·심씨·윤씨의 족친 중에 쓸 만한 자를 널리 의논하라고 했다.

1464년(세조 10) 4월 26일 지중추원사 양성지가 홍문관의 서적에 대한 일을 말하였는데, 세조가 듣고 매우 만족해했다. 이날 함께한 구치관이 양성지의 아들을 선전관에 임명하라 청했다. 자기 아들이 활을 쏘고 말을 타는 데 능하다고 자랑하는 양성지의 말을 들었음도 덧붙였다. 그러나 세조는 바로 받아들이지 않았다. 일 처리도 잘하고 음양의 술에도 능한 양성지이지만 아버지가 그러하다 하여 아들까지 묻지도 따지지도 않고 높이 평가할 수는 없다는 이유에서였다. 양성지는 5월 1일 아들 양찬을 알현시켰다. 세조는 그에게 화살을 쏘게 하여 과녁을 적중시키는 것을 보고서야 겸사복에 임명했다.

이후 8월 22일 세조는 아예 승정원에 명하여 공신 자제의 이름을 기록해 올리라고 했다. 이때 정인지의 아들 정숭조와 신숙주의 아들 신정 등 35인의 이름이 명단에 올랐다. 세조는 이들이 현명한지 아닌지를 파악하기 위해 선전관에 소속시켰다. 그러고서는 명단에 올라 있는 이들더러 하루에 2인씩 승전 환관의 예에 따라 공사를 출납하게 했다.

1466년(세조 12) 10월 24일에는 안빈세를 동부승지로 삼았다. 안빈세는 세조와 남매 사이인 정의공주와 안맹담 사이에서 난 이로 세조의 조카였다. 세조는 당시 공주의 병이 위급해지자 그 아들을 7계급이나 올려 제수함으로써 위로했다.

10월 29일에는 김계정을 주의注擬하도록 했다. 김계정은 1465년(세조 11) 2월 9일 무과에 합격했다. 이날 우공과 김계정 등을 불러서 담 밑의 잣나무를 쏘게 했는데, 멀기가 80보나 되었으나 김계정이 쏘아서 맞히지 못하는 것이 없었다. 세조는 그의 술을 받으며 칭찬했다. 그러면서 평안도 군사들이 주둔하면서 방어할 방책을 물었는데, 그의 대답이 세조를 매우 만족시켰다. 이에 재상을 돌아보고 "이 사람은 참으로 장수이다. 만약 일찍이 임용하지 않으면 늙어서야 장차 이르게 될 것이다"라며 임용자 명단에 포함시키도록 했다.

1467년(세조 13) 3월 1일에는 최연명과 김수강을 선전관에 제수했다. 선전관은 1457년(세조 3) 가전훈도駕前訓導를 고쳐 삼은 것이었다. 당시 병조에서 '가전훈도'라는 명칭의 근거가 없다며 선전관으로 고치도록 의견을 냈는데 이를 따랐다. 이후 세조는 선전관으로 하여금 경복궁 사정전의 동랑에 입직하여 간사한 일을 적발하도록 제도화했다. 이날 세조가 선전관에 이들을 제수한 이유는 유생들과의 성리性理 강론 과정에서 보여 준 대답이 자신의 뜻에 부합했기 때문이다.

같은 날 이계전의 아들 이봉은 동부승지가 되었다. 신숙주가 나이가 젊고 재주가 많다고 이봉을 천거했는데 세조가 그를 받아들였기 때문이다. 그 자리에서 세조는 아버지와의 인연을 거론했다.

나와 너의 아비는 의리로는 비록 군신이지마는 은혜는 형제와 같다. 내가 너를 보기를 아들과 같이할 터이니, 너 또한 나 보기를 아버지와 같이하라.

1467년(세조 13) 9월 22일 세조는 유자광을 낭관에 임명했다. 이는 서얼이 낭관에 임명된 첫 사례였다. 유자광은 유규의 얼자孽子였다. 앞서 7월 14일 세조의 명으로 허통되었는데, 두 달 좀 지난 이때 인사권이 있는 낭관 자리를 차지하게 된 것이었다. 이날 지평 정효항은 병조 정랑에 유자광을 임명한 이 인사를 비난했다. 그러나 세조는 "너희들

가운데 유자광 같은 자가 몇 사람이냐? 나는 절세의 재주를 얻었다고 생각하니, 다시 말하지 말라"며 뜻을 굽히지 않았다. 9월 28일 대간이 다시 이 문제를 거론하자 세조는 단호하게 자신의 인사 철학을 밝혔다. 인사권은 전적으로 자신에게 있으니 물고 늘어지지 말라는 것이었다.

내가 유자광을 허통하는 것은 특별한 은혜인데, 나의 특별한 은혜를 너희가 능히 저지하겠는가? 임금을 섬기되 너무 자주 간하면 욕이 되는 것이고, 친구와 사귀되 너무 자주 간하면 멀어지는 것이다.

훈척 중심의 국정 처결 ___ 즉위 후 세조는 한명회·신숙주·권람·정인지 등으로 대표되는 공신들과 더불어 본격적으로 국정을 운영했다. 이들을 의정부와 6조에 포진시키는 한편 도체찰사나 순찰사 등을 겸하게 하여 지방으로 내려보냈다. 지방에 대한 지대한 관심은 세조 집권과 즉위 과정의 폭압성에서 비롯된 당연한 귀결이었다.

1456년(세조 2) 8월 세조는 좌승지 한명회를 보내어 황해도 서흥과 평안도 의주에서 명나라 사신을 선위하게 하고, 아울러 구체적인 행동 강령을 주어 민간의 고치기 어려운 폐단을 염탐하게 했다. 그때 세조는 한명회에게 "경은 나와 마음을 같이하고 덕을 같이하는 일체의 사람", "경의 눈과 귀가 곧 나의 눈과 귀"라며 절대적 신뢰의 뜻을 밝히면서 해당 지역의 감찰 대상과 항목을 한명회에게 구체적으로 적시했다. 대부분이 '수령'의 업무와 관련되었다. 수령 감찰을 통해 해당 지역을 통제하려 한 것이었다.

一. 수령이 욕심이 많고 하는 짓이 더러운 것.

一. 부역이 고르지 못한 것.

一. 세금을 많이 거두는 것.

一. 법을 어기어 지나치게 형벌하는 것.

一. 죄수가 체류된 것.

一. 군민의 진정.

一. 고쳐야 할 여러 해가 된 큰 폐단.

一. 악한 일을 꾸미는 지방에 머무는 품관과 향리.

一. 역로의 고치기 어려운 폐단.

一. 평안도 절령·극성의 담을 막고 성을 쌓는 편리 여부.

一. 무예에 관한 재주가 보통보다 탁월한 사람.

一. 이름 없이 거두어들이는 것.

一. 수비의 허술한 것.

1457년(세조 3) 3월 28일 사정전에서 술자리가 있었다. 세조는 이날 한명회의 술을 받으며 "정난의 일은 한명회가 했고, 나는 한 일이 없다", "한명회의 술은 다른 사람의 술과 같지 않으니, 네가 한명회와 더불어 마땅히 큰 잔을 마셔야 한다", "한명회는 특별한 사람이다"면서 그의 공을 치하했고 세자와 종친 대신들에게 한껏 평가했다.

적수가 없는 당대 최고의 권력자 한명회는 세조 재위 14년간 총 14차례 지방으로 파견되었다. 한명회가 파견된 지역은 북방 4도와 하삼도 지역을 포괄해 경기를 제외한 전국이었다. 활동 내용 또한 국방·백성 위무·지방민 감찰·진휼·제언 축조 등 국정의 다방면에 걸쳤다.

1461년(세조 7) 9월 26일 북방 4도 도체찰사 한명회가 종사관 김수령을 세조에게 보내 오랑캐를 사살한 일과 방어 전략 등을 진술하게 했다. 김수령은 한명회의 명에 따라 함길도 동관 장성에 들어와 염탐하다가 죽임을 당한 오랑캐 3인의 머리를 담은 함을 가져와 바치며 승리를 전했다. 이때 세조는 크게 기뻐하면서 북방을 제압하려는 '경의 욕망이 바로 나의 욕망'이라며 자신과 한명회를 일체화했다.

1462년(세조 8) 1월 16일 한명회에게 내린 교지를 보면, 체찰 활동을 통해 세조가 기대한 결과가 무엇이었는지 나타난다.

근래 북정과 사민 등의 일로 인하여 백성들이 궁핍하고 병사들이 피곤하니, 내가 심히 불쌍하게 여긴다.……경은 나의 지극한 뜻을 몸 받아서 백성들을 위무하여 안집시키고, 겸하여 군무를 감독하라. 관찰사·도절제사 이하에서 유능하고 유능하지 못한 자와 명령을 받들고 명령을 받들지 못하는 자에게 경이 출척黜陟과 상벌을 시행하고 임시로 직임을 주되, 먼저 일을 시행하고 뒤에 보고하여도 좋다.

신숙주 역시 북방을 중심으로 하면서도 남방의 충청도까지 섭렵하는 체찰 활동을 통해 국가 중대사를 성취했다. 신숙주는 세조 즉위를 마무리한 인물이었다. 세조는 1456년(세조 2) 2월 21일 명나라의 인준을 받고 돌아온 그에게 "옛날에 만 리를 동행하였고, 다시 동맹하여 이제 능히 대사를 성취하였으니 기쁨을 헤아릴 수 있겠는가"라며 치하했다. 세조는 신숙주를 당 태종에게 간언을 잘했던 '위징'에 비견했다. 1457년(세조 3) 3월 15일 술자리에서는 '다만 서생일 뿐 아니라 곧 지혜로운 장수이니, 신숙주는 곧 나의 위징이다'라고 극찬하면서 자신의 이 말을 꼭 기록하라고 사관에게 당부했다.

신숙주는 특히 북방 야인을 정벌하는 군사 작전 전 과정에서 도체찰사로서 활약했다. 세조는 1460년(세조 6) 3월 22일 교태전으로 그를 불렀다. 이 자리에서 북방을 정벌할 것을 결정하고 바로 함길도 도체찰사로 임명했다. 전권을 위임받고 선봉에 선 신숙주는 8월 27일에서 8월 30일에 걸쳐 두만강 건너 모련위 오랑캐를 정벌했다. 그리고 9월 11일 전쟁의 경과를 소상히 보고하는 승첩을 올렸다. 이날 세조는 신숙주에게 어서를 보냈는데, 특히 끝에 둘만이 알고 있는 추신을 달았다.

경이 비록 나를 보고 웃었지만, 나의 표주박이 이미 이루어졌으므로, 쪼개어서 술잔을 만들어 지극한 정을 보인다.

이 표주박 이야기는 앞서 계책을 결정하던 날, 담장 아래 심은 박이 덩굴이 지자 술에 취한 신숙주가 박이 끝내 이루어지지 않겠다고 했었는데, 그 말을 세조가 희롱한 것이었다. 신숙주는 이에 대해 "성상이 주신 표주박을 드니 황홀하여 궁중의 뜰아래에 있는 듯합니다. 이와 같은 영광은 전고에 드물었던 바입니다"라며 감격의 뜻을 써서 답장했다.

세조의 집권 동안 한명회나 신숙주를 포함한 공신들은 국가의 중대사를 현장에서 처결했다. 세조는 이들을 지방으로 보내 자신의 통치 의지를 관철했다. 이들은 각지의 동태를 파악하고 감시했으며, 축성·제언 축조·군적의 작성·사민·군용의 점고 등 지방에서 처결해야 할 국가 중대사를 주도해 추진했다. 이들의 활동 영역은 전국 8도에 걸쳐 있었다. 세조는 이들의 활동을 통해 지방에 대한 권한을 강화하면서 국정 장악력을 한껏 높일 수 있었다.

윤자운의 사례 ___ 세조의 인사 방식을 가장 잘 보여 주는 이가 윤자운이다. 윤자운은 전라도 무장 사람이었다. 윤자운의 증조는 윤소종이고 조부는 윤회인데 모두 고려 말 조선 초 학문적으로 역량 있다고 평가받은 인물들이었다. 윤자운은 대대로 문장가로 이름을 날린 가문에서 세조보다 1년 앞선 1416년(태종 16) 태어났다.

1444년(세종 26) 5월 문과에 뽑힌 이후 문종 대 집현전 관직에 임명된 윤자운은 1450년(문종 즉위) 9월 문과의 합격 인원을 늘리는 일과 시험 보아 뽑는 절목을 올릴 때 부수찬으로 논의에 참여했다. 또 1452년(문종 2)에는 《고려사절요》의 기·지·연표를 나누어 찬술하기도 했다.

단종 대에 윤자운은 인사 행정과 관련 있는 이조 문선사 좌랑의 직임에 있었다. 이때 김종서 등의 인사 전횡을 경험했다. 1452년(단종 즉위) 8월 함길도 관찰사였던 김문기의 사위 박장윤이 동부녹사로 임명되었는데, 이 일로 윤자운은 사헌부의 추핵을 당했다. 당시 박장윤은 생원이었다. 소과인 생원에 합격한 사람은 반드시 당백숙의 천거를 기다린 뒤에 서용해야 했다. 그런데 박장윤은 아무도 천거하지 않았는데 동부녹사로 임명되었다. 사헌부는 당시 전랑으로 있던 윤자운이 관리를 임명하거나 법령을 제정할 때 서명하는 서경의 권한을 잘못 행사했다며 추핵했다. 그런데 이 일은 윤자운의 잘못이라기보다는 그간 인사를 전횡한 의정부의 뜻을 거스른 데 대해 보복한 결과였다.

윤자운이 정치의 주류로 부상하게 된 계기는 계유정난 직후 함길도에서 일어난 반란이었다. 처음 이징옥이 난을 일으켰다는 보고에 수양은 막부를 설치하고 일을 처리할 하위 관료를 두었다. 이때 윤자운이 실무자인 경력이 되었다. 이를 계기로 두 사람의 관계는 밀접해졌다. 이 사실은 1458년(세조 4) 6월 윤자운에게 내린 교서를 통해 확인할 수 있다. 당시 세조는 이징옥의 난 전후로 보인 그의 일 처리에 매우 만족해 신임하게 되었다고 말했다.

내가 일찍이 정난 하고 총융의 관직을 겸할 때 그 보좌할 관원을 어렵게 여기고 능히 주자(중국 요임금이 신하들에게 기용할 만한 인재에 대해 물은 것)의 길을 넓혀서 경을 발탁하여 막부에 두고 기무를 맡도록 하니, 처음부터 끝까지 태만하지 아니하고 나의 미치지 못하는 점을 보필하였으므로 내가 진실로 이를 아름답게 여겼다.

이후 수양은 윤자운을 비서로 썼다. 특히 윤자운은 수양의 오래된 동갑 친구 신숙주의 처남이었다. 신숙주는 윤경연의 딸, 즉 윤자운의 여동생에게 장가들었다. 본인 자신의 역량에 더하여 세조와 신숙주의 특별한 관계, 또 신숙주와 윤자운의 특수한 관계 속에서 그는 정치의 주류로 급부상했다.

윤자운은 1454년(단종 2) 사간원 정5품 좌헌납으로 임명되었다가 1455년(세조 1) 종3품 지사간원사로 옮겼다. 그때까지 언론의 직임에 있던 윤자운은 매부 신숙주가 좌익 1등, 자신 역시 좌익 3등으로 공신록에 이름을 올리면서 정치 전면에 섰다.

세조는 신숙주와 윤자운이 상피 관계였지만 구애받지 않았다. 1465

년(세조 11) 4월 윤자운이 의정부 우참찬으로 임명되었다. 당시 신숙주가 영의정이었다. 신숙주는 1462년(세조 8) 5월 임명된 이래 3년 이상 그 자리에 있었다. 조정에서는 처남과 매부 관계인데 모두 의정부에 두는 것이 옳지 않다고 했다. 하지만 세조는 "의정부는 마땅한 사람이 아니면 불가하다. 무송(윤자운의 호)을 두고 누가 할 것인가"라며 뜻을 관철했다.

세조는 윤자운을 신뢰했다. 즉위 초반부터 왕명 출납을 맡아 보는 자리인 승지에 앉힌 후 재위 14년 중 무려 6년간이나 그를 다른 자리로 옮기지 않았다. 그가 도승지에서 해면된 것은 1460년(세조 6) 조모상을 당했을 때였다.

윤자운의 세조 초반 이력이 대부분 승지였다는 사실은 그가 세조의 최측근이었음을 의미한다. 세조로서는 비서로 이보다 더 좋은 선택은 없었다. 그는 가문 배경도 있고 역량도 있었으며 공신 매부를 둔 믿을 만한 신하였다.

세조의 최측근으로서 윤자운은 걸맞은 혜택도 많이 누렸다. 1456년(세조 2) 문종의 딸 경혜공주의 남편 정종의 전라도 옥구 전토를 받았다. 같은 해에 상왕 복위 모의 사건에 연루된 조완규의 딸을 받았다. 1457년(세조 3)에는 난신의 외거 노비 6구를 받았다.

윤자운은 혜택을 누린 만큼 국가에 이바지했다. 외국어 번역과 통역 및 교육을 담당했던 사역원의 강이관 출신인 그는 자신의 이력을 바탕으로 세조 재위 동안 대명 외교와 관련해 적극적으로 활약했다. 사신을 영접하는 선위사로서 1459년(세조 5) 평안도 가산의 가평관에서 명나라의 형과 급사중 진가유와 서반 왕월에게 예물을 선사했다.

1460년(세조 6) 8월에는 주문사로 명나라에 갔다. 당시 명에 들어갈 적당한 사람을 찾기 어려워, 좌우에서 한두 재상을 천거했다. 그러나 세조는 "윤자운보다 나은 이가 없다"며 모든 이를 제치고 그를 고집했다. 그때 윤자운은 조모 상중이었다. 세조는 사신으로 보내기 위해 그의 상기를 단축시켰다. 윤자운은 8월 19일 출발하여 약 두 달간의 일정을 마치고 윤11월 16일 칙서를 가지고 돌아왔다.

윤자운은 사신을 멀리 나가 맞이하는 원접사로도 활약했다. 1467년(세조 13) 9월 개경까지 가서 요동 백호 백옹을 만났다. 윤자운의 보고에 미리 준비를 끝낸 세조는 모화관에 나아가 그들을 맞았다. 광녕 백호 임흥·요동 사인 황철이 들어왔을 때는 세조의 말을 사신에게 통역하며 활약했다.

윤자운은 순찰사로서 지방에 파견되기도 했다. 1461년(세조 7) 경기·충청·전라·경상도 도순찰사가 되어 하삼도 백성을 모집해서 평안도와 황해도로 이주시키는 일을 처리했다. 1463년(세조 9)에는 군사를 점검하기 위해 충청·전라도 순찰사로 임명되었다. 당시 사간원에서는 따로 파견할 필요가 없다고 했지만, 세조는 "이는 그대들이 알 바가 아니니 말하지 말라"고 뜻을 굽히지 않았다. 1464년(세조 10)에는 군사 상황을 점고하기 위해 경기·충청·전라·경상도의 도순찰사로 다시 파견되었다.

1466년(세조 12) 제언목장급전사가 되어 평안도로 떠나는 윤자운에게 세조는 미안함을 전하면서도 "경이 아니면 맡길 사람이 없기 때문이니, 노고를 꺼리지 말라"며 신임을 표했다. 약 3개월간의 활동을 마치고 이듬해 돌아온 그는 다시 1468년(세조 14) 8월 23일 8도 군적사에 임명되었다. 다음 달 8일에 세조가 승하했던 것을 생각한다면 세조는 죽기 전까지 국가의 중대사에 윤자운을 기용했던 셈이다.

윤자운의 다양한 활동은 그가 단순히 신숙주의 처남이자 공신이기 때문에 주류가 되었던 것은 아니라는 점을 시사한다. 이 시기 대명 외교나 국가 중대사의 실천을 위해서는 윤자운 같은 역량 있는 인물이 꼭 필요했다. 윤자운의 예는 세조의 국정 운영 방향의 일단을 시사한다. 세조는 공적·사적 관계로 공고히 결합한 신하를 가장 효과적으로 부릴 수 있는 자리에 앉힌 후 그가 최대의 역량을 발휘할 수 있도록 해주었다. 윤자운의 기용은 세조 인사의 전형을 짐작할 수 있게 한다.

북방 영토의 개척

4군과 6진과 행성 ___ 조선은 북쪽으로는 여진족의 지경과 접해 있고 바다로는 왜국과 연해 있어 변방의 위협을 염려하지 않을 수 없었다. 백성은 이들에 의해 삶의 토대를 침범당했고, 이는 국가의 위기까지 초래했다. 남왜북로南倭北虜에 대한 대비책을 세우는 일, 즉 국방 대책은 국가의 존립과 직결되는 중대사였다.

국방 대책의 제1목적은 무력 충돌을 막는 것이었다. 조선 정부는 이를 위해 남북방 외적과 이른바 '교린' 관계를 설정하여 회유책과 강경책을 상황에 따라 번갈아 구사했다. 그러나 무엇보다 자체 방비를 강화하는 일이 중요했다.

조선 정부는 자체 국방력을 높이기 위해 북방의 변경지대를 행정·군사력이 미치는 영역으로 편제하려 했다. 압록강 상류에는 태종 대 여

___9
전 국토의 충실화: 사민

연을 시작으로 세종 대 자성·무창·우예의 3군을 차례로 신설함으로써 이른바 4군을 완성했다. 두만강 유역에는 태조 대 경원진의 설치를 시작으로 세종 대 회령과 온성·종성·경흥의 4진을 신설하여 두만강을 빙둘러 5진을 설치했다. 그리고 태종 대 후퇴했던 옛 경원 자리에 부령을 설치함으로써 이른바 6진을 완성했다. 4군과 6진이 설치되었다는 것은 군사 요충지에 조선 군사가 배치된다는 뜻이었다.

북방의 군사 거점인 4군과 6진이 설치되는 동안 이곳을 거점으로 하여 압록강과 두만강을 따라 행성行城을 축조했다. 행성은 고구려 성처럼 높지 않고 강 건너 야인들이 말을 타고 질주하지 못할 만큼의 높이로 쌓은 것이었다. 1440년(세종 22)부터 1450년(세종 32)까지 도체찰사 황보인은 봄·가을로 평안도와 함길도를 왕래했다. 짧게는 1개월 길게는 6개월 동안 해당 지역에 가서 요충지와 요충지 사이에 참호를 파고 목책을 두르며 석성을 쌓아 자체 방비 역량을 강화했다. 이로써 압록강과 두만강을 경계로 하여 국경선이 획정되었다.

세종 대의 사민 ___ 태조 이래 세종 대에 이르기까지 4군과 6진이 이전 혹은 신설되는 과정에서 해당 지역을 충실히 하기 위한 백성의 이주가 국가 차원에서 진행되었다. 세종은 1433년(세종 15) 함길도의 영북과 경원 두 곳의 진을 옮겨 배치하고, 그곳에 백성을 이주시킬 뜻을 공표했다. 이에 따라 1434년(세종 16) 1~5월까지 함길도 남부 백성의 북방 이주 계획이 세워져 경원부에 남도민 1,300호, 영북진에 1,400호를 옮기기로 했다. 백성을 북도로 옮기자 남도의 인구는 자연 감소했다. 다시 해당 지역의 인구를 보충하기 위해 이번에는 하삼도 백성의 북방 이주가 이루어졌다. 또 신설된 4진으로의 백성 이주도 추진했다. 길주 이남의 정군을 뽑아 4진에 들어가 살게 하고 다시 하삼도민을 뽑아 길주로 옮기도록 했다. 압록강 상류의 4군에도 백성의 이주가 이루어졌다. 평안남도 백성을 옮겨 여연·강계·이산·벽동·창성 등의 연변 땅을 채웠다. 평안남도 각 고을 향리도 여연이나 자성으로 이주시켰다.

세종은 평안도와 함길도의 남도에서 연변의 신설 진으로, 또 그 때문에 비게 된 남도에는 하삼도 백성을 이주시켰다. 이주 정책은 해당 지역을 충실화하기 위함이었다.

소복책의 강구

4군 폐지 ___ 4군과 6진을 완성한 세종 덕분에 조선의 국방선은 압록강과 두만강까지 끌어올려졌다. 하지만 이런 찬란한 성과 뒤에는 백성의 희생이 따랐다. 특히 4군이 설치된 평안도의 폐해가 컸다. 여연·자성·무창·우예의 4군은 산세가 험준하여 교통이 불편하고 방위는 어려운 곳에 위치했다. 반면 야인이 빈번하게 침입했다. 이런 이유로 4군이 설치된 직후부터 폐지 문제가 대두되었다. 세종 대에 공론화하지 않았던 이 문제는 문종 즉위 후 구체적으로 논의되었다.

1450년(문종 즉위) 문종은 하연·남지·김종서·정갑손 등을 불러 평안도 연변의 구자口子 만호와 군병을 혁파하는 일을 의논하게 했다. 구자는 긴요하지 않은 군사 요충지에 설치된 작은 관문인데, 그곳을 지키는 종4품의 무관직이 만호였다. 이때 문종은 아버지 세종이 포치한 일을 노력도 없이 혁파하자는 논의는 부당하다며 혁파를 받아들이지 않았다.

이후 4군을 차차로 폐지했다. 1455년(단종 3) 평안도 도체찰사 박종우가 3군의 폐지를 청했고, 단종이 그를 따랐다. 그런데 당시 정치적 상황을 고려한다면 이는 수양이 결정한 일이었다. 박종우는 자신이 강변의 여러 읍과 구자를 순찰한 결과를 보고하면서 문제를 지적했다. 군사가 매우 적은 우예·여연·무창 3군의 수비를 위해 도절제사가 남도의 군사를 임시로 뽑으니 폐단만 있고 이익이 없다는 것이었다. 그러니 마땅히 (3군에) 소속된 여러 보를 모두 혁파하라고 했다. 이 의견은 받아들여졌다.

3군을 혁파한 후 다시 세조는 가장 남쪽에 있던 자성마저 혁파했다. 1458년(세조 4) 9월 신숙주를 평안도 도체찰사로 삼아 평안도의 형편을 살피도록 했다. 신숙주는 9월 8일 출발하여 11월 11일 돌아와 3군 폐지 이후 평안도 방비 상황을 점검한 결과를 보고했다. 그의 계본에 따라 병조는 1459년(세조 5) 1월 자성까지 폐지할 것을 건의했고 세조는 그에 따랐다.

4군을 폐지했다는 것은 압록강을 경계로 하는 방어선이 후퇴했다는 의미였다. 체찰 결과에 따르면 당시 평안도민은 수비를 감당할 만큼 생활이 안정되어 있지 못했다. 이것이 애써 설치한 4군을 포기할 수밖에 없었던 가장 큰 이유였다.

하삼도민의 북방 이주 ___ 평안도는 서쪽으로는 명나라와 연하고 북쪽으로는 야인과 접한 조선의 문호였다. 명나라로 들어가는 사신은 평안도를 지나가야만 했다. 북경으로 들어가는 사신 행렬은 매년 정기적으로 성절사·천추사·정조사가 있었고, 부정기적으로 주청사·사은사·진하사 등이 있었다. 사신들은 행렬을 따르는 계집종과 사내종, 행렬을 호위하는 군졸을 모두 대동했다. 사행 규모는 간략히 한다 해도 수백여 명이나 되었다. 평안도민은 이들을 맞이하고 보내느라 큰 부담을 져야 했다.

또 평안도 건너편에는 압록강의 지류인 파저강(혼강) 주위로 건주위와 건주 좌위·건주 우위의 야인들이 근거했다. 이들은 주로 한겨울에 압록강이 얼어 평지와 같이 평탄해지면 쳐들어왔다. 평안도 백성은 이때가 되면 수비하러 가야 했다. 여기에 땔감을 마련하고 말뚝을 설치하고 참호를 파는 등의 사역에도 동원되었다. 혹 군관이라도 오면 밥 짓고 나무와 풀을 베며 그들이 머무는 방도 지켜야 했다. 군수 용도의 국둔전 농사를 지을 때면 씨 뿌리고 풀도 매야 했다. 추수할 때는 벼도 베야 했다.

평안도민은 휴식할 틈이 없었다. 사람도 말도 모두 피곤하여 찌들었다. 생활이 안정될 리 없었다. 특히 연변 고을 백성은 성 밖에 집을 짓고 임의로 흩어져 살다가 얼음이 얼어 흙과 돌로 쌓은 작은 성인 보(堡)에 들어갈 때가 되면 땅을 파서 여막을 만들었다. 거기서 원래 거주민과 남도에서 올라온 군사가 남녀 상관없이 뒤섞여 지냈다. 5월이나 6월에 날이 풀려야 성 밖의 집으로 돌아갈 수 있었는데, 그때는 이미 누군지도 모를 사람에게 집이 헐린 후였다. 그러면 그들은 집을 다시 고쳐 지어야 했다. 이런 일이 해마다 반복되었다. 평안도 사람도 살길을 찾아야 했다. 이들은 거주지를 떠나 도망갔다. 그러자 평안도 유이민 문제가 현안으로 떠올랐다.

세조가 1457년(세조 3) 5월 29일 이에 대한 해결책을 강구하라고 호조에 명령한 것은 그만큼 사안이 시급했기 때문이다. 세조는 평안·황해·강원 3도 백성이 흉년이나 질병, 혹은 요역으로 다른 도로 떠돌아다니는 사람이 매우 많다고 판단했다. 그래서 이 지역에 대해 '사람은 드물고 땅은 넓은데 토지가 많이 황폐하여 이용되지 못하고 있다'고 진단했다. 이 문제를 해결하기 위해서는 해당 지역에 사람이 살아야 했다. 사람을 살게 하기 위해서는 면세해 주거나 의창미나 농기를 주는 등 각종 유인책이 필요했다. 세조가 생각해 낸 대책은 남도의 백성을 이주시켜 평안도를 충실화하는 것이었다. 1459년(세조 5) 7월 29일 세조는 이런 고민을 담아 전지했다.

살기 좋은 토지를 잃고서 다른 곳에 기생해 사는 백성이 비록 고향으로 돌아오려고 해도 형세상 스스로 오기가 어려우며, 비록 유민이 아니더라도 넓고 비어 있는 땅에서 농업을 시작하기가 어려울 것을 내가 민망하게 여겨 이미 평안·황해·강원 3도에 새로 이사한 사람은 요역을 7년 동안 면제해 주고, 또 의창의 미곡을 넉넉히 주고, 새로 토지를 개간한 사람은 5년 동안 지세를 면제해 주고, 또 여러 고을에 농우와 농기를 주고, 관청에서 묵은 땅을 개간하여, 오는 사람을 기다려서 그 진정에 따라 주어 백성을 시켜 살기 좋은 토지의 이익을 알도록 하고, 나라에는 토지를 비워 두는 근심이 없도록 하라.

평안도 등의 '사람은 적고 땅은 넓은' 문제를 사민 방식으로 해결하려던 세조는 먼저 평안도로 들어갈 백성을 하삼도에서 모집했다. 이를 위해 1459년(세조 5) 12월 좌찬성 황수신을 경상도, 판중추원사 심회를 전라도, 좌참찬 성봉조를 충청도 등의 모민 체찰사로 각각 삼아 사목을 내려 주었다.

그런데 당초 향리 등 양인 응모자를 기대한 것과 달리 실제로 이주에 응한 자들은 양인이 아니었다. 1460년(세조 6) 1월 경상도 모민 체찰사 황수신은 "양인으로서 사민 모집에 응하는 자는 적고, 향리·공천·사천 가운데 모집에 응하는 자가 많습니다. 신이 생각건대…… 만약 다 모집에 응하도록 허락한다면 주·현이 장차 공허해지게 되고 공천이 거의 다 없어질 것입니다. …… 청컨대 천구賤口는 그 수를 정해 가당한 자를 골라서 들여보내소서"라고 급히 보고했다. 그러자 세조는 공천이든 사천이든 면천 증명서를 발급받은 경우에만 대상자로 삼도록 했다. 사민과 관련해서는 1461년(세조 7) 1월 세조가 성균관·4학의 유생 560여 인을 모아 '하삼도 백성을 서북으로 옮기는 계책'에 대해 출제한 것으로도 얼마나 큰 관심을 기울였는지 알 수 있다.

그 후 1461년(세조 7) 2월 3일 세조는 한계미를 강원·황해·평안도 사민 안집 도순찰사로 삼았다. 임무는 해당 지역으로 옮겨 간 백성이 삶의 터전을 공고히 다져 안착할 수 있도록 환경을 조성하는 일이었다. 같은 날 의정부의 계에 따라 관찰사를 시켜 유학 교수관인 교유敎諭를 여러 고을로 보내 새로 이주한 백성들을 구호하도록 했다. 풍토도 다르고 사람 수효대로 내어 주는 양식인 구량口糧도 넉넉하지 못해 일찍 죽게 될 우려가 있기 때문이었다. 만일 사망한 자가 있다면 어린아이라 할지라도 즉시 해조에 문서를 보내 그 수를 상고해서 죄를 부과하도록 했다. 또 옛 거주지에 왕래하려는 자가 있으면 1호에 1인씩 통행 증명서인 문인을 주어서 내보내되, 그 고을에 이첩하여 귀환을 독촉하게 했다.

한계미는 5월 돌아와 안집의 결과를 보고했다. 이날 사민의 수를 몇 호로 제한할 것인가를 두고 논란이 벌어졌다. 한계미는 200여 호를 넘지 않는 것이 사민에게도 본 도민에게도 좋을 것이라고 주장했다. 신숙주는 너무 적은 수효라며 황해도에는 100호, 평안도에는 300호를 주장했다. 영의정 정창손·우의정 권람 등은 250호를 지지했다. 뜻이 합치되지 않자 세조는 앞서 3월 경기·충청·전라·경상도 도순찰사로 임명되어 5월 9일 길을 떠난 윤자운에게 상한上限 300호로 하라고 전했다. 5월 11일 의논 끝에 사민의 총수를 정했다. 1,935호를 여섯 번으로 나누어 보내도록 하고 첫해 300호로 시작하여 1462년(세조 8)~1466년(세조 12)까지 1년마다 327호씩을 들여보내기로 했다.

이후 세조는 윤자운으로부터 하삼도에서 모집한 인원을 평안도와 황해도로 이주시키는 과정에서 발생한 문제에 대해 보고받았다. 이사 중에 도망하는 노비와 솔정率丁이 많다는 것이었다. 세조는 8월 3일 사민으로 뽑힌 뒤에 노비를 거느리고 도망하는 솔정뿐 아니라 길을 떠나지 않고 도망하는 사민까지 모두 '기훼제서율棄毁制書律'로 논죄하도록 했다. 기훼제서율은 《대명률》 이율吏律의 공식 조항으로, 임금의 제서制書·성지聖旨 등의 명을 멋대로 파기하거나 고의로 고친 자는 참형에서부터 장형으로 처벌한다고 되어 있다.

이런 과정을 거쳐 추진된 세조의 사민 정책은 비교적 성공적이었던 듯하다. 10월 5일 충청도 도관찰사 임효인·전라도 도관찰사 함우치·경상도 도관찰사 노숙동·도순찰사 윤자운에게 내린 글을 통해 이를 확인할 수 있다.

전일에 평안도·황해도·강원도에 옮겨 가 사는 백성이 지금 다 생업에 안정하고, 새로 옮겨 간 이로움을 잘 알아서 족류로서 본토에 있는 자를 모두 끌어들이고자 하므로 한 가족 식구가 서로 흩어져 있지 않고 한 곳에 모여 사는 자가 오히려 많으니, 강원도·황해도·평안도의 도순찰사가 보낸 문서에 의거하여 향리·역에서 일을 보는 역자를 제외하고는 그들의 자원대로 들여보내도록 들어주는 것이 가하다.

이듬해 1462년(세조 8) 5월, 세조는 3도 도순찰사 한계미를 다시 파견하여 사거인徙居人을 마감하고 그들의 폐해를 조사하여 보고하라는 등의 명을 내렸다. 6월에는 앞서 5운으로 나누어 1466년(세조 12)까지 완료하려던 계획을 앞당겨 2운으로 나누어 1461년(세조 8)에 818호를 옮기고, 1462년(세조 9) 817호를 옮기도록 했다. 7월에는 사민의 폐해를 조사하도록 어찰로 유시했다.

반년간의 순찰 활동을 마치고 11월 14일 한계미가 복명하면서 하삼도 백성의 이주정책은 대강 마무리되었다. 이로써 평안도와 황해도의 '땅은 넓고 인구가 희박한' 문제는 해결점을 찾게 되었다.

아울러 세조는 사민에 박차를 가하기 위해 종친·재상에게 명하여 토지를 직접 개간하게 하거나 개간할 능력이 있는 자를 모집하도록 했다. 이들에게는 결結·부負의 다소에 따라 3등으로 나누어 품계를 올려 주거나 자급을 올려 주기로 했다. 세조의 이런 당근책에 품계가 오르기를 바랐던 무리가 다투어 나와 분주히 움직였다. 1464년(세조 10) 7월 호조에서 이들을 뽑아서 아뢰고 포상의 은전을 시행하도록 청하자 세조도 따랐다. 하지만 개간을 통해 상급을 받으리라는 기대는 실제 현실과 상당히 달랐다. 오히려 수령에게 연줄을 대어 적은 것을 많다고 부풀리거나 혹은 전지를 개간하지도 않으면서 상을 받는 자들도 많았다.

그러나 결과적으로 보면 세조는 성공했다. 세종의 사민정책에서 드러난 문제점을 자신만의 방식으로 보완했다. 자신이 신임하는 공신 재상급 관료에게 순찰사·체찰사의 직함을 주어 해당 지역으로 보냈고, 이들은 구체적 사목에 따라 자원자를 모집해서 보내고 편안히 적응할 수 있도록 세심하게 주의를 기울였다. 이로써 해당 지역은 소생했다. 세조는 아버지 세종 대보다 구체적이고 실질적인 사민의 성과를 거두었다. 세조의 권력으로 강제한, 세조만의 방식으로 거둔 결실이었다.

진관 체제의 성립

익군과 군익도 ___ 조선의 평안도와 함길도는 거슬러 올라가면 고려 전기 군사적 특수지대로서 주진군이 설치되었던 북계와 동계였다. 고려는 1231년(고종 18) 몽골의 침공을 받은 이래 30년 가까이 항쟁했다. 그 끝에 1258년(고종 45) 동계에는 몽골의 쌍성총관부가, 북계에는 1270년(원종 11) 동녕부가 설치되었다. 1290년(충렬 16) 원나라가 동녕부를 압록강 건너 요동 지역으로 옮기면서 해당 지역은 고려로 환수되었다. 고려 정부는 그곳을 서북면으로 편제했다. 쌍성총관부 지역은 그보다 66년 뒤인 1356년(공민 5) 고려로 환수되었다. 이때 공민왕은 이성계의 아버지와 손잡고 쌍성총관부를 공격했다. 복속된 지 90여 년 만에 해당 지역은 고려 영역으로 회복되어 동북면으로 편성되었다.

고려 영역인 이곳에 군사가 배치되었다. 1356년(공민 5)에는 동북면

___10
자전자수의 이상: 진관 체제의 확립

에, 2년 뒤인 1358년(공민 7)에는 서북면에 각각 익군이 설치되었다. 익군은 각 만호부가 거느리는 개개의 군사를 우익이라는 뜻에서 부르는 명칭인데, 수 개의 익군을 일정한 지역에 두고 이것을 합쳐 하나의 군사 단위로 조직했다. 이 조직은 10명을 통할하는 통주, 100명을 통할하는 백호, 1,000명을 통할하는 천호의 지휘 계통으로 획일화되었다. 통주-백호-천호 조직 아래 해당 지역 안의 모든 인정人丁이 익군이었다. 이들은 일이 없을 때는 농사를 지었고, 유사시에는 출정했다. 익군은 병농일치의 조직이었다.[*]

고려 우왕 대 들어 원수 등의 장수가 익군을 바탕으로 한 동북면과 서북면에 파견되어 군사와 행정을 관할했다. 동북면과 서북면은 조선 초까지도 여전히 군사적 특수지대였다. 하지만 해당 지역의 군사적 특성은 점차 줄어들어 갔다. 1398년(태조 7) 2월 정도전이 동북면으로 가서 행정 조직과 역참망을 새롭게 정비했다. 그의 활약으로 동북면은 조선의 행정력이 미치는 통치 영역으로 편입되었다. 태조는 그의 공을 크게 치하하면서 윤관보다 낫다고 말하기도 했다.

태종 대 들어 군사적 특수지대로서의 동·서북면은 도道로 개편되었다. 1413년(태종 13) 10월 계수관(도의 지시를 군현에 전달하면서 군현을 통괄하거나 자체 지역을 지배하던 큰 고을)인 평양과 안주의 머리글자를 따서 서북면은 평안도가 되었다. 동북면은 영흥과 길주의 머리글자를 따서 영길도가 되었다. 영길도는 1416년(태종 16) 함주목을 함흥으로 승

* 민현구, 〈진관체제의 확립과 조선 초기 지방군제의 성립〉, 《조선 초기의 군사제도와 정치》, 한국연구원, 1983, 225~228쪽.

격시키면서 함길도로 개칭되었다. 동·서북면이 함길도와 평안도로 정착되었다는 것은 군사적 특수지대로서의 특징이 소멸하고 남방과 유사하게 통일성을 갖추게 되었다는 의미였다. 이른바 '조선 8도'라는 일원적 지방 통치 체제가 이때 비로소 확립되었다.

세종 대에 이르러 북방 2도의 익군은 조직이 한층 고도화되었다. 행정상의 평안도와 함길도를 다시 몇 개의 군사도로 구획했는데, 이 군사도가 군익도軍翼道였다. 평안도는 1424년(세종 6) 평양도·안주도·의주도·삭주도·강계도의 5개 군익도로 조직했다. 함길도는 1425년(세종 7) 함흥도·길주도·화주도의 3개 군익도로 조직했다. 각 군익도는 다시 중·좌·우의 3익으로 편성했다.

북방 2도의 각 군익도에 속한 각 익의 익군은 거주지가 곧 복무처였다. 따로 징발되지 않더라도 그들은 항상 군인이었다. 해당 고을 수령은 군인이었던 백성을 지휘하는 셈이었다.

군익도 체제의 전국 확대 ___ 세조는 태조 이후 세종 대에 이르기까지 변화했던 군사 체제를 일대 혁신했다. 먼저 1455년(세조 1) 9월 평안도와 함길도의 군익도 체제를 전국으로 확대했다. 이는 고려 말 동·서북면의 익군 조직을 세종 대 북방 2도의 군익도로 개편한 후 다시 남방까지 확대한 것이었다. 이로써 조선 8도는 일괄 국방지대가 되었다.

당시 세조가 북방의 군익도 체제를 남방까지 전면 확대한 것은 내지內地를 방어하기 위해서였다. 외적의 침입을 받아 연해 지역의 진이 무너진다면 후방은 방어할 수 없게 되는 위험에 대한 대비책이었다. 이

조치를 통해 경기 포함 남방 6도도 북방 2도와 마찬가지로 각 도를 몇 개의 군익도로 편성하고 다시 각 군익도를 중·좌·우의 3익으로 편성했다. 경기도를 예로 들면 광주도·양주도·부평도의 3개 군익도와 독진 3곳으로 편성되었다. 이때 각 군익도의 중·좌·우익에 인근의 여러 고을을 편성했다. 독진에는 각 익이 소속되지 않았다.

아울러 세조는 몇 가지 규정을 마련했다. 먼저 수령은 각 익의 지휘관을 겸했다. 다음으로 모든 군사를 익에 속하게 했다. 이들의 훈련은 중익을 중심으로 각 익에서 관할했다.

세조 원년에 이루어진 지방 군사제도의 개편은 전국의 모든 지역을 군사 단위로 만들었다는 데 의의가 있었다. 북방의 군익도 체제를 전국으로 확대하여 남·북방이 군사적으로 획일성을 띠게 되면서 조선 전역의 방어 체제가 구축되었다.

진관 체제의 확립 ___ 1455년(세조 1) 9월의 과감한 조치 이후 일부 변화가 있었다. 1457년(세조 3) 1월 25일 세조는 성균관에 나아가서 책문을 내어 여러 유생을 시험했다. 그 책문의 주제 중 하나가 "거진을 서북방의 요해처에 설치하려고 하는데, 어찌하면 적당하겠는가? 그것을 모두 진술하라"는, 곧 거진巨鎭 설치에 대한 것이었다.

이후 1457년(세조 3) 10월 18일 밤 초고(19~21시)에 세조는 경회루 동쪽 편방에 나아가 좌찬성 신숙주·병조참판 구치관을 불러 여러 도에 진을 설치하는 것이 편할지 아닐지를 의논했다. 이틀 후인 10월 20일 세조는 종래의 군익도를 거진으로 삼아 나머지 주변 지역의 제진諸鎭을 그 수하에 소속시키도록 했다. 이때 각 도는 주진主鎭이 되었다. 1도가 1주진인 경우도 있고, 국방상 필요에 따라 2~3곳의 주진으로 나뉜 경우도 있었다. 주진의 각 군익도는 거진이 되었다. 또 이전에 각 군익도에 소속되었던 각 익은 제진이 되었다. 이것을 다시 경기로 적용하면 다음과 같다. 경기는 주진이 되고, 주진에는 수원진·광주진·양주진·강화진·개성진 등 5거진이 있었다. 각 거진마다 제진을 분속했다. 앞서 군익도였던 광주도는 거진으로 광주진이 되었다.

군익도를 거진으로 규정하자 행정상의 도와 군사도가 혼동되는 복잡성을 피할 수 있게 되었다. 군익도마다 중·좌·우의 3익을 분속하는 것은 그만두었다. 대신 거진에 제진을 속하게 했다. 이것이 진관 체제였다.

진관 체제로 편성함으로써 전국의 모든 고을은 주진과 거진과 제진의 통령 체계로 일원화할 수 있었다. 각 고을이 제진으로서 하나의 군사 단위가 되었다. 제진 몇 곳을 묶어 거진으로 편성했다. 행정 조직과 군사 조직의 일치, 이 어려운 일을 세조는 자기 시대에 실현했다.

이후 1458년(세조 4) 1월에 각 진의 장長인 수령의 직함을 정했다. 주진 당상관은 병마절제사, 3품은 첨절제사, 4품은 동첨절제사라 칭했다. 제읍에는 병마단련사·부사·판관을 칭해 두도록 했다.

1459년(세조 5) 11월에는 진관의 운용과 기능에 관한 내용을 재조정했다. 종래 평안도와 함길도의 군사를 정군, 나머지 여러 도의 군사를 시위패로 칭한 것을 통일하여 모두 단일 병종인 정병이라 일컫게 했다. 1464년(세조 10) 9월에는 여러 도의 영진군 내 진군과 나머지 군사 및 수성군도 모두 정병에 속하게 했다.

이로써 각 고을의 군정은 남·북방 차이 없이 모두 정병으로 분류되었다. 정병의 대부분은 군역을 지는 일반 양인 농민이었다. 군역을 지는 양인 농민을 군정軍丁이라 했다. 해당 진관에 소속된 군정은 비번일 때는 생업에 종사하다가 번이 되면 군역을 졌다. 남방의 정병은 중앙(한양)으로 번상하거나 지방 요새의 진관에 부방했다. 북방의 정병은 번상하지 않고 관내의 거주지를 중심으로 부방했다. 그러니 진관 체제하에서는 전 지역에 군정이 있는 셈이었다.

진관 체제는 1457년(세조 3) 10월에 확정된 내용이 거의 그대로 《경국대전》에 등재되었다. 1466년(세조 12) 1월 15일 각 도·각 관 병마 책임자의 명칭만 수정했다. 진관 체제 아래서 각 진의 진장은 병마절도사·병마절제사·병마동첨절제사·병마절제도위로 칭해졌다. 주진의 진장은 종2품의 병마절도사인데, 병사兵使로 약칭했다. 주진에는 관찰사가 겸하는 병마절도사도 있고, 단독 병마절도사도 있었다. 예를 들어 경기는 주진 1인데 이 경우 경기 관찰사는 병마절도사를 겸했다. 경상도의 경우 주진이 셋인데 이 경우 경상도 관찰사가 겸하는 병마절도사 1인, 단독 병마절도사 2인이었다(수군절도사도 마찬가지였다). 거진의 진장은 첨절제사라 칭했다. 각 도 내 정3품 목사가 겸했다. 제진의 진장은 동첨절제사나 절제도위로 불렸다. 각 도 내 종4품의 군수 이하가 겸임했다.

진관 체제에서는 조선의 말단 각 읍이 제진을, 몇 개의 제진이 거진을, 거진 몇 개가 주진을 이루었다. 이로써 각 읍 제진의 동첨절제사·절제도위에서 각 관 거진의 절제사·첨절제사로, 다시 각 도 주진의 병마절도사로 이어지는 일원적 지휘 계통이 확립되었다. 이로써 원칙적으로 상하가 아니었던 각 읍 수령은 지휘 관계로 서열화되었다.

1467년(세조 13) 3월 21일 세조는 우찬성 조석문과 윤자운·한계미·이극배 등을 빈청으로 불렀다. 지도에 의거하여 여러 도에 거진을 설치할 만한 곳을 의논하기 위함이었다. 이후 3월 25일 한계미를 강원·황해도, 이극배를 충청·전라도의 순찰사로 파견했는데, 앞서 의논했던 진을 설치하는 것이 적당한지 아닌지를 살펴보게 하기 위해서였다.

세조는 진관 체제를 확립하여 관찰사—수령을 근간으로 하는 8도의 지방 행정 체제를 주진—거진—제진의 군사 체제와 일치시켰다. 각 고을을 독립적 군사 단위인 진으로 삼아 진관으로 편제함으로써 스스로 싸우고 스스로 지키는 촘촘한 방어 체제의 이상을 조선에 실현했다. 세조는 아버지 세종도 완성하지 못했던 강력한 국방 조선의 꿈을 현실로 만들었다.

군정의 확보

군역 __ 조선에서 법제적으로 군인이 되는 것은 양인이었다. 양인 중에서도 특히 16세부터 60세에 이르는 일반 농민이 대상이었다. 양인이라도 양반 관료는 관직 복무가 군역이었다. 관료가 되고자 하는 양반 자제는 공부가 군역이었다. 향리는 향리 역을 군역으로 갈음했다. 결국 군역은 양인 중에서도 특히 일반 농민이 져야 하는 대표적인 국역의 하나가 되었다.

군역을 지는 양인 농민을 군정軍丁으로 분류했다. 군정이 군역을 지는 방식은 실제로 군사 활동에 종사하든가 아니면 포를 내든가 두 가지였다. 실제의 군사 활동은 세 가지 정도로 구분되었다. 하나는 번상番上이라 하여 자신의 차례가 되면 거주지에서 중앙(한양)으로 올라가 군 복무를 하는 것이었다. 또 하나는 부방赴防이라 하여 거주지를 떠나 다른 지역으로 가서 수자리를 살든가 축성에 동원되든가 하는 등 군사 활동에 종사하는 것이었다. 나머지는 거주지 자체가 군사 요충지여서 이동하지 않고 그곳에 머무르면서 군사 활동을 하는 것이었다. 이것이 유방留防이었다.

실제 군사 활동을 하는 군정을 정군이라 칭했다. 정군은 시위패와 합쳐져 정병으로 통일되었다. 그런데 정군의 활동에는 어떤 경우라도 경제적 부담이 상당했다. 스스로 말을 마련해서 근무지로 가고 오고 먹고 입고 자야 했다. 정군에 충당되려면 부담을 감당할 만한 여력이 있어야 했다.

여력이 있다 해도 비용을 모두 다 정군이 부담할 수는 없었다. 그래서 복무 동안 드는 비용을 보조하기 위해 포布를 내거나 집안일을 돕는 군정이 있었다. 이들을 봉족奉足이라 불렀다. 봉족은 정군이 군역 부담 때문에 몰락하지 않도록 국가에서 배려한 조정助丁이었다. 이 정군과 봉족 모두를 군정으로 파악했다.

군정으로 분류되는 양인 농민은 호를 이루며 살았다. 1호는 보통 5인 이하의 소가족으로 구성되었다. 이 경우 자연호 1호당 군정의 수는 대개 3인이었다. 대략 5~6결의 경작할 땅을 사적으로 소유했던 1호 안에서 농사를 지으며 생활하다가 번이 되면 호수戶首인 1군정은 한양으로 올라가 군사 활동을 했고(정군), 또 1군정은 포를 냈으며(봉족), 나머지 1군정은 여유 인원으로 존재했다(여정). 자연호 1호 내에서 정군과 봉족이 모두 나왔다. 그러니 자연호가 군호나 마찬가지였다. 이것이 조선의 군역제도였다.

호패법 ___ 조선 전기 군역제도의 핵심은 정군이든 봉족이든 군정을 확보하는 데 있었다. 그중 실제 군사 활동을 하는 정군보다는 오히려 포를 내는 봉족을 확보하는 일이 중요했다. 그래야 정군도 안정적으로 존재할 수 있었기 때문이다.

군정을 파악하는 일이 핵심이었지만 실제로는 그렇지 못했다. 군정으로 파악될 사람들이 빠져 버렸기 때문이었다. 여기에는 여러 이유가 있었다. 첫 번째는 건국 초에 인구조사가 철저하지 못한 상태로 호적을 작성했고, 그를 근거로 군역이 부과되었기 때문이다. 두 번째는 권세 있는 호부가에서 협호挾戶라 하여 많은 군정을 끼고 살면서도 향리 등과 결탁해 그들을 군역에서 제외했기 때문이다.

이런 문제를 해결하고자 1406년(태종 6) 태종은 처음 호패법을 논의했다. 누락 군정을 찾아내기 위해서였다. 당시 호패법이 마련되지 못해 유망이 잇따르고, 호구가 날마다 줄어든다고 우려하는 상소가 있었다. 태종은 호패를 채워 사람들을 토착하게 하고 이로써 군사를 강하게 하면 국가를 굳건하게 만들 수 있다는 의견을 받아들였다. 호패법은 이로부터 7년이 지난 1413년(태종 13) 비로소 실시되었다. 이때부터 중외의 대소 신민은 호패를 찼다.

하지만 호패법의 시행은 기대만큼의 효과를 거두지 못했다. 오히려 호패를 채움으로써 발생하는 폐단이 더 컸다. 호패를 채우는 이유는 인민이 떠돌아다니지 못하게 하고 유망한 자를 쉽게 찾기 위해서였다. 그런데 본뜻과는 달리 오히려 범죄자들을 양산하는 결과로 이어졌다. '없거나' '고치지 않았거나' '새기지 않았거나' '위조했거나' '잃어버렸거나' '바꾸었거나' 등 호패 자체로 야기된 의미 없는 죄목의 범죄자를 만들어 냈다. 그래서 1416년(태종 16) 이 법을 폐지했다. 세종 대 들어 호패법의 재실시에 대한 논의가 여러 차례 있었지만 시행되지 못한 채 세조에게로 그 과제가 넘어왔다.

군정의 추쇄 ── 세조는 즉위 초부터 양병養兵에 뜻을 두었다. 이로써 모든 도에 군사의 조정을 보충해 주고 잡다한 요역도 보호하려 했다. 그런데 뜻을 받들어 행하지 않은 수령들이 많았다. 군정이 충분히 확보되지 않은 문제를 해소하기 위한 실상 파악과 검찰이 선행되어야 했다. 1455년(세조 1) 9월 4일 각 도에 병조낭관을 보낸 이유가 바로 이 때문이었다.

세조는 숨어 있거나 호적에서 누락된 사람을 찾아내도록 강제했다. 1458년(세조 4) 1월 17일 여러 도의 떠돌아다니는 인물과 호적대장에서 빠져 세금과 군역을 내지 않던 누호와 협호의 솔정을 윤3월 그믐날 이전을 기한으로 추쇄하도록 했다. 이때 호수戶首와 숨어 있거나 호적에서 빠져 있던 당사자 자신이 나타나 자수하고, 이들을 소재 읍의 호적에 올려 생업에 편안하게 종사하며 살도록 하되, 3월 이후로는 전례를 따라서 본적지로 돌리도록 했다.

4월 3일에는 여러 도의 관찰사가 직접 제읍을 돌아다니면서 수령을 만나 20세 이상을 호적에 기록하도록 했다. 누락 군정을 기록하여 작성한 호적을 도회에 두면 읍의 이서吏胥들이 이 일로 양식을 지고 왕래하여 폐단이 생길 수 있음을 우려한 때문이었다. 4월 4일에는 좌찬성 신숙주·도승지 조석문·우부승지 김질을 불러 호적이 분명하지 못한 상황에서 호구의 수를 파악하려면 어찌해야 하는지를 물었다. 이때 신숙주가 호패법을 다시 시행해야 할 것이라 대답했다. 이를 선뜻 받아들인 세조는 다음 날인 4월 5일 호패법을 실시하겠다는 뜻을 직접 써서 여러 도의 관찰사에게 밝혔다.

호패는 천하의 통법이다. 하나는 그 직임을 밝히고 하나는 그 호구를 밝히며, 한편으로는 도적을 스스로 그치게 하고, 또 백성이 떠돌아다니다 살아갈 곳을 잃는 근심을 없게 하는 것이다. 내가 중국에서 보고 여러 해를 생각하고 헤아려서 이제 이미 정하여 시행하였으니, 호패는 종친·공신·정부·6조로부터 차지 않음이 없게 하라.

세조는 1459년(세조 5) 2월 1일 드디어 호패법을 다시 실시했다. 그러면서 바로 호구와 군적을 분명히 할 방도를 자세히 진술하도록 했다. 호패법을 2년간 실시한 세조는 1461년(세조 7) 7월에 그간의 정책 경험을 바탕으로 호적과 군적을 개정하겠다는 뜻을 밝혔다. 이 일은 다음 날부터 본격적으로 추진되었다. 7월 24일 경차관을 각 도에 보내고 여러 도의 관찰사와 도절제사와 처치사에게 호적을 개정해 올리라고 지시했다.

그런데 호적 작성을 위해 여러 도에 경차관과 분대를 보내 호패를 차도록 강요하는 것은 백성의 입장에서는 불편한 일이었다. 그래서 1463

년(세조 9) 9월 세조는 급히 글을 보내 기한이 다 되도록 호패를 받지 않는 자에 대한 처벌 조항이 있으나 억지로 재촉하고 핍박해 소요를 야기하지는 말도록 일렀다.

이런 과정을 거쳐 16세 이상 60세 이하의 양인 남자를 확인했다. 그동안 군역 대상자인데도 숨어 있거나 빠져 있던 사람도 탈탈 털어서 색출했다. 병에 걸린 사람, 가족이 없는 사람 등 별의별 곤궁한 상황에 있는 사람까지 모두 찾았다. 그 결과, 군역을 져야 할 사람으로 파악된 수는 이전 시기보다 비약적으로 증가했다. 충청도가 2만에서 11만 호, 경상도가 4만에서 30만 호로 그 수가 늘어났다.

보법의 실시 ___ 세조는 호패법의 재실시로 누락 군정을 찾아내어 그를 바탕으로 호적을 개정했다. 1464년(세조 10) 1월 25일 세조는 이런 성과를 바탕으로 군적 개정의 뜻을 밝혔다. 이를 위해 좌찬성 황수신·서원군 한계미·호조판서 김국광·병조판서 윤자운과 승지, 영의정 신숙주·우의정 구치관·형조판서 김질 등을 빈청으로 불러 모아 내전에 들어오도록 했다.

군적에 방책이 없고, 군민이 정한 것이 없었는데, 나 또한 그대로 하였으니 이는 나의 부덕한 탓이었다. 이제 정리를 자세히 살펴보니, 마땅히 세 집에서 한 집을 받들기도 하고, 두 집에서 한 집을 받들기도 하고, 한 집에서 한 집을 받들기도 해야 한다. 집안의 장정 수를 정하여 급속히 개정하여 군사를 충실하게 하고 백성을 편안하게 해야 하니, 여러 장수를 시켜 이를 살펴보게 하라.

세조는 몇 차례나 자세하게 어서를 내려 일의 절차를 구체적으로 지시했다. 사관은 이에 대해 신랄하게 비판하면서 "(세조의 뜻을) 봉행하는 자가 백성의 자립을 생각하지 않고 오직 군정 수를 많이 불리는 것만 힘을 써서, 남에게 의탁하여 얻어먹는 사람과 이름이 올라 있는 적籍을 두고 사방으로 흘러 다니는 사람과 전지에 딸린 노비까지 모조리 군정 수로 계산하여 계수計數에만 충당했다"며, "봉족은 이름만 있고 실제는 없는 것이어서 백성이 모두 다 원망하였다"라고 기록해 놓았다.

사관의 지적처럼 1호 안에 있는 군정을 탈탈 털자 종래 3정으로 구성된 자연호 1호를 인위적 군호와 일치시키기 어렵게 되었다. 이에 세조는 군호를 개편했다. 1466년(세조 12) 1월 병조판서 김질을 충청도·전라도·경상도의 군적사로 삼았다. 김질이 휴대한 군적 사목의 1항이 2정을 1보로 한다는 것이었다.

군적사 김질은 5개월 뒤에 돌아왔는데, 그가 찾아 군적에 새로 올린 누락 장정 수가 9만 8,000여 인이었다. 그러자 자연호 내의 여유 인정이 전혀 없게 되었다. 1468년(세조 14) 6월 14일 성균 진사 송희헌은 이에 대해 강한 어조로 비판했다.

호패·군적의 법을 한 번 세운 뒤로부터는 봉행하는 관리가 매몰차게 각박하여 남쪽 밭이랑의 백성을 추쇄하여 군대의 군적에 다 편입하고, 혹은 여자로써 남자를 삼고 혹은 죽은 자로써 생존한 자를 삼아,…… 호구에 남은 장정이 없고, 집안에 남은 인구가 없습니다. 질병으로 쇠잔한 머슴까지도 또한 군역을 면하지 못하니……노독한 이가 전토를 팔아 군사가 되고 왕래하며 번상하여 가산이 한 번 비게 되어, 깊이 갈고 김매는 것에도 힘이 미치지 못하니 애석합니다.

세조가 이처럼 군정을 색출하고자 했던 것은 진관 체제의 확립과 관련이 있었다. 진관 체제에서는 조선의 모든 고을이 군사 단위였고, 모든 지역이 국방지대였다. 이는 조선의 모든 백성이 군인이 된다는 점을 전제로 했다. 누호와 누정을 추쇄하여 가능한 한 많은 군정을 확보하려 했던 정책은 조선 전역을 방어 체제로 구축하려는 자신의 원대한 꿈과 완전히 부합했다.

반대로 양인 농민의 군역 부담은 이전보다 2배 이상으로 증가했다. 누구든 군사 활동을 하거나 포를 내야 했다. 하지만 가난한 사람들은 포를 내기는커녕 먹고살 길을 도모하기도 어려운 상황이었다. 이들은 군역 부담을 피하려고 여러 방법을 강구했다.

평안도와 함길도 등 북방 2도 백성은 압록강이나 두만강을 건너 요동이나 야인의 땅으로 도망갔다. 도망가기 어려웠던 경상·전라·충청의 하삼도 백성은 신분을 버리고 권세가의 노비로 의탁했다. 이들이 의탁한 권세가는 주로 세조의 집권과 즉위 이후 정난·좌익공신에 책봉되어 그 대가로 공신전과 별사전 등 토지를 받은 훈척이었다. 이들은 세조의 정책에 협력하면서 정치적·경제적으로 배타적인 권력을 누릴 수 있었다. 그 결실이 대토지의 사적 소유였다. 이들은 자신 소유의 노비만으로는 대토지를 모두 경작할 수 없었다. 노비가 필요했다. 군역의 무게에 어깨가 짓눌린 양민들이 의탁하는 것을 막을 이유가 전혀 없었다. 대토지를 사유화한 훈척 지주가 양인을 받아들여 노비로 부리면 부릴수록 군액 부족은 심각한 문제로 대두되었다.

군역을 피해 승려가 되는 이도 있었다. 1456년(세조 2) 11월 14일 나이 65세가 되었는데도 군역에서 해면되지 못하고 역사에 시달리다가 결국 머리를 깎고 승려가 된 남포의 봉화군 이덕명의 사례에서 보듯, 이 방법은 군역에서 면제될 가능성이 그래도 높았다. 특히 세조 대 안성맞춤이었다. 세조는 '호불의 임금'를 자처하면서 불교 행사를 많이 열었다. 이 시기에는 절을 다시 고치거나 불경을 간행하는 등의 일이 많았다. 여기에 승려를 동원했다. 동원된 승려는 실상은 군역을 피하고 부세를 도피해 법을 위반한 백성이었다. 이들은 불사에 동원된 후 도첩을 발급받아 국가 공인 승려가 되었다. 1462년(세조 8) 4월 4일의 기록에 따르면 세조 대에만 그 수가 6만 3,000명 이상이었다. 악순환의 연속이었다.

세조는 할아버지 태종이 실시했다가 폐지한 호패법을 다시 실시해 누락된 인정을 찾아냈다. 이를 바탕으로 군적을 개정했다. 그리고 전대에 비해 비약적으로 많이 확보한 군정을 보법으로 물샐틈없이 파악했다. 이로써 세조는 양병의 꿈을 이루었다. 하지만 그에 반비례하여 도망가거나 노비가 되거나 승려가 되어 군역을 피하고자 하는 사람의 수도 본격적으로 늘어나기 시작했다. 세조가 꿈꾼 국방 조선의 찬란한 이상에 가려진 그림자였다.

경진북정

야인 정책 ___ 조선의 북방, 즉 요하 동쪽, 압록강과 두만강 건너편에는 수많은 여진 종족들이 흩어져 살고 있었다. 여진 세력은 고려 전기 금나라를 건국했다가 몽골에 의해 멸망당한 후 원나라의 지배를 받았다. 원나라가 명나라에 몰려 북쪽 초원으로 돌아간 뒤에도 이들은 국가를 형성하지 못한 채 해당 지역에서 부락 형태로 거주했다. 이 지역은 조선의 북쪽이었고 명의 동쪽으로 조선과 명나라 어느 쪽에서도 변방에 해당했다.

조선은 수많은 여진 종족 중에서 특히 압록강과 두만강 근처에 거주하는 여진과 밀접한 관련을 맺었다. 이들은 크게 오랑캐·알타리·우디캐라는 세 종족으로 분류할 수 있었다. 조선은 이들을 야인이라 통칭했다. 명나라도 이들을 주목했다. 명나라는 이들을 체제 안에서 통제하기

11___
여진 정벌:
위의의 강조

위해 위衛·소所를 개설했다. 압록강 건너편 알타리 거주 지역에는 건주위와 건주 좌위, 건주 우위 등 3위를, 두만강 건너편 오랑캐 거주 지역에는 모련위를 개설했다. 명나라에서는 해당 지역 부락 추장을 건주위나 모련위의 도지휘사나 지휘사 등으로 임명했다. 명나라는 간접 지배 방식으로 그들을 통제했다.

조선에서는 이들을 건주 야인·모련 야인 등으로 일컬으면서 이른바 교린 관계를 맺었다. 교린 관계의 핵심은 무력 충돌 지양이었다. 이를 위해 조선 정부는 일차적으로 장수를 고르고 군량을 저축하고 병기를 연마했다. 4군과 6진을 설치하여 군사를 배치했다. 압록강과 두만강을 따라 행성을 축조했다. 이 모든 조치는 무력 충돌을 막기 위한 자체 방비 구축의 일환이었다.

동시에 건주 야인이나 모련 야인 등을 북방의 진으로 오게 하여 물건을 내려 주었다. 추장 자제들을 불러들여 한양에서 시위하게 하면서 관직뿐 아니라 거처·곡식·전토·생필품, 심지어 성까지 하사했다. 조선 여자와 혼인시키기도 했다. 특히 두만강 5진 주변의 여진을 '성저야인 城底野人'이라 하여 북방 울타리로 삼았다. 이들은 건주위 등 여타 여진 세력의 동향을 조선에 보고했다. 조선은 정보의 질에 따라 쌀이나 포 등으로 보상했다.

물리적 충돌을 피하고자 이런 정책을 구사했지만, 압록강과 두만강 건너 야인은 생필품을 구하기 위해 강을 건너 들어와 조선 백성을 약탈했다. 그 양상이 심각한 국면으로 전개되면 조선은 최하의 방책으로써 군사를 동원할 수밖에 없었다. 압록강 지류인 파저강의 건주위를 정벌한 1433년(세종 15) 4월 최윤덕의 '계축서정', 1437년(세종 19) 9월 이천의 '정사서정'이 대표적인 예이다.

경종의 필요성 ___ 세조 집권 후 이징옥이 함길도에서 대금 황제를 표방하며 반란을 일으키자 이 사건에 다수의 성저 야인이 참여했다. 세조는 즉위 후 이들을 회유하기 위해 종전보다 후하게 대우했다.

세조는 정권의 안정이라는 정치적 차원에서 이들에게 관심을 기울였다. 이들이 내조하면 관직을 제수하거나 각종 물건을 하사했다. 이 지역 정보를 얻기 위해 신하를 보내기도 했다. 1455년(단종 3) 1월 좌찬성 이사철을 도체찰사로 삼아 함길도에 보내 주현의 상황을 살피게 했다. 이사철은 두만강 5진 성 너머 야인 부락 족류를 강약으로 등급을 매겨서 보고했다. 야인 부락을 1등부터 4등까지 나누고, 다시 각 부락 추장과 가족 구성, 부락 구성원의 이름 등을 상세히 기록했다. 세조의 명에 의해 이루어진 이러한 노력의 결과 성저 야인에 대한 상당한 정보를 얻을 수 있었다.

즉위 후 세조는 일단 조선 국왕으로서의 위의威儀를 과시하고자 야인을 적극적으로 회유했다. 그 방편으로 이전 시기보다 빈번하게 내조하는 것을 허락했다. 이들은 무엇보다 조선이 물건을 내려 주기를 기대했다. 그러자 하사물의 액수를 둘러싸고 야인 종족 사이에 분쟁이 일어났다. 원래 오랑캐와 알타리·우디캐는 반목을 일삼았다. 그들 사이의 갈등은 연원이 깊었다. 건주위의 알타리는 1433년(세종 15) '계축서정' 당시 두만강 오랑캐가 조선의 앞잡이 역할을 했다고 여겼다. 이후 이들은 불화에 불화를 거듭하고 있었다.

구원舊怨을 가진 이들 사이에 갈등이 고조되었다. 1455년(세조 1) 12

월 세조가 경회루에서 술자리를 마련했다. 이때 유구국 사신 도안, 왜
호군 정대랑 및 야인 낭발아한 등 60여 인도 참석했다. 세조는 이들에
게 물건을 내려 주었다. 관작의 높고 낮음과 부락의 강약을 3등급으로
나누어 안장 갖춘 말·작은 칼·실띠·약주머니 등을 차등 있게 하사했
다. 그러자 "임금의 은혜가 고르지 못하다"며 야인들끼리 싸움이 벌어
졌다. 야인 종족 사이의 갈등은 조선 변경의 긴장을 의미했다. 서로 갈
등하는 이들을 정리할 필요가 있었다. 세조가 내민 카드는 신숙주였다.
1459년(세조 5) 1월 29일 신숙주를 도체찰사로 임명했다.

신숙주는 1459년(세조 5) 3월 10일 회령에 도착하여 세조의 뜻이라며
오랑캐와 알타리·우디캐의 화해를 주선했다. 남녀노소 할 것 없이 수
백 명씩 떼를 지어 다투어 달려왔다. 신숙주는 이들을 위로하고 후하게
음식을 먹이고 양식을 적당히 주었다. 또 세조가 멀거나 가까움에 따라
후하거나 박함이 없이 모든 야인을 똑같이 대한다는 뜻을 전했다. 이
회합에 여러 야인 추장이 참여해 서로 얼굴을 보면서 화해했다. 이로써
변경의 급한 불은 일단 끌 수 있었다.

하지만 이 회합에 불만을 가졌던 야인 추장이 있었다. 모련위의 낭
발아한이었다. 낭발아한은 앞서 있던 일로 조선과 관계가 껄끄러웠다.
1458년(세조 4) 11월 낭발아한은 수하 11명을 데리고 조선에 입조하기
를 청했다. 그때 함길도 도절제사는 양정이었는데, 그는 5~6명으로 인
원을 제한했다. 여기에 불만을 품은 채 12월 한양으로 올라온 낭발아
한을 세조 역시 불러 질책했다.

이런 이유로 낭발아한은 1459년(세조 5) 3월 신숙주가 주관한 회합
에 참석하지 않았다. 심지어 그를 부르러 간 통사를 위협했다. 한양으

로 올라와 시위했던 그의 아들 낭이승가는 길주의 온천에 간다고 핑계 대고 명나라로 들어갔다. 세조는 1459년(세조 5) 8월 낭발아한과 아들 낭이승가 등 17인을 처단하게 했다. 조선을 배반한 낭이승가를 그대로 둔다면 그와 연루된 도당도 역시 배반할 것이라는 우려 때문이었다.

세조의 명령은 조선을 배반한 흔적과 자취를 보인 이들을 용인한다면 단지 이들만의 반역에 그치지 않고 여타 성저 야인에게까지 부정적 영향을 미치리라 판단한 데서 나온 것이었다. 세조는 두만강 성저 야인의 동요는 곧 변방의 위태로움을 의미하는 바, 단순하게 온정을 베풀 사안은 아니라고 결론 내렸다. 과감히 모련위 추장과 그 무리를 척살한 것은 그 때문이었다. 하지만 세조의 이 과감하지만 성급한 결정은 곧 후폭풍을 불러왔다.

모련위 정벌　＿＿　이 일 이후 1460년(세조 6) 1월 도절제사 양정이 모련위의 상황에 관해 급히 보고했다. 낭발아한 부자가 참살당한 후 다른 아들인 아비거가 아버지의 원수를 갚고자 오랑캐와 알타리 1,500인을 모아 회령의 장성 밖에 와서 주둔하다가 목채를 헐고 쳐들어왔다는 것이다. 이 침입 전에 이미 주변의 오랑캐와 알타리는 아비거의 움직임을 사전에 보고한 터였다. 양정은 이날 병영의 군사와 경성·부령의 군사 700여 인들을 거느리고 회령으로 갔다. 그곳에서 20여 인의 적을 죽였다. 적들은 물러갔다가 다시 밤에 회령으로 쳐들어왔다. 이들은 장성의 문을 불태우고 목채를 헐어 버렸다. 다음 날 다시 양자는 충돌했다. 이날 양정 등이 죽인 적이 50여 급이었고, 적의 우마와 병기·의장도 많이 거두어들였다. 조선 군사는 4인이 사망했을 뿐이었다.

이 접전 이후에도 아비거는 계속해서 종성·부령·경성 등 함길도의
여러 고을로 쳐들어왔다. 아비거가 죽은 후에는 또 다른 적들이 경성·
부령 등에 들어와 약탈했다. 세조가 낭발아한 등을 처형한 후, 6진을
포함해 함길도 북부 전체가 이들과의 싸움터가 되었다.

1460년(세조 6) 3월 세조는 마침내 군사를 대대적으로 동원하여 모련
위 오랑캐를 정벌할 것을 결정했다. 3월 22일 밤 도절제사 양정이 적
7~8인이 또다시 부령의 석막리에 들어와서 거주민 1인을 죽였다고 알
렸다. 이 소식에 세조는 좌의정 신숙주를 교태전으로 부른 후 북정北征
을 결정했다. 그리고 곧 신숙주를 도체찰사로 삼았다.

신숙주는 8월 27일에서 8월 30일에 걸쳐 모련위 오랑캐를 정벌했다.
그 열흘 뒤인 9월 11일 세조에게 승첩을 알리는 소식과 전쟁의 경과를
소상히 보고했다. 세조는 이날 북방을 평정하였음을 종묘에 고하고 교
지를 내렸다.

이것이 1460년(세조 6) 8월의 이른바 '경진북정'이다. 신숙주는 도체
찰사로서 정벌을 주도했다. 도절제사 양정 등을 내세워 보병과 기병 약
8,000여 군사를 거느리고 두만강을 건너 모련위의 수주와 아치랑귀를
공격해 성과를 거두었다. 9월 27일 신숙주는 옷을 내려 주며 치하한 세
조에게 "신은 여러 장수와 더불어 감히 상호(남자가 뜻을 크게 세우는 것
을 말함. 옛날 사내아이가 태어났을 때 뽕나무로 만든 활로써 쑥대 화살을 사
방에 쏘아서 웅비할 뜻을 세우게 하였다는 고사에서 나온 말. 상호봉시)의 뜻
을 두지 않겠으며, 일에 임하여 충성을 다할 것을 다짐합니다. 몸이 싸
움터에서 말가죽에 싸여 죽더라도 목숨이 다할 때까지 은혜를 갚을 것
을 맹세합니다"라며 감사의 뜻을 표했다.

1460년(세조 6) 10월 14일 세조는 약 7개월 만에 만난 신숙주에게 술 자리를 베풀었다. 당시 세조는 평안도 순행 중이었는데, 이곳으로 찾아온 그를 《한서漢書》의 '발종지시發從指示'(사냥개를 놓아 짐승 있는 곳을 가리켜 잡게 함)한 사람으로 지목하여 공을 기렸다. 다음 날인 신숙주는 정벌 참여 장수와 군사의 군공을 등급을 정해 적어 올렸다.

경진북정은 명나라에 사전 통고 없이 세조가 독자적으로 결정한 야인 정벌이었다. 세조는 이 정벌로 조선 국왕으로서의 힘을 과시하여 외부적으로는 이징옥의 난 때 협력한 야인들에게 경고 메시지를 보낼 수 있었다. 동시에 내부적으로는 군왕으로서의 위의를 과시할 수 있었다. 이런 점에서 '경진북정'은 군사력으로 국왕의 위상을 고양한, 군사적 행위이자 정치적 행위이기도 했다.

정해서정

건주위 ____ 건주위는 1403년(태종 3) 명나라가 요동 일대를 평정하고 여진을 통제하기 위해 설치한 위·소 중의 하나였다. 이어 1405년(태종 5) 건주 좌위, 1433년(세종 15) 건주 우위 등 이른바 건주 3위를 개설했다. 건주 3위는 조선과 압록강을 경계로 서로 접하고 있었다.

세조 대 당시 압록강 상류에는 조선 군사가 배치되어 있지 않았다. 세조는 영의정이었던 1455년(단종 3) 4월에 여연·무창·우예의 3군을, 1459년(세조 5) 1월에 가장 남쪽의 자성까지 총 4군을 모두 폐지했다.

군의 폐지는 군사를 후퇴시킨다는 의미였다. 그곳의 인민들은 자성 아래 귀성으로 옮겨졌다. 방어하는 군사가 빠지자 해당 지역은 폐4군으로 일컬어지며 사람이 살지 않게 되었다. 이곳은 큰 산과 긴 골짜기가 있는, 초목이 무성해 우러러보아도 하늘이 보이지 않는 곳이 되었다. 그러자 여연·무창에서 자성에 이르는 길은 끊어졌다. 여름철에 강물이 불면 건너편 야인들은 가죽배를 타고 압록강을 건너 들어왔다. 겨울철에 얼음이 얼면 산길이 더욱 험해져 그들마저도 들어오기 어려웠다. 이곳은 야인들의 사냥터가 되었다.

반면 15세기 들어 요동 도사(명이 요하를 아우르는 요동 지역을 통치하기 위해 설치한 기구)와 인접한 건주위는 압록강 지류인 파저강을 중심으로 점차 성장했다. 이들은 조선과 명, 양국으로부터 도움도 위협도 받을 수 있는 위치를 잘 활용해 다른 부족보다 훨씬 빠른 속도로 발전했다. 특히 농경화가 진척되어 요동의 한인과 조선인을 납치해 노비로 삼아 가내 노역에 활용했다.

조선은 건주위의 농경화에 영향을 주었다. 15세기 초엽에 해당하는 조선 건국 초창기의 건주위는 외부 도움 없이는 농사를 원만하게 꾸려갈 수 없는 초보 단계에 있었다. 그러다가 세종 대 중반에 이르러 어느 정도 농경이 발전했다. 1434년(세종 16) 3월 29일 야인들이 조선에 와서 곡식 종자를 청구한 사실을 통해 이를 확인할 수 있다.

건주위 추장 이만주 참살 ___ 세조 대를 거치면서 특히 건주위 세력이 확대되었다. 건주 사회의 농경화가 본격적으로 진전됨에 따라 사역할 노비나 소나 말이 필요하게 되었다. 하지만 이것을 구할 방법이 마땅치 않았다. 강제로 빼앗아 오는 것 외에는 대안이 없었다. 게다가 이들은 해당 지역의 담비가죽을 포함한 모피 교역을 통해 광대한 부를 축적해 가고 있었다. 생필품 때문에 명과 조선에 입조해 굽실거릴 필요가 없었다.

건주위는 이런 상황에서 명나라의 요동을 수십 차례 공격함으로써 수만 명의 사상자를 냈다. 또 조선의 평안도 변경도 침입했다. 그 양상이 빈번하고 심각해지자 명나라는 마침내 건주위 정토를 결정했다. 1467년(세조 13) 9월 24일 총병관 조보가 5만의 군사를 다섯 갈래로 나누어 이끌고 정벌을 개시하려 했다. 명나라는 군사를 동원하기 전 요동도사를 통해 조선의 참전을 요구했다. 세조는 1467년(세조 13) 8월 22일 명나라의 군사 요청을 수락했다.

세조는 조선 군사와 명나라 군사가 요동에서 만나 건주위를 함께 공격하기로 합의했다. 이를 위해 8월 27일에 윤필상을 평안도 선위사로 삼았다. 비록 선위사라고 불렀으나 모든 군대를 지휘하여 건주위를 공격하는 것이 임무였다. 9월 11일에는 요동군과 조선군이 건주위를 함께 공격할 방법에 대해 구체적으로 지시했다. 9월 14일에는 윤필상에게 명의 건주위 정벌에 가담하라는 사목을 보냈다. 같은 내용을 강순과 어유소·남이 등에게도 알렸다. 그리고 9월 15일 최종적으로 군사를 동원하겠다는 약속을 요동 백호 백옹에게 전했다.

이 정벌에 동원된 주장 강순과 대장 어유소와 대장 남이는 앞서 1467년(세조 13) 5월에 함길도 길주에서 일어난 반란을 진압하기 위해 파견되었다가 8월에 그들을 진압한 후에도 해산하지 않고 계속 머물러 있었다. 세조는 명으로부터 군사 요청이 있자 이들을 동원했다. 윤필상을 선위사로 삼아 일체를 통할하게 하고 정토군의 주력을 다시 투입했다. 9월 21일 세조는 윤필상과 강순, 어유소와 남이에게 어찰을 보내 지방 반란 진압 직후 다시 건주위 정벌에 동원하는 데 대한 미안한 마음을 전하며 떨쳐 일어나도록 일렀다.

이후 1467년(세조 13) 10월 10일 강순이 보낸 승전의 봉서를 받았다. 봉서에는 이 정벌에 참여한 장수들의 활약이 자세히 기록되어 있다. 당시 강순은 나무를 쪼개 흰 면에다 '조선 대장 강순이 정병 1만 명을 거느리고 건주를 공격한다'라고 써서 내걸고 9월 26일에 남이와 함께 만포에서부터 파저강으로 들어가 공격했다. 거기서 건주위 추장 이만주와 이고납합·이두리의 아들 이보라충 등 24명의 목을 베고 그들의 처자와 부녀 24구를 사로잡았다. 참수하지 않고 죽인 자도 175명이었다. 이후 군사를 물려 명나라 군사를 기다렸다. 10월 2일까지 기다리다가 오지 않자 10월 3일 군사를 돌려 압록강을 건너 조선으로 들어왔다. 어유소는 평안도 강계 고사리로부터 올미부로 들어가 공격하여 21급을 참했다. 활로 사살하고 머리를 참하지 못한 것이 50명이었다. 어유소 역시 요동의 군사를 기다렸으나 만나지 못했다. 어유소는 10월 4일 사로잡은 명나라 사람 등을 여러 고을에 나누어 붙이고 옷과 양식을 주고 들어왔다.

이것이 이른바 1467년(세조13) 9월 명의 협공 요청에 따라 조선에서 군사를 동원해 건주위를 정벌한 '정해서정'이다. 이때 동원된 군사 1만 명은 이시애의 난을 진압한 정토군이었다. 이 정벌은 명의 요청으로 단행되었지만 조선 단독으로 이루어졌다.

1467년(세조 13) 10월 12일 세조는 백관이 올린 승첩 하례를 받고 사면령을 내렸다. 정벌에 참여한 어유소와 남이가 10월 17일에 돌아오자 세조는 술자리를 열어 그들의 공을 치하하는 한편 경계도 잊지 않았다.

(어유소에게) 그대의 공은 오로지 우리나라에서만 힘입은 것이 아니라 천하에서도 또한 힘입었다.……(남이에게) 그대가 이미 공신에 봉해졌고, 또 큰 공을 이루었으나, 다만 자랑하는 마음만을 가지지 말라.

1467년(세조 13) 9월의 추장 이만주를 참살한 건주위 정벌은 표면적으로는 명의 요청에 응해 이루어졌다. 하지만 실제로는 세조의 강력한 의지에 따라 조선 독자적으로 단행한 것이었다. 이 정벌에는 이시애 난의 진압에 이바지해 적개공신으로 책봉된 주요 인물들이 참여했다. 강순·남이·어유소 등 이들은 정해서정을 통해 공신의 지위를 더욱 확고히 할 수 있었다. 이런 점에서 정해서정은 세조 말엽 정계 재편을 촉진하는 촉매제가 되었다.

권위를 가탁하다

세조 이전의 원단제

태조~태종 대 원단의 기우·기곡제 ___ 제천례는 삼국시대 이전부터 시행되었다. 하늘에 대한 제사가 단순한 신앙의 차원이 아닌 유교적 예제의 과정 속으로 편입된 것은 고려시대 이후였다. 특히 유교 국가를 지향한 조선에서는 상하 명분이 강조되면서 하늘에 대한 제사를 지내지 않았다. 천자의 나라가 아닌 제후국을 자처했기 때문이다.

조선 건국 직후 1392년(태조 1) 예조전서 조박 등은 "원구圜丘는 천자가 하늘에 제사 지내는 예절이니, 이를 폐지하십시오"라고 청했다. 여기에는 명분론이 작용했다. 원구제의 실시 여부는 2년 뒤인 1394년(태조 3)에 정해졌다. 이 해 8월 21일 원구를 원단으로 고쳐 부르되 삼국시대 이래 하늘에 제사를 올리고 기곡과 기우를 이곳에서 행한 지 오래되었으니, 경솔하게 폐하지는 않는 것으로 했다. 이후 원단에서는 곡식이

12___
천제의
친행

잘 되고 비가 오기를 빌었다.

태종 대 원단에서 이루어진 기우제나 기곡제는 대신이 주관하고 왕은 친히 제사 지내지 않았다. 1405년(태종 5) 7월 7일에는 좌정승 하륜을 시켜 고려의 원구단 대신 신단을 축조하여 기우제를 행하도록 했다. 1406년(태종 6) 7월 29일 태종이 친히 원단제를 지내고자 하였으나 하륜의 의견을 따라 그만두었다.

1411년(태종 11) 10월에 원단을 남교에 쌓았다. 이에 앞서 의정부에서 "천자가 아니면 하늘에 제사할 수 없다"라고 했기 때문에 부쉈다가 이때 다시 쌓은 것이었다. 그러다 1412년(태종 12) 8월 "제사할 만하면 제사하는 것이 예법이다"라고 태종은 말했지만, 곧 "제후가 천지에 제사할 수 없음은 대체로 바꿀 수 없는 정해진 이치이니 원단의 제사를 혁파하여 만세의 법을 바로 잡으라"고 했던 예조의 계를 따라 다시 원단을 혁파했다.

태종이 원단에 친제를 하는지의 여부는 1416년(태종 16) 변계량의 글을 통해 공론화되었다. 당시 변계량은 기우하면서 하늘에 제사 지내지 않음이 옳은 일인지 모르겠다며 중신을 남교로 보내어 하늘에 제사 지내고, 비록 예문에 실리지 않았더라도 비가 올 때까지 5도와 양계에서 제를 지내라고 제언했다. 그는 "천자가 천지에 제사 지내는 것은 사람이 마땅히 지켜야 할 올바른 도리요, 하늘에 비를 비는 일은 뜻밖의 변에 대처하는 것으로 이전에 하늘에 제사 지내는 도리가 있었으니, 폐지할 수 없다"고 주장했다.

당시 태종은 변계량의 주장을 입증할 만한 전거를 찾았다. 조계청에서는 《책부원귀》(중국 북송 때 왕흠약·양억이 편찬한 유서. 상고시대부터 오대까지의 군신의 사적을 모으고 정리하였다. 제왕, 학교, 외신 등 31부로 분류하고, 그 아래 다시 총 1,104문으로 세분하였다)를 들어 "천자는 천지에 제사하고, 제후는 산천에 제사한다"는 말을 제시했다. 6조 판서와 대언 등은 "가뭄으로 인해 생기는 재앙을 만나서 하늘에 비는 것도 옳다"고 했다. 당시 사관은 "변계량이 우리나라에서 하늘에 제사 지내자는 설을 힘써 주장했으니 분수를 범하고 예를 잃음을 알았으면서도 한갓 억지의 글로써 올바른 이치를 빼앗으려 했다"고 강경하게 비판했다.

1417년(태종 17) 8월 태종은 원단에서의 기우·기곡제를 다시 중단시켰다. '제후국'임을 들어 원단에서 비를 빌거나 풍년을 기원하는 제사는 지내지 않는 것으로 했다. 그러나 태종 대 이 원칙이 일관되게 적용된 것은 아니었다. 다만 태종이 직접 의례를 행하지는 않았고 중신을 대행시켜 원단에서의 기곡제나 기우제를 지내거나 중지했다.

세종 대 원단제의 논란 ___ 1419년(세종 1) 6월 7일 세종은 변계량과의 논쟁 끝에 하늘에 제사할 날짜를 선택하라 명하였다.

변계량: 가뭄이 심하므로 원단에서 하늘에 제사 드리는 예를 행하소서.
세종: 참람한 예는 행함이 불가하다.
변계량: 제후가 하늘에 제사하는 것이 불가한 것은 예에 그러하옵고, 성인의 가르치심으로도 또한 불가하다 하였습니다.……그러나 저의 소견으로서는 제사하는 것이 낫겠사오니, 전조 2천 년 동안 계속해서 하늘에 제사하였는데 이제 와 폐함이 불가하나이다. 하물며 본국은 지방이 수천 리로서 옛날의 백 리 제후의 나라에 비할 수 없으

니, 하늘에 제사한들 무슨 혐의가 있겠습니까?

세종: 제후가 하늘에 제사함이 옳지 않음은 예에 있어 마땅한 것이니, 어찌 감히 지방이 수천 리가 된다 해서 천자의 예를 분수없이 행하리오.

변계량: 하늘에 제사하는 것이 비록 제후의 예가 아니라 하오나, 신은 행하는 것이 옳을까 하옵니다.……평상시에 늘 제사함은 불가하다 하겠으나, 일의 경우에 따라 행사함이 오히려 옳을까 하오니 이제 막심한 한재를 당하여 행함이 또한 무방하오니, 하늘에 제사함이 무슨 혐의가 되겠습니까.

이후 1423년(세종 5) 5월 제사와 시호에 관한 일을 맡아 보던 봉상시를 시켜 원단에서 기우할 때 사용할 예기를 만들어서 따로 보관해 두도록 했다. 7월에는 원단 기우제 때 관원은 평상시 조정에 나아갈 때 입는 공복을 착용하게 했다. 9월에는 원단의 제기를 주조할 때 봉상시 관원 1명과 공조 낭청 1명을 시켜 감독하게 했다.

이런 과정을 거친 후 1425년(세종 7) 7월 1일 원구단 기우제의 시행을 결정했다. 세종은 7월 4일 원유관·강사포를 갖추고 원단 기우제에 쓸 향과 축문을 친히 전했다. 임금을 가까이에서 모시던 신하는 모두 조복을 입고 의식대로 호위했다. 7월 5일 비로소 원단에서 기우제를 지냈다. 이 원단 기우제는 선례가 되었다. 1426년(세종 8) 5월에도 원유관과 강사포를 입은 세종은 향과 축문을 전했고, 다음 날 기우제를 행했다. 1427년(세종 9) 6월에도 같은 복색으로 근정전의 월대 막차에 나아가 원단 기우제에 쓸 향과 축문을 친히 전했다.

이때 이후 세종이 10년 이상 원단 기우제에 향과 축을 전한 기록은 찾을 수 없다. 1439년(세종 21) 7월 5일 외교 문서를 맡아 보던 승문원의 판사 정척이 세종에게 친히 연을 타고 나가 원단 밑에 머무르며 희생과 예주를 준비하고 하늘에 기우제를 지내십사 상소했다. 그러나 윤허하지 않았다. 1443년(세종 25) 7월 10일 세종은 하늘에 기우제를 지내는 여부를 의논해 보고하라고 했다. 예조는 원단의 기우제를 지지했다. 하지만 이틀 후 세종은 원단을 제외한 여러 곳에서 기우하라 하면서 "원단에서는 친히 제사 지내지 않겠다"고 재차 결정했다.

환구제의 친행

준비 ___ 세조는 즉위 후 세종의 관례를 바꾸었다. 오히려 환구단에서의 제례를 본격적으로 준비하라 명했다. 1456년(세조 2) 12월 11일 《상정고금례》에 따라 환구단을 설치했다. 12월 30일에는 환구에서의 친제 때 사용할 음악을 정했다.

다음 해 1457년(세조 3) 1월 7일 중국 조정의 예에 따라 매해 1월 15일 하늘에 제사하기를 결정하고, 환구제 의례를 정했다. 1월 8일 환구서가 설치되었다. 사직단을 관리하는 일을 맡아 보던 사직서의 예에 따라 임시 실무관직인 권무 녹사 2명과 겸승 1명을 설치하되, 겸승은 나라의 잔치·제사·의약 따위에 관한 일을 맡아 보던 전향사의 6품 좌랑이 겸하도록 했다. 제물도 마련했다. 1월 9일에는 한명회·조석문·한계미·김질 등을 시켜 환구단에 나아가서 집사와 함께 의식을 미리 익히도록 했다. 계양군 이증과 판내시부사 전균을 보내 술과 음식을 가지고 가서 당상관을 접대하도록 했다. 1월 13일에는 새로 설치한 환구서 녹사 2인의 봉급을 양현고의 녹사를 혁파해 그것으로 주도록 했다. 양현고는 성균관 유생에게 주는 식량 관련 업무를 맡아 보던 호조 소속 관아였다. 1월 14일에는 성균사예 김수온이 하늘에 제사 지낸 후 군신이 함께 연회 때 사용할 악장을 지어서 올렸다.

이날 세조는 원유관을 쓰고 강사포를 입고, 임금이 나들이할 때 갖추던 의장인 대가 노부를 진열시키고 여러 군사를 거느리고 한 줄로 길게 장사진을 이루어 환구단의 재소로 나아갔다. 백관은 조복을 갖추고 시위했다.

친제 ___ 1457년(세조 3) 1월 15일 면복을 갖춘 세조는 드디어 환구단에 올라 의식대로 제사를 지냈다. 세조와 세자, 영의정 정인지가 각각 세 번 잔을 올렸다. 친제를 마친 세조는 신시(15시~17시)에 근정전에서 왕세자 및 백관의 하례를 받고 교지를 내려 사면했다.

친제 다음 날 세조는 관련자들을 포상했다. 환구를 고쳐 짓거나 보수했던 군인 600여 명에게는 술과 고기를 하사했다. 이때 이후 환구단에서의 친제는 세조의 정례적 행사가 되었다. 1458년(세조 4) 1월 15일에도 친히 환구단에서 제사 지냈다. 1459년(세조 5) 1월 7일에는 도승지 조석문·좌승지 윤자운·동부승지 이극감을 환구서에 보내 하늘에 제사 지내는 의식을 연습하게 한 후 그로부터 6일 뒤인 1월 13일 친히 제사 지냈다. 1460년(세조 6) 1월 15일에도 친히 제사 지냈다.

1461년(세조 7) 1월 11일에는 건강 문제로 환구단 친행 문제가 논란이 되었다. 당시 승지 등은 건강을 염려하여 중지하도록 청했다. 이들은 종묘의 춘향대제를 왕세자를 시켜 대신 지내게 하라고 했다. 환구제도 세자를 시켜 대행하도록 청했다. 처음에 뜻을 따랐던 세조는 곧 번복해 모두 자신이 친히 행하겠다고 했다. 자신이 참여하지 않으면 제사하지 않은 것과 마찬가지라는 이유를 들었다.

1461년(세조 7) 1월 15일에도 세조는 친히 환구단에서 제사 지냈다. 1462년(세조 8) 1월 14일에는 종묘에 제사 지내고, 밤 2고에 노부를 갖추어서 환구단으로 나아가 그다음 날 친히 제사 지내고 경복궁으로 돌아왔다.

세조가 환구단에서의 친제를 그만둔 때는 1463년(세조 9)이었다. 이해 1월 6일 건강 문제로 중지를 결정했다. 1457년(세조 3)부터 1462년(세조 8)까지 6년간 매년 1월 15일 정례적으로 했던 예를 그만둔 것이다. 당시 예조는 대행시키라고 청했다. 반면 신숙주·권람 등은 친행하거나 아니면 중지하라고 했다. 승정원에서는 환구제가 불시에 특별히 행하는 일이 아니라 새해의 처음에 하는 보통의 예법이니 폐할 수 없다며 대신하게 하더라도 무방하다는 뜻을 전했다. 1월 7일 세조는 신숙주 등의 의견을 좇아 중지하겠다는 뜻을 전교했다.

세조는 환구제를 중단한 이듬해인 1464년(세조 10) 1월 14일 환구제 의주를 간략하게 고치도록 했다. 앞서 친제를 그만둘 만큼 악화한 세조의 건강 상태를 고려한 조치였다. 이에 김필과 최항이 폐백을 올리는 일과 세 번 잔을 올리는 일의 절차를 줄였다. 이 간소화된 의례로 1월

15일에 세조는 직접 환구제를 지냈다.

세조는 할아버지 태종과 아버지 세종도 하지 않았던 하늘에 대한 제사를 재위 3년부터 재위 10년까지 친히 지냈다. 특히 기우나 기곡 등 기도할 만한 특별한 일이 있어서가 아니라 매년 새해 처음에 행하는 정기적인 일로 제사했다. 환구단에서의 친제란 자신이 하늘의 아들임을 인정받는 행위였다. 이런 의미에서 환구제는 자신이 하지 않으면 아무런 의미가 없었다. 이 점이 세자에게도 대리시키지 않은 이유였다. 세조는 자신만이 조선 하늘 아래 유일무이한 존재로서 하늘에 제사할 자격이 있음을 공포했다.

세조가 환구단의 친제를 시작한 1457년(세조 3)은 그 전년 상왕을 복위시키고자 모의한 성삼문 등을 가혹하게 처단하면서 관료 사회 전체가 후폭풍에 휩쓸린 직후였다. 혹 일어날지 모를 정권의 정통성을 부정하는 또 다른 움직임을 철저히 차단할 필요가 있었다. 세조는 국왕으로서의 자신의 지위를 누구도 의심할 수 없도록 포장해야 했다. 세조는 이런 정치적 이유로 환구단에서 친히 하늘에 제사했던 것이다.

경연과 강무의 운용

군왕 존엄의 강조 ___ 세조는 집권과 즉위에 훈신의 절대적인 도움을 받았다. 이들은 종종 세조에게 의도치 않은 불경과 무례한 태도를 보였다. 이는 어쩌면 당연했다. 이들에게 세조는 군왕이 아니라 자신들과 정치적 행동을 같이한 동료였다. 세조는 한편으로는 은인이면서 또 한편으로는 부담스런 존재인 이들을 의식할 수밖에 없었다. 즉위 초반 세조는 이들을 신뢰하고 존중한다는 뜻을 자주 표현했다. 아울러 군왕에 대한 존엄도 강조했다.

　세조는 훈신에 대한 이중적인 감정을 경연에서 종종 표출했다. 1456년(세조 2) 6월 집현전을 혁파하면서 세조는 경복궁 후원의 충순당 등을 경연 장소로 이용했다. 경연은 신하들에게 자신의 생각을 토로하는 자리가 되었다.

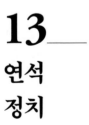

13___
**연석
정치**

1455년(세조 1) 8월 5일 세조는 경연에 참석해 《통감속편절요》를 강독했다. 이때 송 태조와 뇌덕양과 조보의 고사를 들어 시독관 홍응에게 의견을 물었다. 해당 기록은 '송 태조가 뇌덕양을 꾸짖으며 말하기를 정쟁도 오히려 귀가 있는데, 너는 조보가 나의 사직신인 것을 듣지 못하였느냐 하고 주부를 끌어당겨 뺨을 쳐서 윗니 2개를 부러뜨리고는 좌우에 명하여 끌어내게 하고 내쳐서 상주사호로 삼았다'는 부분이었다. 뇌덕양은 송나라 태조·태종 때 명신이었다. 조보는 송나라 태조의 공신이었다. 세조는 송 태조의 조치에 대한 의견을 물었다. 이에 대해 홍응은 담당부서를 통해 관료를 처벌해야 한다고 대답했다. 자의적으로 처벌한 태조의 행동을 비판한 것이다. 세조는 바로 반박했다. 오히려 '송 태조 20년 동안 과감하게 결단한 일은 이 일뿐'이라고 단언했다.

세조의 이 말은 얼핏 송 태조가 공신을 대우한 것을 긍정적으로 평가한 것처럼 보인다. 그러나 세조가 강조한 것은 사직신을 대우하는 송 태조의 의지가 아니라, 그것을 거스르는 신하에 대한 군왕의 조치였다. 세조는 송 태조의 고사를 들어 왕의 존엄을 강조했다. 자신을 송 태조에 빙의해 그의 조치를 과감하다고 평가한 것이다.

다음 달 9월 16일에도 《통감속편절요》를 강독했다. 이때 문제가 된 내용은 '혜성이 동쪽 우물에 나타나니 황제가 정전을 피하고 반찬을 줄이고 크게 죄수를 용서하니 이날 저녁에 혜성이 사라졌다'는 구절이었다. 세조는 이 기록을 지나치다고 평가했다. 하늘의 도란 바로 반응하지 않는 법인데 사관들이 이를 과장해 기록했다는 것이다. 이번에도 홍응은 "이 사례를 통해 군왕이 몸을 닦고 반성하여 재앙을 소멸 변화케 하는 이치를 알 수 있습니다"라고 대답했다. 그러자 세조는 "이는 후세의 군왕을 경계하는 데 불과한 말일 뿐이다"라고 평가절하했다.

1461년(세조 7) 1월 28일 세조는 성균관 대사성 서강의 목을 졸라 죽였다. 죄목은 능상凌上이었다. 서강은 앞서 1월 21일 경복궁 취로정 못가에서 열린 강독 자리에 참여했었다. 여기에서는 병서와 《장자》·《노자》 등의 강독이 있었다. 그런데 강독할 때 그의 태도가 세조의 심기를 거슬렀다. 불교의 가르침을 두고 옳고 그름을 둘러싼 논란이 일어나자 서강은 모르는 것처럼 꾸며 대답했다. 세조는 의중을 떠보려고 벌칙으로 술을 두어 잔 잇달아 내리고는 취하느냐고 물었다. 이때도 서강은 취하지 않았다고 대답하면서 몹시 불손하게 굴었다. 세조는 분노했다. "이러한 인물이 바로 하위지 같은 무리이다"라고 비난했다. 그러자 서강은 소리 높여 "성상의 하교가 이와 같으니, 신이 무슨 면목으로 높은 벼슬아치 사이에 끼겠습니까? 죽음이 있을 따름입니다"라며 반항했다. 또 세조의 옷자락을 잡고는 스스로 하소연하기를 그치지 않았다. 세조는 더욱 화가 나서 "자신을 높이고자 임금을 경멸했으니, 죄가 막대하다"고 비난하면서 그에게 장 30여 대를 때리게 했다. 그런 후 왜 불경한 행동을 했는지 이유를 물었다. 이때에도 서강은 엉뚱하게 대답했다. 세조는 장 10여 대를 더 때리도록 하고 후원에 결박했다가 일주일 후 목을 졸라 죽였다.

당시 세조는 그의 행위를 무례와 불경이 극에 달한 것으로 판단했다. 서강이 1455년(세조 2) 6월 자신을 거슬렀던 하위지·성삼문 등과 같은 유라고 느꼈다. 그의 불경과 무례의 끝이 종국에는 자신에 대한 반역으로 이어지리라 판단했다. 1월 28일 남편의 목숨만을 살려 달라는 아내의 호소가 있었지만, 세조는 용서하지 않았다.

서강은 집현전 출신으로 성균관 대사성에까지 올랐다. 성품이 잘고 경솔하며 조급했고 옳고 그름의 변론을 좋아했다고 한다. 당시 세조가 단순히 서강의 행동만을 문제 삼아 처벌한 것은 아니었다. 만약 그의 태도를 용인한다면 임금을 능멸하는 것이 풍조가 되어 서강 같은 사람을 어질다 하면서 오히려 존중하게 될 것을 우려했다. 이런 점에서 서강의 행동은 하위지·성삼문에 견주어질 만큼 위험했다. 세조로서는 그를 찢어 죽이지 않은 것이 그나마 관용을 보여 준 셈이었다.

경연이 속내를 드러내는 자리였던 만큼 세조는 경연 자체의 내용이나 형식에는 크게 구애받지 않았다. 1464년(세조 10) 4월 22일 사정전에서의 상참과 시사 후 가진 술자리에서 봉원 부원군 정창손을 불러 이런 뜻을 말하였다.

내 이미 불혹의 나이가 지났지만 심기가 더욱 강장하고 조금도 쇠퇴해지지 않으니, 날마다 경연에 나아가는 것은 힘이 부족한 것이 아니다. 그러나 경연은 옛날 성현들이 행한 일이 아니니, 요·순 임금도 경연을 베풀지 않았으며, 주공도 진실로 사부가 없었는데, 송조의 인주들이 구구하게 처음으로 만들어 낸 일을 어찌 족히 본받을 수 있겠는가?

1466년(세조 12) 4월 21일 세조는 《동국통감》을 편찬하는 당상관과 낭관을 경복궁의 화위당으로 불러 편차 사목을 강론하게 했다. 이때 종학에서 왕족의 교육을 맡아 보던 김종련에게 "무릇 사람이 찔려서 아픈 것은 심인가? 기인가?"라고 물었다. 김종련은 자기 의견을 고집하며 "예전에 제나라 사상가인 고자告子가 인은 안에 있고 의는 밖에 있다고 했는데 맹자가 이를 비난하였습니다"라고 대답했다. 자신의 질문과 상관없이 엉뚱하게 대답하는 의도를 묻자 이때에도 그는 굼뜬 태도로 바로 대답하지 못했다. 세조는 여러 신하더러 그의 잘못을 낱낱이 따져 비난하고 꾸짖도록 명했다. 그런데 모두 조용히 있을 뿐이었다. 세조는 이런 태도를 자신에 대한 무례로 받아들였다.

임금을 업신여기는 마음은 무례함에서 시작된다. 너희들이 모두 임금의 의사를 옳지 못하다고 여기기 때문에 나의 말하는 바에 아무도 대답하는 자가 없는 것이다. 내가 어찌 너희들을 처벌하지 못하겠느냐.

이 일이 일어난 넉 달 뒤인 8월 29일 세조는 김종련을 기둥에 묶어 사금파리를 깔아 놓은 자리에 무릎을 꿇게 하고 무거운 돌을 그 위에 얹어서 자백을 강요하는 압슬형에 처했다. 이전의 태도로 이미 찍힌 데다가 예문관 유신으로서 《논어》를 강독하는 자리에서 또다시 세조의 심기를 거슬렀기 때문이다. 발단은 주자의 태극설이었다.

김종련: 주자의 말은 틀린 곳이 많이 있는데 신이 임금의 명령에 따라서 아뢰려고 했지마는, 천하의 공론이 두려워서 감히 비난하지는 못할 뿐입니다.

세조: 이미 틀린 곳이 있다고 말했으니, 어찌 공론을 두려워하겠는가? 또 공론이란 무엇을 이름인가?

김종련: 무릇 유자는 모두 공론이 있게 마련인데 신이 젊었을 때부터 배운 바를 하루아침에 헐거나 깨뜨려 버린다면 유자들이 신을 비웃

을까 두렵습니다.

세조: 유자들이 모두 공론이 있다면 조정의 대신들도 모두 유자인데, 그대가 두려워하는 사람은 누구인가? 지금 나라에는 권신이 없는데, 그대가 두려워하는 사람은 어떤 사람인가?

김종련: 정자영과 같은 사람입니다.

대화 과정에서 언급된 정자영은 김종련과 더불어 효·제·충·신의 4덕과 4단의 학설을 함께 강론한 인물이다. 세조는 이때 김종련이 사실대로 대답하지 않고 둘러댄다고 판단했다. 도승지를 시켜 실상을 묻도록 했는데 대부분 사실과 달랐다. 그래서 실정을 심문하기 위해 압슬형까지 가하게 된 것이었다.

당시 세조가 의심한 부분은 김종련이 두려워했던 '공론'의 실체였다. 주자의 논리를 틀렸다고 여기면서도 그대로 의견을 말하지 못하는 이유가 분명히 있을 거라 짐작했다.

세조: 바로 마음에 있는 대로 고할 뿐이다. 주자가 그대의 임금이 아닌데 무슨 이유로 감히 그르다 하지 못하는가?

김종련: 신도 틀린 곳을 많이 보았지마는 다른 사람이 두려워서 감히 아뢰지 못했을 뿐입니다.

세조: 누구인가?

김종련: 공론을 두려워합니다.

세조: 공론이란 누구인가?

김종련: 유자입니다.

세조는 대화 과정에서 김종련이 생각을 솔직하게 말하지 못할 정도로 의식하고 두려워하는 대상이 군왕이 아니라 공론을 이끄는 유자라는 점을 확인했다. 이때 유자는 조정 대신, 즉 권신이었다. 이는 국왕인 자신을 능멸하고 불충의 마음을 드러낸 것이었다. 세조는 분노했다. 9월 29일 두 차례의 강론 과정에서 보인 무례와 불경을 들어 김종련과 그의 자손을 왕실 재정의 관리를 맡아 보던 내수소의 종으로 영원히 속하게 했다. 조정 대신에게 충성하고 자신에게는 불충한 대가였다.

공신의 무례와 세조의 경고 ___ 세조는 집권한 후 정난공신을, 즉위한 후 좌익공신을 책봉했다. 이들 중 특히 한명회나 신숙주·정인지 등은 결정적 도움을 준 고마운 존재였다. 하지만 도움에 대한 대가를 온전히 갚아야 하는 존재이기도 했다.

세조는 공신을 대우하고 또 친구로 삼은 점을 자부했다. 1456년(세조 2) 9월에는 공신을 보존하지 못한 한나라 고조를 본받을 것 없다는 말에 크게 기뻐했고 1459년(세조 5) 8월에는 자신을 한 고조와 당 태종에 나란히 비교하면서 오히려 그들보다 우월하다고 평가했다. 심지어 공신을 제거한 한 고조와 같은 사람은 되지 않겠다고 다짐하기도 했다. 1463년(세조 9) 1월 24일 사정전에 나아가 2품 이상을 불러서 예의 술자리를 베풀었다. 이날 권람은 만수萬壽를 기원하는 시를 지어 올리며 술을 권했는데, 세조는 이를 받고 평생 공신을 보전할 것이라고 말하며 고마움을 표현했다.

정승은 나를 한 고조에 비유하는가? 한 고조는 능히 공신을 보전하지 못하여 지난해에는 한신을 죽이고 금년에는 팽월을 죽였으며, 또 태자를 바꾸려 하였으나 사호四皓(동원공·기리계·하황공·녹리선생)로 인하여 그치었으니, 하나도 취할 만한 것이 없는 자이다. 내 비록 어질지 못하다 하더라도 반드시 한 고조는 되지 않으련다.

공신들 역시 뜻을 같이했다. 그들에게 세조는 군왕이기 이전에 자신들의 친구이자 동료였다. 그래서 거리낌 없이 친밀함을 표현했다. 이 과정에서 금도禁道를 넘는 일이 종종 발생했다. 친근함의 표현이었지만 군왕인 세조에게 이런 행동은 불경이나 무례로 받아들여질 소지가 있었다. 즉위 초반부터 계속된 부지불식간의 행동은 군신 관계에 대한 세조의 문제의식을 일으키기에 충분했다. 이는 양자 사이 갈등의 단초가 되었다.

1457년(세조 3) 8월 14일 이숭지의 임명장을 박탈하고 외방으로 유배 보냈다. 죄목은 불경죄였다. 당시 전주 부윤에 제수된 이숭지는 달포가 지나도록 부인이 병들었다고 핑계 대고 내려가지 않았다. 외방의 직임을 꺼렸기 때문이었다. 이숭지는 임지를 옮기기 위해 사사로이 권문을 찾아갔다. 세조는 신하 된 자로 임금을 공경하는 뜻이 없다고 그를 비난했다. 인사권이 분명 자신에게 있는데도 권신에게 부정하게 청탁한 그의 행위를 불경이라 판단한 것이다.

1458년(세조 4) 12월 23일 의정부 당상이 이징규를 처벌하라는 의논을 올렸다. 세조 앞에서 보인 무례한 태도 때문이었다. 이징규는 이징옥의 동생이었다. 그의 형이 대금 황제를 내걸며 일으켰던 반역이 하룻밤 꿈으로 끝난 뒤에도 동생 이징규는 연좌되지 않고 특별 사면을 받았다. 대간의 거듭된 처벌 상소가 이어졌지만, 세조는 '자신과 함께 북경에 갈 때 서로 반드시 사직을 위하여 같이 죽자'고 맹세한 사이라며 비호했다. 그런데 무례를 이유로 처벌의 칼끝에 그를 올려 놓았다.

세조는 의금부의 보고가 올라온 이틀 뒤, 그를 불러 까닭을 물었다. 계속해서 말을 꾸며 대는 이징규에게 "너의 간사함은 한 번뿐이 아니다"라고 비난하며 임명장을 거두고 지방으로 쫓아냈다. '대군이었던 자신에게 반역한 형을 둔' 죄보다 '군왕인 자신에게 무례한 태도를 보인' 죄가 더 크다고 여긴 것이었다. 그로부터 3개월이 지난 1459년(세조 5) 3월 19일 세조는 무례에 대한 죗값을 충분히 치렀다 여겼는지 충청도 영산에 옮겨 살도록 했던 그를 석방했다. 4월 10일 임명장도 돌려주었다.

1460년(세조 6) 4월 9일 사헌부에서 홍윤성의 불경과 무례를 탄핵하는 상소를 올렸다. 그가 분에 넘치는 말 장식을 사용한 때문이었다. 싸움터로 나가는 날 홍윤성이 탄 말에는 임금만이 사용할 수 있는 그림과 장식을 사용한 안장이 놓였다. 용의 무늬를 그려 넣은 화려한 말다래와 말머리에 붉은색 가는 털로 장식한 머리 장식 등이 그것이었다. 1461년(세조 7) 1월 24일 충순당 후원에서 세조의 주재로 성균관과 사학 유생 560여 인을 모아 시험을 치를 때도 그의 무례는 거듭되었다. 그는 고래고래 소리를 지르면서 여러 유생의 답안지를 거두었다. 세조는 "내가 북을 울리고 큰소리를 치는데도 저 사람은 겁을 내지 않으니, 진정 용맹한 선비로다"라고 칭찬했다. 하지만 왕 앞에서 큰소리로 장내를 소란스럽게 한 태도는 눈살을 찌푸리게 할 만했다. 앞서 사헌부가 공신 홍윤성의 무례 행위를 공론화했을 때 세조는 직접 글을 써서 "다시 말하지 말라. 그렇지 않으면 반드시 크게 잘못을 질책하겠다"며 들어주지 않았다. 하지만 연이은 이런 행동은 공신에 대한 세조의 문제의식을 한층 고조시킬 여지가 충분했다.

1460년(세조 6) 10월 13일 평안도 순행에 나선 대가가 황해도 사리원 벌에 이르렀다. 이때 이조판서 한명회가 이 갈대밭에 짐승이 많다는 사람들의 말을 전했다. 이곳에서 5위 군사로 하여금 몰이를 시키고자 했던 세조는 훈련부사 김교의 "진흙에 빠져 몰이하기 힘들다"는 말과 칠참역의 일을 맡아 보던 찰방 조지주의 "중간에 꼬불꼬불한 작은 물구덩이 때문에 몰이하기가 힘들다"는 말을 들었다. 세조는 갈대밭의 상황을 직접 보고 말하는 것이냐고 이들에게 물었다. 그러자 이들은 길잡이 나립의 말을 전한 것이라 대답했다. 당시 세조는 김교가 권신 한명회의 말을 듣고 그에게 아첨하려 사냥에 반대한다고 판단했다. 이들을 국문했다. 꼭 찍어 겨냥하지는 않았지만, 세조가 이때 지적한 '권신'은 분명 한명회였다. 세조로서는 그들의 불경을 더욱 경계하지 않을 수 없었다.

1461년(세조 7) 2월 28일 경기 개성부·충청도·전라도·경상도의 기병 8,840, 보병 800군사를 징발하여 살곶이 들에서 무예를 연습했다. 여기에 한명회 등 공신 관료 대부분이 참여했다. 훈련을 마친 다음 날 어가가 녹양평에 이르렀는데, 군율이 해이하고 대오가 정연하지 않았다. 게다가 보급이 있는 곳을 찾아 헤매느라 정숙함을 중요하게 여기는 군대 내부가 매우 소란스러웠다. 사냥을 구경하던 세조는 이 모습을 보고 여러 장수를 불러 불편한 뜻을 전했다.

강무는 편안히 놀며 사냥하는 것이 아니고 병법을 교련하고 열병하려는 것인데 이제 여러 도에서 훈련되지 않은 군사를 징집하고 장수가 병졸을 가르쳐 단련시키는데 모두 율을 어기니……만일 변고라도 있게 되면 장차 어찌 이를 쓰겠는가. 장수가 모두 훈신이니 내가 힐책은 가하지 않겠으나 대체 어떠하겠는가.

세조가 노여워하는 가운데 언급한 훈신 장수는 이 사냥에 참여한 한명회를 비롯한 공신 대다수였다. 정상적이라면 이런 상황에 이르도록 군율을 정제하지 않은 이들을 처벌해야 했다. 그러나 세조는 책임을 추궁하지 않았다. 다만 이들에 대한 불편한 심경은 분명히 밝혔다.

세조는 경연이나 강무를 통해 군왕으로서의 존엄을 강조하는 한편 공신에 대한 존중과 신뢰 역시 드러냈다. 동시에 훈신·권신들에게 경도되는 관료를 불경죄로 처벌했다. 이런 가운데 이들의 무례와 불경 혹은 나태 등 일탈 행위가 이어졌다. 하지만 세조는 이를 즉각 처벌하지는 못했다. 그저 경고하는 수준이었다. 여기에는 이유가 있었다. 양자는 애초에 군신으로서가 아니라 '권력의 찬탈'에 합의하고 계유정난의 '원죄'를 함께 짊어지면서 관계가 시작되었다. 세조는 이들을 공신으로 책봉하여 운명 공동체를 형성했다. 하지만 이어지는 불경·무례 행위는 또 다른 문제의식을 불러일으켰다. 어떻게든 이들에게 경종을 울려야 할 정치적 필요성이 고조되고 있었다.

술자리의 정치성

국정 운영의 장   ___   왕의 아들에서 지존이 된 세조에게나 궁지기에서 공식 실세가 된 한명회에게나 '계유정난'은 운명이었다. 하지만 그 운명에 덧씌워진 폭력성과 부당성으로부터 좀처럼 벗어날 수 없었다. 그래서 세조는 나의 편과 남의 편을 갈랐다. 편 가르는 자리가 바로 술자리였다. 세조는 술자리를 많이 베풀었다. 술자리는 서로를 치하하고 격려하면서 단합하는 자리였다.

1458년(세조 4) 6월 19일의 술자리에는 하삼도의 진휼사로 파견되었다가 돌아온 한명회가 참석했다. 진법 연습이 잘 되는지 아닌지를 묻는 세조에게 한명회는 자신이 직접 보고 들은 전라도 제진에서 진을 잘 치는지 아닌지의 여부와 경상도 진법의 시행 여부에 대해 말했다. 또 농사의 흉풍과 여러 포구에 있는 배의 허실에 대해서도 매우 자세하게 답하였다. 세조는 매우 흡족해하며 한명회를 칭찬했다.

이날 세조는 술을 주고받으며 "어찌할 수가 없어서 이 어상에 앉아 있다"고 맘에도 없는 푸념을 했다. 그러면서 "망령스럽다. 한 판서! 속히 전殿으로 올라오라"고 허물없이 대했다. 함께한 무장 홍달손에게는 "최항은 선비의 호걸이니 너희들 장수는 미칠 수 없다"고 농담을 건넸다. 이승소에게는 "경이 문장에 능한 것을 가상히 여기니, 다시 더 노력하라"고 격려했다.

1459년(세조 5) 11월 6일 술자리에는 늘 참여했던 공신과 종친 외에 야인의 중추원 부사 김마신합 등 12인 등도 참여했다. 이 자리에는 사관과 주서 등 젊은 신하가 참석했는데, 세조는 그들을 알아보지 못하는 자신에게 서운해하지 말라며 모두 장상이 될 것이라 격려했다.

대저 인재는 장점과 단점이 있는 법인데, 오늘 참석한 신하들은 내가 다 알지 못하니, 후진으로서 나이가 젊기 때문이다. 그대들은 내가 알지 못하는 것을 불만으로 여기지 말라. 훗날에 모두 나를 보좌하여 장수와 재상이 될 사람이다.

1460년(세조 6) 5월 11일 화위당에서 열린 연회는 세자를 격려하고 관료에게 부탁하는 자리였다. 이날 양녕대군·임영대군 등의 종친, 병조판서 한명회·이조판서 구치관 등이 연회에 참석했다. 세조는 세자에게 백성의 고통을 함께하고 할아버지 세종을 본받으라 당부했다. 특히 좌승지 이극감에게는 "세자를 너에게 부탁하니, 네가 능히 잘 보필하면, 걱정이 없겠다"며 당부했다.

네가 옛날에는 보통아이와 다름이 없었으나, 지금은 그렇지 아니하고 몸이 귀하기가 지극하다. 마땅히 농사짓기의 어려움을 먼저 알아야 한다. 옛 임금이 백성 가운데 굶주리는 자가 있다는 소문을 듣고 말하기를, '어찌하여 고기반찬을 먹지 않는가'라고 했다는데, 여러 대신들도 모름지기 이 뜻을 알아야 한다. 내가 일을 행할 적에는 능히 어떤 일을 판단하거나 행동하는 데에 본보기가 되는 규범이나 법을 하나같이 따르지 아니하니, 나 같은 자는 족히 본받을 것이 없다. 너는 세종의 일을 본받으면 좋겠다.

1462년(세조 8) 4월 26일 사정전의 연회는 야인들에게 경고를 보내는 자리였다. 이날 효령대군 이보·익현군 이관·영순군 이부·하성위 정현 조와 상당 부원군 한명회·우참찬 성봉조·병조판서 윤자운·참판 김국 광·중추원부사 한계미와 여러 장수와 승지 등이 입시했다. 이 자리에 서 세조는 야인 광시대 등 5인을 인견해 어르고 타이르는 한편 함부로 변경을 침입하면 토벌할 것이라며 엄중히 경고했다.

1462년(세조 8) 5월 22일 사정전의 술자리에서는 인사도 논의되었다. 세조는 권람·한명회 등에게 "왕은 사사로움이 없으니 진실로 특수한 은혜로 대우함은 불가하다. 그러나 옛친구로 어찌 이 두 사람과 같은 자가 있겠느냐?'며 강한 신뢰를 드러냈다. 그리고 문신관료를 어떻게 뽑을지 함께 방향을 결정했다. 이때 승정원에서 명단을 추려 올렸는데, 세조는 권람을 시켜 그 가운데 버릴 만한 자를 삭제하여 올리게 했다.

1466년(세조 12) 4월 27일 세조는 자신이 베푼 술자리를 '경사스런 잔치', 즉 '경연慶宴'이라고 부르도록 했다. 이 자리에는 아홉 명의 기 생이 동원되어 흥을 돋우게 했다. 노래하는 기생 8인과 농가를 부르는 여자 1인이 포함되었다. 특히 '농가를 부르는 여자[農歌嫗]'는 집이 가 난하여 남편과 날마다 장거리에 나가 노래를 부르면서 생활하는 사람 이었다. 남에게 빌려 생활한다는 말을 듣고, 세조는 달마다 필요한 양 식을 농가희에게 공급해 주고 매양 연회에 들어와 농가를 부르게 했다.

세조가 베푼 술자리는 단순히 오락을 즐기는 자리가 아니었다. 세조 는 사관을 배제한 술자리에서 친구와 적을 구분하고, 국가 중대사를 결 정하며 후사를 부탁하고, 인사를 논의했다. 가히 '연석宴席 정치'라 불 릴 만했다. 정치적 의도를 관철하기 위한 장으로 술자리를 활용했던 세

조의 연석 정치는 이전에도 이후에도 그 예를 찾기 어려웠다. 세조만의
독특한 국정 운영 방식이었다.

불경·무례의 난무 ___ 술자리가 빈번해지자 자연 이성을 잃고
행동하는 이들이 나타났다. 이들은 세조에게 거리낌이 없었다. 친밀함
의 표현이었지만 도를 넘는 일이 종종 일어났다. 정인지가 첫 테이프를
끊었다. 1458년(세조 4) 2월 12일 사정전에서 연회를 했다. 철마다 중
삭(2월, 5월, 8월, 11월)에 정례적으로 베풀던 이 연회에는 왕세자와 종
친·2품 이상 장상과 공신 등이 참석했다. 한창 흥이 오를 때 정인지가
찬물을 끼얹었다. 세조를 비판하는 말을 노골적으로 한 것이다. 화가
난 세조는 바로 잔치를 끝내 버렸다.

> 정인지가 어상 아래에 나아가 아뢰기를 '성상께서 주자소에서 《법화
> 경》 등 여러 불경 수백 벌을 인쇄하여 발행하였고 또 《대장경》 50벌을
> 인쇄하여 발행했는데 또 《석보》를 간행하시니, 신은 그윽이 생각하건
> 대 옳지 못한가 합니다' 하니 임금이 노하여 잔치를 파하였다.

당시 정인지는 세조의 숭불 태도를 지적했다. 천하의 세종도 숭불 문
제에서는 신료의 비판에서 자유롭지 못했듯, 조선 초기 유학자들의 불
교 비판은 유별났다. 정인지가 세조의 《석보》 편찬을 비판한 것도 그
범주에서였다. 하지만 이때 세조는 몹시 언짢아했다. 다음 날 세조는
도승지 조석문을 시켜 이제껏 아무 말도 하지 않다가 왜 술자리에서 부
처를 숭상하는 자신을 비판하는지 따져 물었다. 정인지는 이 물음에 분

명히 대답하지 못했다. 그러자 세조는 "군왕이 묻는데 대답하지 못하는 것은 불경"이라며 "말귀마다 부처의 말로써 대답하며 남을 업신여기고 저만 잘난 척하여 임금을 능멸하였다"고 그를 추국하도록 했다. 임명장도 거둬들였다.

2월 14일 세조는 다시 정인지를 국문했다. 이번에는 태도를 문제 삼았다. 자신의 숭불 태도를 비판하면서 정작 본인은 도리어《능엄경》을 칭찬하고,《중용》을 비난하는 등 표리부동한 태도를 보였다는 것이었다. 늙은 신하를 오랫동안 옥중에 둘 수는 없다는 이유를 들어 곧 석방하긴 했으나 스스로 높은 체하면서 임금을 깎아 내렸다는 그의 불경죄를 세조는 분명히 지적했다.

편찬한 불경 하나하나를 거론하며 비판의 말을 날린 정인지는 정난·좌익공신에 거듭 책봉된 이 시기 최고의 훈신이었다. 게다가 아들 정현조가 세조의 딸 의숙공주와 결혼한 척신이기도 했다. 사실 정인지의 주사는 유명했다. 하지만 면전에서 자신의 잘못을 꼬박꼬박 따지는 그의 태도를 세조는 용납하기 어려웠다.

불경은 사면에서도 제외되는 큰 죄악이었다. 《당률소의》에는 용서해주지 않는 10악을 규정하고 있는데 대불경大不敬이 그중 하나였다. 그렇다고 가혹하게 처벌하기도 어려웠다. 2월 15일 세조는 임명장은 돌려주면서도 영의정으로 복직하지는 못하게 했다. 반면 그를 처벌하라는 신료의 요청도 끝까지 들어주지 않았다.

그 몇 달 뒤 9월 17일 정인지는 다시 주사를 부렸다. 이번에는 세조를 '너'라고 부르며 삿대질했다. 연이어 일어난 이런 행동에 세조는 이렇게 말했다.

정인지가 술에 취해 한 말은 모두 정을 잊지 못하고 한 말이지 다른 뜻이 있어서가 아니다. 더구나 정인지는 나랏일을 맡아 보는 대신도 아니고 노쇠한 일개 부패한 선비일 뿐이니, 어찌 족히 논하겠느냐.

세조는 정인지의 행위를 허물없는 친구 사이였던 옛 시절을 잊지 못해 일어난 것이라 변명해 주었다. 하지만 그를 현직에서 은퇴한 썩은 학자로 지칭했다. '별다른 정치적 의도가 있지 않다'는 판단, 이것이 세조가 정인지를 죽이지 않은 이유였다.

1459년(세조 5) 11월에는 공신 강맹경과 권람의 불경 행위가 있었다. 이 일도 연회에서였다. 11월 11일 중궁의 생일잔치가 강녕전에서 열리고 사정전 월랑에서 풍악이 울렸다. 강맹경과 권람 등이 대전에서 풍악을 울리면서 즐겁게 노는 것이 마음 편하지 않다고 비판적으로 발언했다. 세조는 발끈했다. 풍악을 울리는 게 지금부터 시작된 일이 아니고 행한 지가 오래되었는데 왜 하필 이때 잘못된 점을 지적하느냐며 화를 냈다. 이전부터 자신을 그르게 여기는 마음을 품고 있었기 때문에 이런 발언을 한 것이라며 즉시 집으로 꺼지라고 했다.

당시 세조가 분노한 것은 이들이 신진 선비가 모인 장소에서 원론적이고 올바른 말을 함으로써 자신을 망신시켰다고 생각한 때문이었다. 세조는 권위가 실추되었다고 느껴 바로 잔치를 끝내고는 그 책임을 '사리에 어둡고 세상 물정을 잘 모르고 지껄인 한두 명 정승'에게 돌렸다. 다음 날부터 이들의 무례한 죄와 불경한 죄를 들어 처벌하라는 주청이 이어졌다. 하지만 세조는 오히려 자책했다. 11월 13일 봉록을 돌려주면서 "경 등이 정대한 말을 아뢰었는데, 내가 화를 내어 관직을 파면시켰으니 실상은 내 과실"이라며 또 자책했다. 또 그다음 날, "대저 공신은 비록 큰 죄가 있더라도 마땅히 용서함이 자손까지 미쳐야 하는데, 지금 한마디 말이 내 뜻을 거슬렀다는 이유로 갑자기 관직을 파면하도록 명하였으니 나라와 더불어 기쁨과 근심을 같이한다는 뜻이 어디 있겠는가?'라며 다시 한번 더 스스로를 비판했다. 거듭된 자책이 진심이라 생각한 사람은 아무도 없었을 것이다. 그러나 재위 내내 이어진 친구이자 신하들의 이런 술자리 행위는 군군신신君君臣臣에 대한 세조의 문제의식을 한층 심각하게 고조시켰다.

대군 신분의 수양이 궁극에 올라 세조가 된 데에는 뜻을 같이했던 동료이자 친구이며 또 신하이기도 했던 이들이 크게 이바지했다. 너무나 고마운 존재였다. 하지만 정치적 부담이기도 했다. 이에 공공연하게 신뢰를 강조하지 않을 수 없었지만 아울러 군왕으로서의 존엄에 대해서도 상기시키지 않을 수 없었다. 비록 술자리일지라도 무례·불경·나태 등 일탈 행위는 왕권에 대한 도전이었다. 양자 사이의 균형이 깨지는 순간, 그것은 더는 방치할 수 없는 중대한 정치적 사건이 될 수밖에 없었다.

순행의 목적·준비

민정의 파악과 군정의 감찰 ___ 1453년(단종 1) 정변을 통해 집권한 수양은 2년 뒤인 1455년(세조 1) 윤6월 11일 조선 국왕이 되었다. 집권과 즉위 초반 계유정난의 후폭풍이 계속되었다. 우선 정난 직후 이징옥이 함길도에서 군사를 일으켰다. 즉위한 이듬해인 1456년(세조 2) 6월에는 상왕을 복위시키고자 하는 모의가 발각되어 그에 연루된 관료의 상당수가 가혹한 처벌을 받았다. 1457년(세조 3) 7월에는 금성대군의 역모도 발각되어 금성대군은 사사되고 노산군도 스스로 목매었다.

세조 집권의 정당성을 부정하는 이런 사건들이 연달아 일어나면서 세조는 즉위 초반부터 지방 사회의 동태를 파악하는 데 전력했다. 지방에는 보통 사헌부 6품 감찰을 분대로 파견했는데, 세조는 그보다 품계가 높은 집의(종3품)·장령(정4품)·지평(정5품)까지 내려보냈다. 이들은

14___
지방
순행

지방의 수륙 장수와 수령·만호·역승 등을 감찰했다. 분대 외에 2품 이상의 재상급 관료도 순찰사 등으로 파견했다. 대표적인 예가 한명회였다. 그는 민간을 진휼하고 군기를 점검하고 수령을 검찰하고 돌아왔다.

즉위 초반의 이런 노력은 노산군의 죽음 이후 세조 자신이 직접 지방을 살피려는 적극적인 행보를 모색하는 것으로 바뀌었다. 1457년(세조 3) 7월 8일 충청도·경상도를 돌아보겠다는 말에서 이런 의지가 보인다.

〈표 〉 세조 순행

회차	순행 연월	지역	기간	준비	근거
1	세조 6년 10월 4일~11월 4일	황해도 평안도	30일	도체찰사 신숙주	《세조실록》 22권, 세조 6년 10월 4일 병오 두 번째 기사
2	세조 8년 9월 28일~11월 5일	강원도	37일		《세조실록》 29권, 세조 8년 9월 28일 기미 첫 번째 기사
3	세조 10년 2월 18일~3월 20일	충청도 온양 탕정	32일	순행 지응사	《세조실록》 32권, 세조 10년 2월 17일 경자 세 번째 기사
4	세조 11년 8월 17일~9월 13일	충청도 온양 탕정	26일		《세조실록》 36권, 세조 11년 8월 24일 기해 두 번째 기사
5	세조 12년 3월 16일~윤3월 24일	강원도 고성 탕정	34일	순행 지응사 김국광	《세조실록》 38권, 세조 12년 윤3월 25일 병신 첫 번째 기사
6	세조 14년 1월 27일~3월 12일	충청도 온양 탕정	45일	순행 지응사 김국광	《세조실록》 45권, 세조 14년 1월 27일 무자 두 번째 기사

임금이 일국의 봉양만을 누리고 깊은 궁궐에 평안히 거주하여 농사짓는 어려움과 민생의 고통을 모른다면 도리가 아니다. 이제부터 마땅히 나라 안을 순수하면서 민사를 살피겠다.

민사와 군사를 점검하기 위한 지방 순행은 세조 재위 14년간 총 6회 이루어졌다. 자세한 내역은 앞 〈표〉에서 확인 가능하다.

준비 ___ 순행은 존엄의 거둥인 만큼 그에 따른 사전 준비가 철저히 이루어졌다. 먼저 순행할 지역의 여러 사정을 파악하여 조치했다. 1457년(세조 3) 경상도와 충청도 순행이 불발된 후 이듬해인 1458년(세조 4) 9월 세조는 다시 평안도를 순행하려 했다. 사전 준비를 위해 신숙주를 파견했다. 당시 좌찬성 신숙주를 평안도 도체찰사로 삼고 병조정랑 오백창을 종사관으로 임명했다. 12월에는 군국의 대사라는 이유를 들어 상중의 정창손도 특별히 불러들였다.

재위 후반에는 도체찰사 대신 특별히 순행지응사를 미리 정해 준비하게 했다. 1466년(세조 12) 2월 강원도로 순행할 때 지응사는 김국광이었다. 김국광은 다른 어떤 일보다 어가를 호위하는 군사의 양식 조달에 신경을 썼다. 2월 21일 그는 "순행 때의 군사와 어가를 호위하는 대소 인원이 15일 치 양식을 갖고 가기 어렵고, 민간에서 양식을 구입하기도 어렵습니다. 청컨대 호조에 포를 바치게 하여 서울의 시가時價에 따라 여러 읍의 쌀과 콩으로 교환하고 종래 월급 받는 사람에게는 주지 마소서"라고 청했고, 기꺼이 그의 의견을 따랐다.

백성의 고통을 줄이기 위해 미리 사헌부 관원을 순행 지역으로 보내 감찰하기도 했다. 1464년(세조 10) 1월에는 온양 온천 순행을 빙자하여 백성에게서 금품을 거두고 폐단을 일으키는 수령을 찾아냈다. 이때 파견된 감찰 민혜는 이산 현감과 은진 현감을 적발했다.

순행하는 동안 비게 되는 도성의 일은 유도 장상과 유도 승지가 맡아 처리하게 했다. 1460년(세조 6) 10월 황해도와 평안도 순행 때 유도 수상은 권람·윤사로·윤사윤·최항 등이었고, 유도 수장은 성봉조·심회·조석문·이극배 등이었다. 수상은 서무를, 수장은 군무를 총괄했다.

순행의 구체적 준비를 거쳐 여정에 올랐다 하더라도, 백성들에게 임금의 행차는 고통이었다. 임금을 따라가는 높은 관리의 먹을 것과 쓸 물품을 바라지하고 그들을 맞이하고 보내는 데 드는 비용이 상당했기 때문이다. 게다가 소요 가능성도 있었다. 앞서 1457년(세조 3) 7월 대간의 반대를 무릅쓰고서라도 순행하려 했던 세조는 결국 포기했다. 처음 "군사의 일은 유자가 참여할 바가 아니고, 순수의 뜻은 너희들이 능히 알 바가 아니다. 반드시 깊은 뜻이 있으니, 다시 말하지 말라"고 일축했지만, 한명회와 신숙주 등이 백성의 폐단을 아뢰자 결국 정지를 결정했다.

황해도·평안도 순행의 실제

사전 조치 ___ 민생의 어려움을 살피고 군사 상황을 점검하기 위한 지방 순행의 내적·외적 조건이 갖추어진 후 1460년(세조 6) 6월 21

일 세조는 병조에 전지하여 평안도·황해도 순행의 뜻을 밝혔다. 그로부터 4일 후 병조판서 한명회와 함께 순행에 관한 일을 의논했다. 순행 지역인 평안도의 관찰사에게는 순행에 필요한 쌀 등을 준비하라고 일렀다. 경상도·전라도·충청도·황해도의 관찰사에게는 평안도 순행에 시위할 인원을 특정하여 역마를 줘서 올려 보내도록 했다.

여정 ___ 1460년(세조 6) 10월 4일 드디어 첫 순행길에 올랐다. 이날 세조는 왕비와 함께 한양에서 출발했다. 세자가 부왕과 모후의 가마를 따라왔다. 임영대군 이하 다수의 종친, 운성 부원군 박종우 이하 관료, 특히 이거을가개를 비롯한 여진인 등도 임금의 가마를 호위하며 따랐다. 내금위 200인으로 사자위를 삼고, 별시위와 갑사 200인을 뽑아 사대·장용대를 삼고, 파적위 100인을 병합하여 시위하게 했다. 여정은 1460년(세조 6) 11월 4일 다시 한양으로 돌아오는 것으로 마무리되었다. 꼭 한 달 일정이었다. 이 기간 세조 일행은 한양→개경→황주→중화→평양→봉산→평산→송도→한양의 노정을 거쳤다.

어가가 도착하는 곳마다 세조는 관찰사나 유수·첨사 등의 영접을 받았다. 조치를 잘했으면 치하했고 미흡하면 처벌했다. 출발한 지 이틀 뒤인 10월 6일 대장 김질이 여러 진의 군사가 군목軍目과 맞지 않는다며 경기 관찰사·광주 진장·수원 진장의 국문을 청했다. 세조는 관찰사를 용서하고 광주와 수원 진장을 의금부에 내리게 했다가 조금 뒤에 용서했다. 10월 7일에는 친히 개경에 있는 신의왕후 한씨의 제릉에 제사하고 연경사에 거둥하여 쌀·콩 100석을 하사했다. 정종의 능인 후릉의 남산에서 사냥도 했다. 10월 10일에는 보산참에서 한명회와 합류했다.

당시 한명회는 순행 전인 1460년(세조 6) 8월 13일 도체찰사에 임명되어 다음 날 황해도·평안도로 출발했었다. 이날 합류한 한명회는 이후 세조의 평안도 순행길 내내 동행했다.

10월 12일에는 주엽산에서 사냥했다. 대장 박강의 지휘 아래 황주진·해주진·수안진 3진의 군사를 참여시켰다. 봉산군에 이르러 해주진 군사는 돌려보냈다. 이날 호랑이 잡는 것을 업으로 삼아 무려 40여 마리를 잡았던 황해도 서흥의 재인 한복련을 겸사복으로 임명했다. 10월 13일에는 사리원 벌에 도착했다. 극성에 이르러서는 한명회·구치관·김질에게 성터를 살펴보게 했다. 10월 14일에는 황주에서 중화로 갔다. 비바람이 몰아쳤는데, 비를 피할 도구가 정제되지 않아 일정이 늦어졌다. 이 일로 사복 소윤과 어가를 가까이에서 시위하지 않은 환관 등을 장 80대에 처했다. 이날 함길도 도체찰사 신숙주가 부사 홍윤성, 종사관 강효문·김겸광 등과 함께 와서 세조를 알현했다. 신숙주는 1460년(세조 6) 7월 27일 선위사라는 이름으로 파견되었는데, 도체찰사로서 모련위를 정벌한 후 5진에 머물러 있었다. 그곳에서 상경 야인의 처리에 관해 보고하는 등 체찰 활동을 하다가 이때 세조를 직접 찾아왔다. 이후 신숙주 역시 한명회와 함께 순행길에 동행했다.

10월 16일 세조는 드디어 평양에 도착했다. 부벽루에 올라 무과의 활쏘기를 친히 시험 보았다. 현판에 고려 의종의 제목 붙인 시가 걸려 있는 것을 보고 직접 시를 지은 후 따라온 2품 이상 관료들에게 화답하라 명했다. 신숙주에게는 그 전말을 빠짐없이 기록하게 했다. 또 태조를 모신 영숭전에 제사하고, 단군·고구려 시조·기자전에도 제사했다.

이날 지나는 여러 고을의 죄수 가운데 불충·불효 죄 이외의 죄수를 사면했다. 또 지나온 여러 읍의 수령과 시위한 장수와 군사에게는 각각 한 품계를 올려 주었다. 순행 과정에서 처벌받은 자들도 모두 용서하고 한 품계를 올려 주었다.

세조는 처음 영변까지 가고자 했으나 평양에서 길을 돌려 10월 20일 환궁길에 올랐다. 앞서 10월 16일 평양에 새로운 행궁을 건설하라 청해 치하를 받았던 한명회는 10월 22일 중화에서 세조와 헤어져 영변으로의 체찰길에 다시 올랐다. 10월 26일 환궁하는 길에 황주에서 또 양로연을 했다.

세조는 11월 1일 송도에 도착했다. 경덕궁 청화정에 나아가서 순행 결과를 참작하여 평안도와 황해도를 부실富實하게 할 사민 계책에 대해 여러 재상에게 언급했다.

황해도와 평안도가 부유하고 충실해지는 계책은 사람의 노력에 있을 뿐이니, 내년 봄이 되면 하삼도의 백성 수만 호를 옮기고 또 각 품의 노복을 시켜 들어와 살게 하되 송도부터 평양까지 거리의 멀고 가까운 것을 가지고 복호와 면세의 연한을 정하라.

세조는 11월 2일에 또 양로연을 했다. 11월 3일 벽제역에 도착해서는 정인지·권람·정창손 등과 6조 판서 이상을 불러 술자리를 베풀고 평안도와 황해도로 백성을 옮기는 일과 강원도의 강무장을 없애는 일을 의논했다. 또 평양 행궁의 자리, 송도와 연희궁·한양의 형세를 서로 비교하면서 논쟁했다.

세조의 평안도 순행 결과는 이후 국가 정책에 반영되었다. 11월 8일 평안도 관찰사·강원도 관찰사·황해도 관찰사 등을 타일러 "도내 여러 고을의 경작할 만한 빈 땅을 친히 살피어 논이 될 만한 것은 몇 결부이며, 밭은 몇 결부인가를 헤아려 그 수를 속히 아뢰라"고 명령했다. 바로 다음 날 평안도와 황해도로의 하삼도 백성의 이주가 구체적으로 결정되었다.

세조는 1460년(세조 6) 사전 준비 끝에 대대적인 호종 인원을 대동하고 한 달 동안 황해도와 평안도를 순행했다. 경유하는 큰 고을에서는 왕의 은덕을 찬양하는 가요가 울려 퍼졌다. 머무는 곳에서는 사냥, 과거, 양로연 등을 베풀었다. 순행을 마친 후에는 그 과정에서 파악한 문제를 정부 관료와 의논했다. 세조의 지방 순행은 한편으로는 나라 사정을 구체적으로 살피고자 하는 왕의 노력이면서 또 한편으로는 왕권을 한껏 과시하는 정치적 행사이기도 했다.

순행의 실효

지방 통치의 감찰 ___ 지방 순행 과정에서 해당 지역의 지방관은 자신의 책무에 대한 상벌의 책임을 져야 했다. 1460년(세조 6) 개성부 유수였던 권지는 미흡한 대처로 처벌받았다. 10월 6일 평안도 순행길은 순조롭지 않았다. 우레와 번개가 요란하고 바람도 불고 비도 내리는 등 기상이 매우 좋지 않았다. 대가가 판문평에 이르렀을 때 권지가 영접에 나섰는데 늙은이가 진흙길로 잘못 인도해 대가가 빠졌으며 행궁의 여러 일도 잘못된 것이 많았다. 이에 대한 책임을 물어 세조는 권지를 의금부에 내려 처벌하게 했다. 권지는 이듬해 1461년(세조 7) 8월 관료로서 양민보다 질이 좋지 않은 송이버섯을 올린 데다가 순행할 때 화장실도 만들지 않은 죄가 더해져 파직되었다.

1464년(세조 10) 1월 충청도를 순행하기에 앞서 세조는 아첨하기 위해 겉치레하지 말라고 해당 지역의 관찰사·절도사·수령에게 경고했다. 당시 병조판서 윤자운이 순행지응사로서 관련 절차를 보고했을 때 특별히 종이 끝에 이를 당부했다.

길가 산골짜기에 땔나무를 쌓고 횃불을 모아 두는 일과 도로를 보수하는 등의 일을 다 금하며, 만일 명령을 어기고 아첨하는 자가 있으면 관찰사 이하 무겁게 논죄할 것이다.

1465년(세조 11) 8월 17일 세조는 중궁과 함께 온양 행궁으로의 순행길에 올랐다. 5일 후 청산 현감 정숙이 국문당했다. 이날 광덕산에서 사냥을 구경하고 행궁으로 돌아올 때 횃불을 맡아 점검하는 임무를 맡았던 정숙은 대가가 지나가는데도 안장에 의지한 채 말에서 내리지 않았다. 게다가 "무엇하는 자냐?"고 묻는 세조에게 "청산"이라고 성의 없이 대답했다. 다음 날 세조는 사헌부에 전교하여 동서를 분별하지 못하는 청산 현감을 상등으로 평가한 관찰사 김진지까지 추국하도록 했다.

8월 25일 세조는 관찰사 김진지와 종5품 도사 강안중을 불렀다. 그리고 "백성에게 함부로 거둬들여 2품 이상 장수와 재상에게 뇌물을 주었느냐"고 물었다. 김진지는 별달리 뇌물을 바친 데는 없고, 의정부·6

조·승정원에 차례로 쌀·콩 각각 1각을 기증했을 뿐이라고 대답했다. 강안중은 관찰사가 한 것일 뿐 자신은 관련이 없다고 부인했다. 그러자 세조는 선전관과 병조낭관을 시켜 근처 여러 고을로 가서 접대할 때의 문서를 다 수색해 가져오게 했다. 대가를 따랐던 의정부·승정원 당상이 황급히 달려와서 김진지의 뇌물을 받았음을 실토했다. 이 일로 김진지와 강안중은 목이 잘렸다. 이날 한명회·김질이 나이 아흔이 넘은 어미를 생각하여 외아들 김진지를 살려 주라고 간청했다. 그러나 세조는 단호히 거절했다.

이틀 후 세조는 참형당한 김진지를 대신해 충청도 가관찰사로 노사신을 임명했다. 세조는 김진지처럼 하지 말라고 경고하면서 백성에게 추렴한 물건을 모두 돌려주게 했다. 또 윤필상에게 일러 권세가들이 일상적으로 뇌물을 받지 못하도록 무겁게 처벌하겠다는 뜻도 밝혔다. 8도 관찰사에게도 같은 뜻으로 경고했다.

내가 만 리 밖을 폐와 간을 보는 것 같이 환하게 안다. 너희들은 내가 모른다고 생각지 말고 멀어서 못 듣는다고 생각지 말고 비호하는 힘이 있다고 믿지 말고 더욱 근신하라. 감히 전과 같은 비위가 있어 나의 금하는 영을 따르지 않으면 김진지와 같이 처벌하겠다.

1466년(세조 12) 윤3월 8일 강원도 순행길에서는 관찰사 이윤인을 힐책했다. 생해채를 사옹원에 진상하지 못했기 때문이었다. 세조는 생해채와 같은 사소한 물건도 마련하지 못한다면 신하가 임금을 받드는 마음이 마땅치 않은 것이라며 책임을 추궁했다. 13일쯤 지나 한양으로 돌아오는 길에 세조는 지평에서 이윤인의 하직 인사를 받았다. 전일의 질책을 기억하고 있던 그에게 "네가 문무에 본디 뛰어난 재주가 있는 것은 아니지만 민간의 일을 조금 알기 때문에 강원도의 벼슬을 제수하는 것이니, 직책을 공경하고 삼가서 내 명을 잊어버리는 일이 없게 하라"고 어르고 달랬다.

세조는 순행 지역의 관찰사·절제사·수령 등에게 충성을 강조하면서도 백성들을 침범하여 포학하게 행동하지 않도록 경고했다. 이로써 백성의 고통을 덜어 주는 자신의 모습을 선전하고 지방 통치에 대한 권한을 강화했다. 세조는 관찰사—수령을 축으로 하는 통치 구조 속에서 순행을 통해 민생을 직접 파악하고 외관을 감찰함으로써 보다 긴박하게 지방을 장악할 수 있었다.

친왕 세력의 확보 ___ 순행 과정의 행사로서 문과·무과가 실시되었다. 임금이 몸소 나와 치른 이 시험은 친왕 세력을 확보할 수 있는 장으로 기능했다. 해당 지역 사람들에게는 입신의 기회가 될 수 있었고, 이 경우 특별한 기회를 제공한 임금에게 호의를 가질 가능성이 농후했기 때문이다. 1460년(세조 6) 10월 16일 세조는 평양에서 문과를 실시했다. 이때 황해도와 평안도 백성의 유망 문제를 주제로 친히 시험 문제를 냈다.

황해도·평안도 2도는 고려 때부터 본래 부강하기로 이름이 났는데, 근년 이래 인물이 일정한 거처가 없이 떠돌아다니고 땅과 들판이 묵어서 거칠어지고 군액이 줄어 군사가 피곤하고 군마가 약해졌다. 어떻게 하면 유망한 사람이 돌아와서 전야가 다 개간되고 군액이 퍼져서 군사와 군마가 날카롭고 강성해지겠는가.

당시 대가를 따랐던 좌의정 신숙주 등을 참시관으로 삼고, 예문직제학 오백창 등을 대독관으로 삼아 합격자를 선발했다. 무과에는 중궁, 세자와 함께 부벽루에 나아가서 신숙주·한명회 등과 참고관 병조정랑 임효검 등과 더불어 활쏘기를 친히 시험하여 선발했다.

1466년(세조 12) 윤3월 8일에는 강원도 오대산 행영에서 문과와 무과를 실시했다. 한양에서 벼슬살이를 하는 신하로서 응시를 자원하는 자에게는 휴가까지 주어 내려보내도록 했다. 응시한 후에는 이들로 하여금 모두 대가를 시위하도록 했다. 시험 문제 역시 친히 정했다.

돌아다니며 두루 살피는 일은 백성의 고통을 알고자 함이다. 이제 강원도를 보건대, 땅이 넓고 사람이 드무니, 어떻게 하면 생활이 부유하고 인구가 많게 할 것인가. 군수가 넉넉지 못하니, 어떻게 하면 넉넉히 쌓을 것인가? 땅이 험하고 길이 머니, 나가서 세상에 쓰이고자 하여도 떨치고 나서지 못하는 자가 어찌 없겠는가. 그것을 각각 모두 진술하여 대답하라. 장차 실제로 쓰이는 학문을 보려고 한다.

1464년(세조 10) 3월 4일 충청도 온양 행궁에서 역시 문과와 무과를 실시했다. 이때 세조는 신숙주 등이 뽑은 이육 등 12인의 선발 명단에 대해 보고받았다. 세조는 명단을 보고 답안지를 가져오게 했다. 선전관 양진손의 답안을 살펴보고는 "문장이 비록 공교하지 못하나 뜻은 자못

가상하니, 이것 또한 사물에 능통한 재주를 가진 사람이 될 만하다"라 말하며 선발했다. 양진손은 임금의 특별한 명령으로 문과 합격자 명단에 이름을 올린 최초의 사례였다.

양진손은 앞서 1463년(세조 9) 8월 1일 서현정의 술자리에서 《병장설》·《시경》·《춘추》의 강독과 분석을 적절하게 한 데다가 활쏘기 역시 능란하여 큰 칭찬을 받은 인물이었다. 그를 발탁하라고 도승지 홍응에게 특별히 명할 정도로 세조가 주목한 인물이었는데, 이때 급제하지 못하자 특별히 명령하여 올린 것이었다.

1468년(세조 14) 2월 12일 온양 행궁에서는 문과와 무과의 초시와 중시를 결정했다. 다음 날 문과의 초시·중시 응시자 42인이 후원의 극위棘圍(일반인의 과장 출입을 막기 위한 울타리)에 모였다. 이때도 세조가 직접 출제했다. 이틀 후 신숙주 등이 문과 중시 합격자 5인의 대책을 올렸다. 세조는 여기에서 영순군 이부를 1등, 이극돈·이육을 2등, 이윤손을 3등으로 삼았다. 1등 영순군 이부는 세조의 총아였다. 구성군 이준·은산 부정 이철·하성위 정현조 등과 더불어 '어린 종친[아종兒宗]'이라 부르며 매번 두 사람씩 서로 교대하여 들어와 숙직하게 할 정도였다. 또 천문·달력·풍수 등을 상고하여 길흉을 점치는 방법을 기록한 음양서의 말을 많이 사용했다 하여 탐탁히 여기지 않았던 최호원의 대책도 4등으로 올려 합격시켰다. 마침 입시한 세자가 그의 대책을 뽑았기 때문이었다. "세자의 은혜를 입게 하는 것이 마땅하다"는 것이 세조의 등제 이유였다.

2월 15일 신숙주가 문과 초시에 합격한 대책 3도를 올렸다. 처음 신숙주가 올린 문과 초시의 합격 답안지 3부를 본 세조는 유자광의 대책이 낙방한 답안지 묶음 속에 있는 것을 보고 까닭을 물었다. 신숙주는 "고어를 전용한 데다 문법도 소홀했기 때문"이라고 대답했다. 하지만 세조는 "본의에 어그러지지 않았다면 의리에 해로울 것이 없지 않겠는가?"라며 기어이 그를 1등으로 올렸다.

유자광은 1467년(세조 13) 5월 함길도 길주에서 이시애가 반란을 일으켰을 당시 남원의 갑사로 있다가 6월 14일 그 평정에 관해 상서해 눈에 들었던 인물이다. 앞서 1468년(세조 14) 1월 27일 총통장으로 대가를 따라와서 2월 11일 초시도 실시해 달라고 간청했는데 그것이 받아들여져서 기회를 얻은 것이다. 세조의 특명으로 유자광은 낙방의 순간에 기사회생했다.

세조는 자신이 주목한 인물이라면 기어이 발탁했다. 절차를 어겨서라도, 새로운 예를 만들어서라도 뽑았다. 은혜를 베풀어 준 대가로 이들은 세조에게 절대 충성했다. 세조는 순행을 통해 자신의 친위 세력을 양성하는 정치적 계기를 마련할 수 있었다.

위의의 과시 ___ 세조는 남방과 북방 여러 고을을 순행했다. 강제적이었는지 자발적이었는지는 확인할 수 없지만 대가가 머무는 큰 고을마다 연로하고 덕이 높은 사람·유생·기녀 등의 열렬히 찬양하고 칭송하는 노래로 가득 찼다. 1460년(세조 6) 10월 13일 황해도 황주에 이르렀을 때도 가요가 울려 퍼졌다. 모두 세조의 은덕을 칭송하는 것이었다. 10월 15일에는 평양부에서도 노래가 울려 퍼졌다. 11월 4일 의장과 고취를 갖춘 대가가 송도 남대문으로 들어서자 또 찬양의 노래가 울려 퍼졌다.

해당 고을의 백성은 임금의 은혜에 감읍하며 선물을 바치는 사람도 종종 있었다. 1460년(세조 6) 10월 평안도 순행 때는 87세 된 할머니가 자기가 짠 얇은 명주를 바쳤다. 1464년(세조 10) 2월 충청도 순행 때는 사창의 곡식을 나누어주고 거두어들이는 일을 맡아 보던 사장 40여 인이 길가에 향을 피운 상을 펴고 쌀 70말을 바쳤다.

《세조실록》에 나타난 바, 순행 과정 중에 이루어진 이런 백성의 열광적 지지는 군왕 세조의 존재를 더욱 위엄있게 각인시켰다. 어쩌면 이것이 세조가 순행을 통해 얻고자 하는 진정한 성과였으리라 여겨진다.

임금의 위의를 한층 강조하게 되는 일들이 또 있었다. 1464년(세조 10) 2월 27일 세조는 충청도 보은현 동평을 지나 저녁에 병풍송에 머물렀다. 이 병풍송이 세간에서 말하는 정2품 소나무인지는 단언할 수 없다. 행차할 때 어가가 이 소나무 아래를 지나게 되었는데 가지가 처져 있어 "연이 걸린다"고 말하자 위로 들려 무사히 지나가도록 했다는 둥, 이 소나무 아래에서 비를 피하였다는 둥 여러 이야기가 회자된다. 그것이 사실이든 아니든 속리산의 이 소나무는 백성 위에 군림한 존재를 넘어 신격화된 세조를 상징하는 증거가 되었다.

1464년(세조 10) 3월 충청도 온양에 행차했을 때는 행궁 뜰에 있던 옛 우물에서 샘물이 솟아 올라왔다. 물의 근원이 깊고 맑았는데, 세조는 그 우물을 '주필신정駐蹕神井'이라고 부르도록 했다. 그러자 영의정 신숙주 등이 전문을 올려 칭하했다.

무엇보다 순행을 전후하여 백성들에게 베풀었던 실질적인 혜택이 임금을 더욱 우러르게 했다. 사실 백성은 구체적인 혜택을 입어야 다스림 속에 있음을 실감할 수 있다. 지체되어 있던 문제를 해결해 주거나 사면해 주거나 세금을 깎아 주는 등 실질적인 조치가 이루어져야 비로소 '우리의 임금'으로 찬양하게 된다.

1464년(세조 10) 3월 충청도 순행 중에는 어가 앞에서 호소한 사람의 사정을 듣고 급히 판결해 주도록 했다. 당시 이런 사람들은 거의 수천 명에 이르렀다. 담당 부서에서 재결하기를 꺼려 모두 감사에게 넘겼던 까닭에 일이 지체되었던 것인데, 세조는 이를 즉시 해결하라고 명했다.

1468년(세조 14) 2월 20일에는 온양 행궁의 남쪽 문에 방을 붙였다. "오위 도총관 구성군 신 이준 등은 친히 임금의 명령을 받들어, 일체 군민의 미워하고 억울함이 있는 자는 모두 이 표시한 아래에서 가슴에 맺힌 원한을 풀어 준다"는 내용이었다. 이 공고 앞에 몰려들어 호소하는 자가 날마다 100여 명 가까이 되었다.

또 순행을 전후하여 사면령을 내리고 순행한 지역의 세금을 면제해 주고 순행과 관련된 자들의 자급을 올려 주었다. 1466년(세조 12) 3월 강원도를 순행한 후에는 죄수를 사면하고 연체된 의창 곡식을 탕감해 주었다. 군사 훈련도 면제해 주었다. 순행하는 동안 어가를 호종한 백관과 군사는 자급을 올려 주거나 잡부금을 면제해 주는 등 다양한 방법으로 혜택을 주었다.

세조는 순행 과정에서 국왕으로서의 위의를 과시했다. 여기에 더해 순행 후 해당 지역의 백성들이 실질적 혜택을 입도록 조치했다. 이를 통해 세조는 신비한 존재이자 감히 범접할 수 없는 존엄성을 가진 존재로 바라보도록 세뇌시켰다. 또 숙원을 해결하려 노력하는 모습을 보임으로써 백성을 사랑하는 자애로운 아버지의 모습까지 부각시켰다.

불사의 주역

호불의 군주 ___ 조선은 상하 명분을 바르게 하는 것이 본질인 유교적 강상 윤리를 통치 이념으로 삼았다. 하지만 불교를 믿는 전통은 면면히 계속되었다. 특히 왕실에서 불교를 신봉했는데 세조는 대군 시절부터 선봉에 선 대표적 인물이었다.

1446년(세종 28) 3월 24일 수양의 사저에서 어머니 소헌왕후가 세상을 떠났다. 대군들은 어머니의 명복을 빌고자 불경을 만들겠다고 청하여 세종의 허락을 얻었다. 소헌왕후의 장례는 절에서 진행되었다. 4월 대자암에서 삼재를 지낸 후 5월 이곳으로 불경을 옮겼다. 이 불경 편찬에 적극적으로 참여한 아들이 수양과 안평 두 사람이었다. 이들은 먼저 고인이 된 성녕대군의 집을 드나들면서 금을 수십 일 동안 녹이는 일을 감독했다. 이 금을 사용해 만든 불경이 《석보상절》이었다.

15___
불교적 신이와
상서

이후 불사佛事의 중심에는 늘 수양과 안평이 있었다. 세종 재위 중반 이후 두 사람은 아버지의 비호 아래 불사를 주도했다. 《석가보》를 편찬했던 김수온의 소개로 1446년(세종 28) 12월 신미와 만나 불교 서적을 번역하고 궁내 불사를 거행했다. 신미는 《능엄경》이 《중용》보다 낫다며 독실하게 불도를 믿었던 김수온의 형이었다. 두 대군은 신미를 높은 자리에 앉게 하고는 무릎 꿇어 절하고 예우를 다해 공양했다. 당시 여러 이유로 실의에 빠졌던 아버지 세종에게 신미를 소개한 이도 바로 수양과 안평이었다.

수양과 안평은 1448년(세종 30) 8월 5일 경복궁 내 문소전 옆의 불당 건립을 마무리했다. 당시 대신과 접견하지 못할 정도로 건강이 나빠진 세종은 다섯째아들 광평과 일곱째아들 평원 두 대군을 연이어 잃으면서 비탄에 젖어 있었다. 자식을 잃은 슬픔이 가시기도 전에 설상가상 부인 소헌왕후까지 명을 달리했다. 수양과 안평은 그런 아버지를 위로한다며 궁 안에 불당을 설치했다. 이 불당은 붉은 비단으로 기둥을 감싸 '기둥 옷'이라 불릴 정도로 지극히 사치스럽고 화려하게 만들어졌다. 또 향나무를 잘라 분재를 하고 앞서 수양과 안평이 성녕대군의 집에서 만든 금부처 세 구를 그 가운데 안치했다. 금부처를 불당에 봉안하는 의식은 마치 왕이 행차할 때처럼 보일 정도였다. 관을 씌우고 허리띠를 갖춘 금부처가 대전 안으로 옮겨질 때는 대가를 호위하는 의식처럼 문을 지켰고 임금이 거둥할 때 경호를 맡아 보던 근위병인 근장近仗을 시켜 가마를 메게 했다.

궁 안에 불당을 완공한 후 그를 축하하는 경찬회를 5일 동안 벌였다. 특히 음성을 공양했는데, 수양이 지은 《석보상절》에 세종이 〈월인천강

지곡〉을 지어 붙여 연주하게 했다. 악기를 모두 새로 제작해 공인 50명과 무동 10명에게 미리 연습시킨 후 '부처의 가르침이 천 갈래 강에 새겨지는 노래'를 연주하게 했는데, 종·경·범패·사·죽 등의 소리가 대내에 울려 퍼졌다. 경찬회에 참여했던 정분·민신·이사철·박연·김수온 등은 밤낮으로 쉬지 않고 승려들과 함께 뒤섞여 뛰며 빙빙 돌았다. 수양은 경찬회 광경을 그려 모임에 참여한 사람의 이름을 써서 계문을 작성한 후 두루마리로 만들어 나누어주었다.

1449년(세종 31) 6월 5일에는 흥천사에서 비를 빌었다. 흥천사는 1396년(태조 5) 신덕왕후가 돌아간 후 아침저녁으로 향불을 올리기 위해 강씨의 무덤인 정릉 옆에 세운 절이었다. 이후 이곳은 기우하는 장소 중 하나로 기능해 왔다. 이날 수양은 공물로 올라온 향을 가져가서 기우제를 지내며 행사가 진행되는 동안 합장하고 불탑을 돌았다. 이때 자신을 따라하라고 감찰 하순경을 압박하기도 했다. 수양 등은 승려들과 한데 섞여 뛰면서 여러 가지 이상한 행동을 했다. 7월 1일의 기우제에서도 땀이 흥건히 흘러 등이 젖을 정도로 뛰며 돌아다녔다. 불도의 가르침에 홀딱 빠져 그대로 믿었기에 수양은 피곤한 기색을 전혀 보이지 않았다.

문종이 즉위한 후 1450년(문종 즉위) 4월 11일 대자암에서 음식을 보시하는 행사가 있었다. 이날 예에 따라 절을 하는 수양의 이마로 갑자기 마당 한복판에 매달아 둔 일산의 기다란 장대가 부러져 떨어졌다. 상처가 나서 피가 흐르고 정신을 차리지 못하는 수양을 두고 승려들은 "부처님의 은덕이 아니었다면 어찌 큰 상처를 입지 않을 줄을 알겠는가"라며 다행스러워 했다. 여러 대군과 여러 군이 참여한 자리에서 유독 수양만이 해를 당했는데 그 정도로 그친 것이 부처님의 가피 덕분이라니 상황을 보는 눈이 이리도 달랐다.

수양은 부처를 믿고 또 믿었다. 불교 이론을 받아들이며 이를 배척하는 자들을 망령되다 규정했다.

공자의 도보다 나으며, 정자와 주자가 그르다고 한 것은 불씨를 깊이 알지 못한 것이다. 천당·지옥과 삶과 죽음·원인과 결과가 실로 이치가 있는 것이오, 결코 거짓되고 미덥지 아니한 것이 아닌데, 불씨의 도를 알지 못하고 배척한 자는 모두 망령된 사람들이라 내 취하지 않겠다.

즉위 후에도 세조는 부지런히 부처에게 공을 들였다. 1457년(세조 3) 9월에는 여승이 되는 이들을 위해 정업원을 세우고 궁박한 이들로 하여금 모여 살게 했다. 의경세자가 세상을 떠난 후에는 법회 대중이 둘러앉아 불법을 강습하는 법석을 여러 차례 베풀었다. 임금의 장수를 기원하는 축수재도 베풀었다. 1459년(세조 5) 4월 8일 부처님 오신 날에는 세종 대 건립한 내불당에서 간경회를 베풀었다.

1459년(세조 5) 2월 8일 좌의정 강맹경이 불교를 금지하는 법규를 세우라고 아뢰었다. 승도가 번성하여 민가와 시장에 섞여 살면서 조금도 부끄러워하지 않는다며 비판했다. 세조는 현장에서 명확히 대답하지 않다가 회의가 끝난 후 이루어진 술자리에서 자랑스럽게 말했다. "나는 불교를 좋아하는 임금이다."

호불의 군주라고 선언한 만큼 세조는 불사에 지극했다. 1461년(세조 7) 12월에는 내자시內資寺 판사 윤자·판관 이월·주부 정우 등을 국문했다. 전날 흥천사에 불공드리는 것을 빠뜨렸다는 이유에서였다.

1463년(세조 9) 9월 27일에는 박원형에게 벌을 준다며 술을 내렸다. 앞서 상원사 승려가 글을 올려 경상도의 공물을 대납한 돈으로 불상을 짓겠다고 청했었다. 당시 상원사는 관음보살이 현신했다는 곳이었는데 불전佛殿만 지었을 뿐이었다. 그러자 예조에서는 호조에서 대납의 일을 마련하게 하라고 청했다. 그러자 세조는 짐짓 권람에게 말했다.

내가 삼계三界(욕계·색계·무색계)를 훤히 내다보고 마땅히 무량공덕을 이루려 하는데 어찌 즐겨 절을 짓고 불상을 만들어 작은 일을 자질구레하게 하겠는가? 또 상원사는 국가에서 창건한 바가 아니고, 효령대군의 원찰이니, 예조에서 아뢰는 것은 매우 잘못이다. 내가 박원형을 벌주려고 하는데, 어떠하겠는가?

당시 예조판서가 박원형이었다. 세조는 절차를 어그러뜨린 관료를 경계하면서도 불도에 심취하여 무량공덕을 이루려는 자신의 뜻 역시 훼손하려 하지 않았다. 그래서 벌주를 내리는 선에서 이 일을 마무리했다.

1464년(세조 10) 4월 전라도 관찰사 성임에게 전 선종판사禪宗判事 수미의 연화緣化(시주받는 일)를 도와주라고 유시했다. 수미는 세조가 왕이 되기 전부터 알고 지내던 승려인데 화려한 것을 싫어해 조용한 곳을 찾아 떠난 후로 소식이 끊긴 상태였다. 이때 도갑사를 중건하면서 수미가 그곳에 머무르게 되자 세조는 옛정을 잊지 못하고 특별히 그의 여름철 안거와 경찬 비용을 충당하는 일을 도와주도록 지시했다.

1466년(세조 12) 윤3월에는 정효상·어세공·유진을 감금했다. 당시 세조가 보기에 이들은 명을 받고 《능엄경》을 읽으면서 최선을 다하지 않았다. 태도를 비난하며 이유를 물어보자 어세공은 대답하지 않았고, 유진은 일이 번거로워 읽을 겨를이 없었다고 답했다. 장 30대에 30대를 더 때린 후 다시 추궁했으나 앞선 대답에서 크게 벗어나지 않았다. 다음 날 세조는 이들을 석방하되 파직하면서 속으로 호불의 임금을 지지하지 않으면서 겉으로는 따르는 체했던 위선을 거론했다.

너희들이 《능엄경》을 받아 읽은 날이 이미 오래였고, 내가 너희들에게 명하여 서로 강론하게 하였는데, 내 명을 가볍게 여기고 서로 돌아보며 말이 없으니, 너희들이 만약 부처를 좋아하는 것을 잘못이라고 한다면, 마땅히 '임금의 잘못된 마음을 바로잡지 아니할 수가 없다'고 하면서, 장차 마음을 다해 극진히 간하여 고쳐 깨닫기를 바라는 것이 진실로 그 직책이다. 너희들은 어찌하여 외면으로는 복종하고 마음으로는 그르게 여기느냐?

불경의 언해와 편찬 그리고 신미 ___ 1457년(세조 3) 9월 2일 왕세자였던 맏아들 이장이 죽었다. 세조는 이를 슬퍼하여 1459년(세조 5)아버지 세종이 지은 〈월인천강지곡〉과 수양대군 시절 지은 《석보상절》에서 모자란 내용을 더 보태고 수정하여 경회루 밖 우선당에서 《월인석보》를 간행했다. 당시 편찬에 종사한 사람은 신미·수미·설준·홍준·효운·지해·해초·사지·학열·학조 등의 고승과 유학자인 김수온 등 11명이었다. 이 해 2월 9일 세조는 김수온을 동지중추원사로, 성임을 공조참의로 삼는 인사를 단행했다. 이들이 《월인석보》를 잘 베껴 썼다

하여 그 공을 치하한 것이었다.

1461년(세조 7) 6월 세조는 궁중에 간경도감을 설치해 불경 번역과 간행을 주관하게 했다. 여기서 1462년(세조 8) 《능엄경언해》가 이루어졌고, 1463년(세조 9) 《법화경》이 새로 간행되었다. 1464년(세조 10) 《금강경》도 번역했다. 이 사업은 가평의 현등사에 거주했다가 보은의 복천사로 옮겨 간 신미가 주도했다.

신미는 승려 행호의 무리로 《대학》과 《중용》이 《법화경》이나 《화엄경》의 미묘함에 미치지 못한다고 생각했던 불교지상주의자였다. 세종 승하 후 1450년(문종 즉위) 7월 '선교종 도총섭 밀전정법 비지쌍운 우국이세 원융무애 혜각 존자'라는 거창한 칭호를 받았다. 이는 이전에는 존재하지도 않던 명칭이었다. 문종은 이 사실을 왕명으로 금란지에 써서 붉은 비단 보자기로 싼 후 사람을 보내어 알려 주었다. 신미에게 '존자'라는 극존칭을 내리자 1450년(문종 즉위) 7월 9일 사헌부 장령 하위지가 선봉에 서서 비판했다.

옛날 공민왕 때에 왕사·국사의 칭호가 있었으나 우리 태종·세종께서 극력 배척하고 그 칭호를 폐지하였는데, 지금 갑자기 이렇게 부르는 것은 불가합니다. 비록 이것이 세종의 유교라 하더라도, 신 등도 아직 모르고 있는데, 하물며 다른 신하들이겠습니까.

그러자 문종은 존자를 종사로 고치는 선에서 마무리했다.

세조는 자신에게 영향을 주었던 신미를 일찍부터 극진히 대했다. 신미의 동생 김수경은 1466년(세조 12) 4월 행 사헌부 장령에 임명되었다.

김수경은 보은 현감에서 특진한 경우였는데, 여기에는 형 신미가 큰 역할을 했다. 신미는 세조를 믿고 짧은 편지를 자주 보내 아우·조카를 모두 원하는 자리에 앉혀 달라고 청탁했다. 다른 동생 김수온은 1466년(세조 12) 5월 실시한 발영시와 7월 실시한 등준시에 연달아 장원으로 합격했다.

세조는 신미의 편의를 많이 봐 주었다. 1464년(세조 10) 12월에는 그에게 정철 5만 5,000근, 쌀 500석, 면포·정포 각각 500필을 내려 주었다. 1465년(세조 11) 2월 강원도 오대산에 있는 상원사를 구축했을 때는 정철 1만 5,000근, 중미 500석, 면포 500필, 정포 500필을 내려 주었다. 1467년(세조 13) 11월에는 오대산 상원사에 거주하던 그에게 강릉부 산산의 저수지를 내려 주었다.

신미의 제자인 학조와 학열 역시 세조 대에 활약했다. 학조는 1467년(세조 13) 2월의 유점사 중창에, 학열은 1468년(세조 14) 1월 낙산사 중창에 이바지했다. 세조는 1468년(세조 14) 1월 23일 학조가 유점사로 데리고 가는 장인 15인에게까지 역말을 하사했다. 세조를 믿은 것인지 불심을 믿은 것인지 알 수 없지만 당시 훈척과 사대부와 서인은 신미와 그의 무리 학열·학조에게 많이 의지했다. 이들은 서로 결탁해서 총애를 믿고 위세를 과시하면서 복을 베푼다고 큰소리쳤다. 여러 사찰의 중창으로 강원도 물자가 고갈되어 감사·수령이 겨우 버티는 상황이었는데도 이들은 오히려 재물이 늘어났다.

원각사 건립 ___ 1464년(세조 10) 5월 2일 세조는 원각사를 건립하겠다고 전지했다. 《세조실록》에 의하면 이날 석가여래가 나타나고 달콤한 이슬이 내렸다. 또 누런색 가사를 걸친 승인 3인이 탑을 둘러싸고 접근하는데 그 빛이 번개와 같고 대낮처럼 환하였다. 또 채색 안개가 공중에 가득 찼다. 사리가 분신한 것이 수백 개였다. 효령대군은 그 사리를 경복궁 함원전에 공양했다. 원각사의 옛터는 흥복사로서 고려 때부터 있던 사찰이다. 조선에 들어와 폐하여 궁중의 음악 행정을 담당하던 악학도감으로 삼고 사람들이 대사라고 부르던 곳이었다. 세조는 "이런 기이한 상서를 다시 보기 어렵다" 하며 이때 절을 건립하려 했다.

상서에 대한 이야기를 들은 세조는 다음 날 흥복사에 거동했다. 거기서 왕세자와 효령대군·임영대군·영응대군·영순군 등 종친, 영의정 신숙주·좌의정 구치관 등 관료와 더불어 원각사 창건을 논의했다. 먼저 여러 대군과 군, 그리고 신숙주·구치관·박종우와 하성위 정현조 등을 원각사 조성도감 도제조로 삼았다.

이후 본격적으로 현재 탑골공원 자리에 원각사 건립을 추진했다. 6월 5일 다시 거동한 세조는 대장과 부장을 시켜 군사들을 살피고 공사를 감독하게 했다. 그때 동원된 군사 2,100여 인이 근방 인가 200여 채를 모두 철거했다. 6월 12일에는 와요 제조 홍윤성을 불러 원각사 법당을 덮을 청기와 마련 방안을 의논했다. 총 소요량이 8만 장으로 경비가 상당했다. 6월 15일에는 영의정 신숙주를 시켜 원각사 터로 수용되는 인가의 보상 문제를 논의했다. 원각사로 수용되는 집터가 시전市廛의 요지였던 터라 3배로 보상해 주도록 했다. 6월 16일에는 원각사 큰 종을 주조하는 데 드는 구리 총 5만 근의 조달 문제를 의논했다. 기왕에 확보된 양은 한양과 외방에 있는 2만여 근이었다. 나머지 부족한 양을 시가로 사서 올려 보내도록 했다.

건립에 착수한 두 달 뒤 세조는 다시 원각사에 거둥하여 터를 닦는 상황을 살펴보았다. 며칠 뒤 공사 과정에서 사고가 일어났다. 원각사는 터가 낮았다. 그래서 평평하게 만들기 위해 다른 곳의 흙을 가져와야 했다. 땅을 파고 깊이 들어가다가 흙이 무너져 내리는 사고가 난 것이다. 이 때문에 동원된 병사 중에서 2인이 압사하고 5인이 부상당했다. 세조는 즉시 공사를 감독하는 관리를 추국하도록 했다. 10월 8일에는 원각사 조성에 공이 있는 자들을 포상했다. 이 일에 노사신이 앞장섰다. 이때 하루에 한 가지 일이라도 원각사에 수고한 사람은 그에게 청탁했다. 혜택을 받고자 몰려든 행렬이 그치지 않았다.

이 해 12월 12일 구리만 4만여 근을 사용해 원각사 큰 종을 주조했다. 큰 종은 해를 넘겨 1465년(세조 11) 1월 16일 완성되었다. 세조는 5일 뒤 주종소鑄鍾所에 거둥해 새로 만든 종을 치게 했다. 종소리는 웅장하고 멀리 퍼졌다. 그 공으로 효령대군과 제조 등은 상을 받았다.

1465년(세조 11) 3월 9일 《원각경》 수교 사업이 마무리되었다. 이 일도 효령대군이 주도했다. 이때 세조는 한계희를 이조판서로, 강희맹을 인순부 윤으로 임명했다. 《원각경》을 번역한 공을 치하한 것이었다.

원각사는 4월 7일 낙성되었다. 이날 세조가 베푼 경찬회에는 승려 128명이 참여했다. 이 자리에서 세조가 구결을 달아 번역한 《원각수다라료의경圓覺修多羅了義經》을 펴 보았다.

1466년(세조 12) 7월 15일에는 원각사의 백옥 불상이 이루어졌다. 세조는 경복궁 함원전에 불상을 맞아들여 점안하는 법회를 베풀었다.

원각사 탑은 1467년(세조 13) 4월 8일 완공되었다. 이 탑은 완공되기도 전에 아름답다고 이름이 났다. 앞서 3월 6일 중국의 사찰을 두루 관람했다는 일본의 중 도은이 원각사의 탑이 천하에서 제일이라는 말을 들었다며 구경을 요청할 정도였다. 이날 완공을 축하하면서 연등회를 했다.

사리 분신과 서기

관세음보살의 현신 ___ 세조가 처음부터 불교적 상서에 의미를 부여한 것은 아니었다. 1461년(세조 7) 6월 23일 충청도 관찰사 임효인의 관문에 의거해 사리가 나타났음을 예조에서 알린 적이 있었다. 신창현의 백성 박용문이 죽었는데, 다섯 가지 빛의 사리가 분신했다는 내용이었다. 당시 세조는 이를 망령된 말로 치부했다.

설령 사리가 있다고 하더라도 그것은 중들이 스스로 전하는 것뿐이다. 금후로는 미쳐서 어떤 것에 반하거나 빠져 진실을 어지럽게 하는 말은 받지 말라.

이런 태도였던 세조는 1462년(세조 8) 11월 5일 강원도 오대산 상원사에 거둥할 때 관음보살이 모습을 드러내는 신이가 있었다며 교서를 내려 강상윤리를 어그러뜨린 경우와 군령과 강도를 범한 경우를 빼고는 죄수를 사면했다.

이것이 세조 대 불교적 상서가 나타난 첫 사례였다. 최항의 〈관음현

상기觀音現相記〉에 따르면 이때 세조는 인적 없는 절에 나타난 관세음 보살을 직접 보았다고 주장했다. 관세음보살은 현실 사회에 복을 주고 재난을 소멸해 주는 존재이다. 세조는 이날의 관세음보살의 현신을 계기로 사면령을 내림으로써 불교적 상서를 공식적으로 인정했다.

세조가 관세음보살의 가피를 받는 존재로 자신을 설정한 이때는 1460년(세조 6) 이래 만세성법으로서의 《대전》 편찬의 성과가 나오는 한편, 독자적인 북정을 단행하여 야인사회에 위의를 떨쳤으면서도 1462년(세조 8) 5월 정창손의 실언으로 비롯된 선위 파동의 회오리가 한 차례 휩쓸고 간 직후였다.

세조는 계유년 참극을 거쳐 즉위한 이후 이때까지 단 하루도 쉼 없이 달려왔다. 대전·호패·사민 등의 국가사업을 권력으로 강제하면서 추진해 할아버지와 아버지를 넘어서고자 했다. 그런데 그 끝이 세자에게 국사를 물려주려 한다는 자신의 말에 '진실로 마땅하다'는 신하의 대답이었다. 그것도 믿을 만하고 믿어 왔던 신하의 입을 통해 나온 말이었다.

세조는 이런 반응을 의도하지 않았을 것이다. 도대체 무슨 말씀이냐며 펄펄 뛰며 만류하는 신하들을 기대했을 것이다. 그런데 저들이 감히 자신의 전위를 아무렇지도 않게 내뱉다니! 생각조차 해 본 적 없는 상황에 직면한 것이다.

세조는 그들과 동등한 인간이 되지 않기로 결심했다. 그들이 감히 바라볼 수조차 없는 차원의 존재로 자신을 설정하려 했다. 실제 관세음보살이 현신했는지 아닌지는 세조만이 알 것이다. 자신이 누군가! 아버지 세종의 서슬 퍼런 신하가 그토록 독한 말을 퍼부어 댔는데도 등에 땀이 흐르도록 부처에게 기도했던 사람이 아니던가! 간절한 기도 끝에 관세음보살이 자신을 지키러 나타난다 한들 그다지 이상한 일이 아닐 터였다. 아무도 진짜냐고 따지지도 못할 것이었다. 그러니 자신 앞에 모습을 드러낸 관세음보살을 기뻐하며 오직 군왕만이 가능한 혜택을 베풀면 되었다.

이후 부처가 세조를 지지하고 있다는 예가 쏟아져 나왔다. 사리가 분신하는 현상이 그를 증명했다. 1463년(세조 9) 6월 15일에는 경상도 양산군 통도사 주지 덕관이 수령 나유선과 더불어 분신한 사리를 바쳤다. 6월 18일에는 정업원에서 사리가 분신했다. 7월 2일에는 장의사에 거둥했는데, 사리가 분신하고 오색구름이 나타났다. 1464년(세조 10) 5월 10일에는 회암사에서 분신한 사리를 바쳤다.

세조는 이 불교적 신이 현상에 정치적 의미를 부여했다. 관세음보살의 현신과 사리가 분신하는 불가사의한 현상을 계기로 백관의 하례를 받고 사면령을 내렸다. 불교적 신이 현상을 정치적으로 해석하려던 세조의 의지는 1464년(세조 10) 3월 21일 충청도 순행에 나섰다가 환궁한 후 내린 교지에 나타난다. 여기서 불교적 상서를 백성과 함께 축하하며 새로운 도약의 계기로 삼겠다는 뜻을 다짐했다.

내가 부덕한 몸으로 외람되게 신령의 부름을 받았고 백성을 어루만지는 정사를 아직 베풀지 못하였는데 수확이 풍년이 되는 기쁜 일을 여러 번 얻었으니 스스로 미덥지 아니하여 다만 공손히 삼가함을 더할 따름이다. (충청도) 복천에 이르기 전날에는 속리산에서 부처가 빛을 냈고, 행궁에 나갈 때 사리가 분신했고, 신비한 샘이 솟아올랐으니, 이는 실로 아름다운 샘물이다. 온 세상이 기쁜 일을 같이 하고, 멀고 가까운 곳이 다 함께 칭송하니, 마땅히 하늘의 아름다운 도리를 넓히어 백성과 더불어 다시 시작하겠다.

서기 ___ 이후 세조가 지나가고 머무는 곳마다 상서로운 기운이 나타났다는 기록이 등장한다. 세조가 머무는 궁에도 상서가 나타났다. 1464년(세조 10) 10월 1일에 경복궁 근정전의 서쪽 용마루 양쪽 끝머리에 얹는 장식 기와인 망새에서 무지개 빛깔의 상서로운 기운이 솟아 나왔다가 희미하더니 잠깐 사이에 사라졌고, 또 강녕전 양쪽 모서리에도 상서로운 기운이 비추었다고 한다. 효령대군은 사리를 바치면서 "5색의 서기瑞氣가 있습니다"라고 했다. 이 기이한 현상에 세조는 강도·절도 이외의 죄인을 사면했다.

특히 1466년(세조 12) 강원도를 순행할 때 각종 상서로운 징조들이 쏟아져 나타났다고 기록은 전한다. 1월 25일에도 그랬다. 3월 21일에는 달콤한 이슬이 맺혔고 비처럼 꽃이 흩날렸다. 상서로운 기운과 특이한 향기가 빛을 냈다. 땅이 움직이고 두 마리 학이 날았다. 사리도 분신했다. 예조판서 강맹경은 이날 금성현 하늘에서 본 광경이 자신이 목격한 서응瑞應(상서로운 일) 가운데 가장 빼어나다며 6일 뒤 《금강산서기송金剛山瑞氣頌》을 지어 올렸다. 거기에 서기가 나타난 상황을 자세히 묘사했다.

그의 말을 빌리면 이날 동북방에 누런 구름이 얽히고설켜 자욱하게 끼어 햇빛을 감추었다. 잠깐 동안에 상서로운 바람이 공중을 쓸어 하늘 모양이 조금 드러나자 누런 구름으로 있던 것이 흰 서기로 변하여 갈라

져서 다섯 가지가 되었다. 그 모양이 맨 끄트머리가 조금 구부러져서 두라수兜羅手(두라는 면화를 말하니 면화나무 같은 손)가 오륜지五倫指를 구부린 것과 같았다. 자유자재로 진퇴하며 뒤집어졌다가 바로 되었다가 하는 것이 방향이 없었다. 또 길게 펴지고 끌어서 바로 천복天腹(상서로운 일)에 걸쳐서 서북으로 향했다. 게다가 흰 기운이 남방에 평평하게 펴져서 밝게 빛나는데 푸른 무리가 여기저기 흩어져 있어서 비단 무늬처럼 찬란했다. 햇빛이 밝게 빛나서 산천초목이 금빛 세계로 변하였다.

강맹경이 본 바 유사 이래 최고의 서기가 보인 이날, 세조는 마침 금강산 산기슭에 잠시 거가를 멈추고 머물렀다. 이날 유달리 날씨가 변덕스러웠는지는 알 수 없다. 중요한 것은 이 하늘의 변화를 강희맹은 서응이 나타났다고 해석하면서 세조를 신격화했다는 점이다. 강맹경은 세조가 여러 번 신변神變을 얻어 부처와 감응하여 고금에 밝게 빛난 때문에 서기가 나타났다며 손을 모으고 머리를 조아리고 또 조아렸다. 그리고 찬양의 노래를 불렀다. 사실, 이 노래는 세조 자신이 목 놓아 부르고 싶었을 것이다.

거룩하다! 우리 임금이시여, 공덕이 성하고 크시니, 높고 넓음이 하늘과 더불어 위대하시도다.……우리 임금께서 이 산에 이르러서 한 가닥 심향心香에 불을 피워 삼천 세계 널리 폈네.……큰 위신威神 나타내어 상서를 내렸도다. 그 상서 무엇인가? 백호白毫(부처)의 광채로다. 그 서기가 어떠한가? 하늘에 빛나도다.……우리 왕은 매우 신령하시도다. 누가 그대를 미혹하게 하였는가? 왕이 그대의 껍질을 깨뜨릴 것이다.

누가 그대의 마음을 살렸는가? 왕이 그대를 도왔도다.······이제부터 시작하여 진묵塵墨(오랜 세월)에 미치도록 다 함께 부처의 교화에 들어가서 성역에 오르세.

세조가 세상을 떠나는 그 해까지 서기는 계속되었다. 1468년(세조 14) 1월 24일에도 그랬고, 5월 14일 경복궁 함원전에도 그랬다. 5월 16일에는 달콤한 이슬이 후원에 내렸다. 서기는 세조가 신묘한 변화를 행했다는 증거였다. 서기를 보인 이상 누구나 세조를 공경해야 했다. 인간 세조가 부처의 성역으로 올라갔다는 신성神性의 발견이었다.

《세조실록》에서 보여지는 불가사의한 서기 현상은 변화무쌍한 기상 변화를 묘사한 것이라 여겨진다. 그런데 세조는 특히 여기에 정치적 의미를 부여했다. 재위 중반을 넘어 군신 권력 관계에 문제의식을 가지면서 세조는 불경과 무례를 범하는 신하들과 대등한 선상에 있어서는 안 된다고 여겼을 것이다. 결국 세조는 자신의 격을 높이고자 '하늘'과 '신'과 '부처'를 끌어다 댔다.

생불의 출현 ___ 특히 원각사는 불교적 신이와 상서의 본산이 되었다. 앞서 언급했듯 원각사의 창건 계기는 믿을 수 없는 불교적 신이 현상이었다. 1464년(세조 10) 6월 19일 효령대군은 원각사의 상서에 대해 아뢰었다. 원각사의 상서로운 기운을 언급한 효령대군은 당시 왕실의 최고 어른이었다. 효령대군과 불사는 떼려야 뗄 수 없었다. 오죽하면 현재 관악산 꼭대기의 있는 연주암 입구에 효령각이 있을 정도다. 효령대군은 동생 세종이 재위하는 내내 불사를 주도했다.

조카 수양이 참극을 통해 즉위한 이후 형 양녕은 정치적으로 분명한 행보를 보였다. 세조는 자신을 지지하는 큰아버지에게서 힘을 얻었다. 그런 양녕대군이 1462년(세조 8) 9월 7일 세상을 떴다. 이후 효령대군은 왕실의 가장 큰 어른이 되어 형과는 다른 방식으로 재위 후반의 조카 세조를 지지했다. 1464년(세조 10) 9월 30일 원각사 조성소 제조였던 효령대군 등은 절에서 새로 만든 불상에서 분신한 사리를 바쳤다.

당연히 원각사에는 서기가 잇달았다. 아니 잇달아야 했다. 1464년(세조 10) 12월 23일에도 이상한 향기와 서기가 있었다. 1465년(세조 11) 3월 1일에는 원각사의 나한에게서 사리가 나왔다. 4월 4일에도 상서로운 기운이 나타났고 사리가 분신했다. 4월 13일에는 흰빛의 솔잎 꽃으로 사탕같이 달다는 《수타불경》의 수타미의 기이함이 있었다.

1465년(세조 11) 12월에도 서기와 상운이 어리고 사리가 분신하는 기이함이 있었다. 1466년(세조 12) 10월에도 사리가 분신하고 다섯 가지 빛깔의 상서로운 기운이 나타났다. 1467년(세조 13) 4월에는 원각사 탑에서 사리가 분신했다.

불교적 상서와 관련하여 전하는 이야기가 있다. 피부병이 있는 세조가 온천을 찾았는데 거기서 한 소년이 등을 밀어 주자 씻은 듯 나았다는 내용이다. 그때 소년에게 세조는 "꼬마야, 너 어디 가서 왕의 등을 밀어 주었다고 말하지 말거라"라고 말했는데, 소년 역시 "당신도 어디 가서 문수보살이 등을 밀어 주었다고 말하지 마십시오"라고 대답했다고 한다.

이 일이 실제인지 꾸며 낸 것인지는 확인할 수 없다. 아마 실제가 아닐 것이다. 《세조실록》에도 이와 관련된 기록을 찾을 수 없다. 다만 세조가 두 번 강원도를 순행했음은 확인된다. 1462년(세조 8) 10월 상원사에 거둥했고, 1466년(세조 12) 3월 강원도 고성 온정으로 행차했다. 현재 상원사 입구에는 세조가 몸을 씻고자 벗은 옷과 허리띠를 걸어 두었다는 소위 관대걸이가 있다. 종기가 나은 세조가 기뻐하며 등을 밀어 준 문수동자의 모습을 화공을 불러 그리게 했는데, 이를 토대로 주조한 문수동자상도 있다.

설령 이 내용을 믿지 못하더라도 세조가 문수보살의 도움으로 쾌차하였다는 소문은 부처님의 가피를 입은 세조를 떠올리게 한다. 이후 세조는 들이붓듯 서기의 범람 속에서 절대자의 엄호를 넘어 절대자 자체가 되어 갔다.

1466년(세조 12) 윤3월 27일 세조는 이 신비로운 사실을 일본국 뇌영의 사자인 승려 수린에게 알리며 일본 국왕에게 글을 부쳐 선전했다.

내가 지방을 순행하면서 산에 나아가서 불보·법보·승보에 예를 드리는데……여러 가지 기이한 상서가 거듭 나타난다……아아! 우리 부처의 변화와 신통력의 묘함은 직접 눈으로 보고 징험한 것이 이와 같으니, 더욱 감동하여 여러 신민과 더불어 뛰고 기뻐하여, 드디어 크게 사유하여 큰 자비를 널리 폈다.

세조는 1466년(세조 12) 4월 28일 뇌영이 보낸 승려 수린 등이 귀국하려 하자 각종 선물을 내려 주었다. 이날 세조는 돌아가려는 수린에게 불교적 은총을 기약했다.

세상을 떠나는 그 해까지 절과 궁에서 사리가 분신하고 불교적 신기함과 이상함 그리고 상서로운 기운이 연달아 나타났다. 그런 시대를 이끌면서 세조는 드디어 이른바 '살아 있는 부처'가 되었다. 1468년(세조 14) 6월 22일 세조는 유구(오키나와) 국왕의 아우 민의가 사자로 보낸 고도로·이난쇄모 등 5인을 불러 보아 조선을 방문한 이유를 물었다. 이들은 살아 있는 부처의 교화를 받고자 왔다고 대답했다.

민의가 우리에게 이르기를, '조선에는 살아 있는 부처가 있어 관음의 형상을 나타내고, 사리가 분신하며, 하늘의 비·사방의 꽃·달콤한 이슬·수타미의 신기함이 있어 마음속으로 가서 존경하여 찾아가 뵈려고 하나 아득한 한 모퉁이에 있어 감히 가지 못한다'라 하며, 이로써 우리를 보냈습니다.

《세조실록》에 기록된 바, 재위 후반 관세음보살의 현신을 시작으로 연이어 나타난 불교적 신이와 서기는 세조를 점차 다른 수준의 인간으로 만들었다. 세조는 이를 통해 관세음보살과 문수보살이 엄호하는 경지를 넘어 종국에는 살아 있는 부처가 되었다. 이 시기의 유자들은 사리가 분신하는 기이함이 나타났다 해도 그 황당무계함을 비판하기는커녕 축하하고 추앙했다. 그때마다 이어지는 사면에 대해서도 제동을 걸지 않았다. 이제 세조는 관료와 더불어 살아 가는 사람이 아니었다. 믿을 수 없는 신이와 상서를 통해 인간계 군주 이상의 존재, 천상에 군림하는 초월적 존재가 되었다.

율령을 넘어서는 전장제도의 모색:
만세성법의 편찬

《경국대전》편찬의 전사 ___ 조선의 법전은 정도전에 의해 초석이 닦였다. 1394년(태조 3) 5월 30일 정도전은 새 왕조의 지향점을 《조선경국전》에 담아 지었는데, 그것을 본 태조는 감탄하면서 구마와 무늬 있는 비단과 명주·백은을 내려 주었다.

사찬私撰의 《조선경국전》 이후 공적 시스템 속에서 《경제육전》이 편찬되었다. 조준은 1397년(태조 6) 12월 《경제육전》을 지어 올렸다. 조준의 최대 업적이었다. 도평의사사의 부속기관인 검상조례사를 중심으로 편찬된 《경제육전》은 이성계가 회군한 1388년(우왕 14)부터 1397년(태조 6)까지의 법령과 장차 시행할 법령을 수집해 분류했다.

그 후 태종은 1407년(태종 7) 《속육전》 수찬소를 설치해 하륜과 이직

___16
편찬 사업과
국가 재정의 표준화

을 시켜 《경제육전》을 검토하여 수정하게 했다. 《경제육전》이 건국 초에 갑자기 편찬된 것이라 공포 당시의 원문 형태 그대로 실어서 조문이 일반화되어 있지 않고, 이두와 방언이 섞여 있었기 때문이다. 하륜 등은 5년 후인 1412년(태종 12) 《경제육전》 원집 상절 3권과 속집 상절 3권을 수정해 올렸다.

수정된 《경제육전》은 1413년(태종 13) 2월 30일 공포되었다. 이것이 줄여서 《원육전》 또는 《원전》이라 부르는 태종 대의 《경제육전 원전》이다. '이두 원육전' 또는 '방언 육전'이라고 부르던 조준의 《경제육전》에서 중복된 법조문은 빼고 번잡한 법조문은 간결하게 고치되 문장 중의 이두를 빼고 방언은 문어로 바꾸었다. 태종은 《원육전》과 함께 《속육전》도 인쇄해 반포했다. 《속육전》은 1400년(태종 즉위) 이후의 태종의 명령을 담았다.

이후 1426년(세종 8) 12월 3일 수찬소에서 《속육전》 6권과 《원전등록》 1권을 편찬해 바쳤다. 태종 대에 《원육전》을 반포했지만, 관리들은 여전히 조준의 《경제육전》을 참고했다. 더 알기 쉽고 익숙했기 때문이다. 그래서 건국 후의 법령 가운데 기왕의 법전에서 빠진 내용을 추가하고 중복되거나 착오한 것을 바로잡고 태종 대 《속육전》 이후의 법령을 추가하여 새로이 편찬했다. 이것이 《신속육전》이다. 《신속육전》은 태종 대의 《원육전》과 《속육전》을 합쳐 다시 수정한 법전이었다. 여기에 1424년(세종 6) 이후 고친 조목 중에 일시적으로 행할 만하나 영구한 법전이 되지 못하는 것은 따로 편찬했다. 바로 《원전등록》이다.

세종은 1426년(세종 8) 12월 15일 새로 편찬한 《신속육전》과 조준의 《원육전》을 800벌 인쇄하여 지방에 나누어 주고 태종 대에 수정한 《원

《(육)전》과 《속(육)전》을 환수했다. 《원전등록》은 10벌만 복사하여 1벌은 궁중에 두고 나머지는 정부·6조와 대간에게 나누어 주었다.

그런데 세종은 이 법전도 불만족스러워했다. 재차 수정을 거쳐 1428년(세종 10) 11월 29일 상정소 제조 이직 등은 《신속육전》 5권과 《등록》 1권을 다시 올렸다. 수정한 《육전등록》은 1429년(세종 11) 3월 18일 인쇄를 거쳐 반포되었다.

하지만 이후에도 세종은 끊임없이 다시 검토했다. 의문점을 경연관과 함께 강론하면서 집현전 유생을 시켜 개정할 점을 지적하게 했다. 세종은 검토에 검토를 더해 1433년(세종 15) 1월 4일 상정소 도제조 황희 등이 새로 편찬해 올린 《경제속육전》을 인쇄하도록 했다.

정도전의 《조선경국전》 이후 태조도 태종도 세종도 계속해서 법전을 편찬하고 개정했다. 법전의 편찬은 인적·물적 자원이 필요한 일이었다. 법전을 보완하려는 후속 조치가 계속되었지만, 여전히 완결되지 못했다. 반면 체제가 정비되어 감에 따라 조직적이고 통일된 법전을 만들어야 할 필요성은 증대되었다.

《경국대전》 편찬 ___ 세조는 《경국대전》의 편찬에 착수했다. 통상 조선의 만세성법이라 할 《경국대전》은 세조의 손자였던 성종의 업적으로 분류되지만, 실제 《경국대전》의 얼개를 잡아 초안을 완성한 이는 세조였다.

세조는 1455년(세조 1) 7월 5일 집현전 직제학 양성지의 상소를 받았다. 상소 내용 중 하나가 모든 법을 전체적으로 조화시켜 후대에 길이 전할 법전을 만들라는 것이었다. 양성지는 《원전》과 《속전》이 있고,

《등록》도 있으나 전제田制와 의주儀註가 아직 일정한 법제를 이루지 못하였고, 병제兵制와 공법貢法도 임시로 만든 법이 많아 충분하지 않다며 다시 검토하여 제도를 정해 자손만대의 법칙으로 삼아야 한다고 제안했다.

당시는 이 제안을 당장 실행에 옮길 수 없었다. 정치적으로 너무나 많은 일이 일어났기 때문이다. 관료사회의 비극을 초래했던 상왕 복위 모의 사건이 1456년(세조 2) 6월 일어나 이른바 6신이 가혹하게 죽임을 당했고 그와 연루된 70여 신하들이 처벌받았으며 그들의 부녀자 170여 명이 신분을 달리했다. 이런 상황에서 법전 편찬을 본격적으로 서두르기는 어려운 듯했다.

2년의 유예 끝에 1457년(세조 3) 3월 15일 세조는 다시 양성지의 상소를 받았다. 앞서의 주장을 되풀이하여 《속전》 이후의 조장을 먼저 취해 《신전》을 찬술하고, 《신전》이 이미 이루어지면 《원전》·《속전》·《등록》·《신전》 등 4종의 책을 참고해서 《육전》을 만들라는 제안이었다. 세조는 "내가 이미 넓게 늘어놓았는데, 꼭 내 마음에 부합한다"며 전적으로 동의했다.

이후 세조는 육전상정소를 설치해 최항·김국광·한계희·노사신·강희맹·임원준·홍응·성임·서거정 등을 시켜 편찬 작업을 시작하게 했다. 《신전》 편찬을 위한 세조의 열의는 대단했다. 1458년(세조 4) 윤2월 22일, 윤2월 24일 육전상정관 등이 각기 찬집한 법전을 올리자 후원에서 직접 조항을 필삭筆削하기도 했다.

1457년(세조 3)부터 시작한 편찬 사업은 1460년(세조 6) 7월 17일 새로 제정한 《신전》 〈호전〉을 반행하고 《원전》·《속전》·《등록》 내의 〈호전〉을 거두도록 하면서 성과가 나타났다. 이후 1461년(세조 7) 5월 9일에는 영의정 정창손·형조판서 박원형·지중추원사 이순지 등과 좌부승지 김국광·종친부 전첨 김양경 등을 시켜 빈청에서 함께 〈형전〉을 교정하게 했다. 7월 9일에는 경중京中에서는 7월 15일, 경기는 23일, 충청도·황해도·강원도는 28일, 전라도·경상도·평안도·함길도는 8월 13일을 시작으로 반포할 〈형전〉을 따르도록 했다. 《신전》〈형전〉이 반포된 때는 1461년(세조 7) 7월이었다.

이후 세조는 1465년(세조 11) 5월 재추·낭관 각각 1인씩을 나누어 《육전》을 수교하게 했다. 이때 이조참판 강희맹·호조좌랑 김유는 〈이전〉을, 좌부승지 이영은·사헌 장령 이극기는 〈호전〉을, 예문제학 이승소·사온주부 이평은 〈예전〉을, 병조판서 김질·성균직강 박숙진은 〈병전〉을, 지중추원사 양성지·공조좌랑 어세공은 〈형전〉을, 인순부윤 성임·병조정랑 정흔은 〈공전〉을 교정했다. 세조는 교정 과정에서 벌어지는 이들의 치열한 토론을 지켜보았다.

2년 뒤 1467년(세조 13) 6월 세조는 상정소 당상이 각각 새로 정한 《대전》을 받아 하나하나 따져 논의했다. 다음 달 드디어 새로 지은 《경국대전》의 초안이 올라왔다. 당시 세조는 여러 종친과 재상들에게 조목에 대한 각각의 소견을 개진하고 잘못된 점을 조리 있게 말하게 했다.

다수의 정부 관료가 참여한 가운데 《경국대전》 초안을 검토하는 일은 여기저기서 이루어졌다. 1467년(세조 13) 9월에는 창덕궁의 집상전과 보경당에서 논박이 이루어졌다. 이때 〈형전〉의 수교에는 은천군 이찬 등 종친과 정인지 등 전직 대신, 그리고 영의정 최항 등 다수의 문신도 참여했다. 12월 21일 이극돈에게 표범가죽 1장을 내려 주었다. 이날 새로 지은 〈형전〉, 〈호전〉의 잘못된 곳을 많이 찾아낸 데 대한 보상이었다. 12월 24일에는 경복궁 비현합으로 구치관 등을 불러 저녁까지《경국대전》을 의논했다. 세조는 상정소의 계에 따라 〈형전〉과 〈호전〉을 먼저 인쇄해 반포하고 1468년(세조 14) 1월부터 시행하도록 했다.

세조의 주도로 이루어진《경국대전》편찬 사업에 크게 이바지했던 인물은 양성지·한계희·최항 등이었다. '해동의 제갈량'이라 불린 양성지는 전라도 남원 사람으로 1441년(세종 23) 식년 문과 을과로 급제했다. 1442년(세종 24) 집현전에 들어가 부수찬·교리 등을 지내며 세종의 총애를 받았다.《경국대전》편찬의 시발은 양성지에서 비롯되었다.

한계희는 청주 사람으로 1447년(세종 29) 식년 문과에 정과로 급제했다. 세조는 그의 정밀함을 높이 평가하여《경국대전》편찬 사업에 특별히 기용했다. 1459년(세조 5) 3월에는 육전상정소의 직임을 맡기기 위해 상중이던 그를 불러들이기도 했다.

최항은 정난공신 1등·좌익공신 2등에 책봉된 최측근이었다. 세조는 1459년(세조 5) 4월 육전상정관으로서의 임무에 전념시키고자 한계희와 마찬가지로 그를 불러들였다. 최항은《육전》가운데 가장 어려운 〈형전〉과 〈예전〉의 특히 난해한 부분을 상정했다.《경국대전》편찬 과정에서 보인 그의 활약상은 1474년(성종 5) 4월 28일 그가 세상을 떠났을 때 "《경국대전》이 그의 손에서 찬정되었다"는 사관의 평가를 통해 확인할 수 있다.

《경국대전》은 몇 번이나 교정을 더했던 전사前史로 알 수 있듯이 가히 '난산難産'이라 부를 만했다.《경국대전》의 편찬은 조선 체제를 확정한다는 의미가 있었다. 세조는 계유정난의 정치적 부당성을 만세성법萬世成法의 완성으로 덮고자 했다. 법전 편찬은 세조의 권위를 강조하는 안건 중 하나였다. 태조 이래 왕마다 법전을 편찬했는데, 이를 종합하여 완성하는 작업, 그 어려운 것을 세조는 신하들을 독려하면서 주도했다. 이로써 후세로부터 조선 체제를 완성했다는 평가를 받을 수 있는 토대를 마련했다.

조선 건국의 정당성 완결 : 《동국통감》 편찬

정도전의 《고려사》 ___ 태조는 건국 석 달 후인 1392년(태조 1) 조준·정도전·정총 등에게 명하여 《고려사》를 수찬하게 하였다. 이 작업이 성과를 거둔 때는 1395년(태조 4)이었다. 1월 25일 판삼사사 정도전과 정당문학 정총 등이 고려 태조에서 공양왕에 이르기까지 37권의 《고려사》를 편찬하여 바쳤다.

이후 정도전을 참살한 정변을 거쳐 즉위한 태종은 1414년(태종 14)에 앞서 정도전이 편찬한 《고려사》를 수정 편찬하라고 명하였다. 영춘추관사 하륜의 청을 받아들인 것이다. 하륜은 정도전·정총이 고려 우왕과 창왕 이후의 많은 기사를 사실과 다르게 조작했다며 "옛날 역사를 상고하여 거기에 붙여 쓸 것은 더 써 넣고, 없앨 것은 삭제해야 한다"고 했다. 하륜은 정도전 등이 원왕(고려 원종) 이하를 상당 부분 참람하게 썼고 고친 내용도 많아 실상을 인멸했다고 비판했다. 아울러 정도전이 오직 자기의 일은 비록 작은 것이라도 반드시 기록하고 자신이 옳다고 여기면 좋아하고 그르다 여기면 미워했으며 자신이 착하다고 한 것과 악하다고 한 것에 따라 판단하여 옛 역사를 그르쳐 놓았다며 비난의 목소리를 높였다. 하지만 하륜은 끝내 정도전이 편찬한 《고려사》의 수정을 마무리짓지 못했다. 1416년(태종 16) 11월 6일 함길도 정평으로 출장 갔다가 그곳에서 죽었기 때문이다. 그래서 《고려사》 수정 작업은 세종 대로 넘어갔다.

세종의 《고려사》 편찬 곡절 ___ 1418년(세종 즉위) 12월 세종은 정도전의 《고려사》를 비난하면서 개찬의 뜻을 밝혔다. 이후 1419년(세종 1) 9월 개수를 명하였다. 이때 세종은 정도전이 《고려사》에서 빠뜨리고 기록하지 않았던 재이災異까지도 모두 기록하도록 했다. 세종의 명에 따라 유관과 변계량의 주도로 교정한 《고려사》는 1421년(세종 3) 1월 완성되었다.

세종은 1423년(세종 5) 12월에 이 책을 다시 개수하도록 했다. 이때 종宗을 고쳐서 왕王으로 일컬었던 것도 사실에 좇아 기록하고 묘호·시호도 그 사실을 인멸하지 않도록 했다. 사실을 중심으로 하는 범례에 따라 개수된 《고려사》는 1424년(세종 6) 8월 마무리되었다.

이후 세종의 명에 따라 다시 수정한 《고려사》를 1442년(세종 24) 8월 신개·권제 등이 올렸다. 그러나 1446년(세종 28) 10월 세종은 앞서 개정한 《고려사》를 또다시 개정하게 했다. 누락되어 빠진 내용이 많다는 이유에서였다. 그 후 1449년(세종 31) 2월 이미 몇차례 수정한 《고려사》를 또 고쳐 편찬하는 일을 춘추관에서 논의했다. 이때 세종은 편년체가 아닌 기·전·표·지의 기전체로 개찬하기를 명하였다.

《고려사》는 세종의 아들 문종 대에 이르러 완성되었다. 1451년(문종 1) 8월 문종은 지춘추관사 김종서 등에게서 최종 세가 46권·열전 50권·지 39권·연표 2권·목록 2권으로 완성된 《고려사》를 받았다. 바로 이날 김종서 등은 전사를 줄여 편년으로 사실을 기록하여 읽어 보기 편리하게 다시 편찬할 것을 청하였다. 그 결실이 1452년(문종 2) 2월 20일 완성된 《고려사절요》였다.

《동국통감》의 편찬 ___ 세조는 1458년(세조 4) 9월 12일 《삼국사》와 《고려사》를 합해 시대 순에 따라 사실을 서술하는 편년체를 채택하여 《동국통감》을 편찬하도록 명하였다. 조선 이전의 문서와 기록이 빠지고 없어서 완전하지 못하다 하면서 여러 서적을 널리 취해 해마다 그 아래에 모아 써 넣는 방식으로 새로이 통사를 편찬하라고 했던 것이다.

《동국통감》의 편찬이 본격적으로 이루어진 때는 앞서 세조가 명령한 지 5년이 지난 1463년(세조 9)이었다. 9월 5일 세조는 최항·양성지·송처관·이파·김수령에게 《동국통감》 편찬을 지시했다.

곧이어 9월 27일 《동국통감》 수찬 작업에 많은 문신을 불러모을 것이 아니라 궐내 유생과 함께 진행하라고 명했다. 이파의 추천으로 세자 정자 최명손·예문 봉교 신숙정·대교 원숙강 등이 거론되었다. 세조는 양성지가 이들을 거느리고 편찬을 주도하되 신숙주·권람이 감수하도록 했다.

착수 이듬해인 1464년(세조 10) 1월 세조는 강녕전으로 내종친과 승지 등을 불렀다. 그리고 수찬 중인 《동국통감》에서 착오 사실을 찾으라

고 하면서 종사하는 이들에게 자신이 쓴 사목을 내주었다. 이어 2월에
도《동국통감》편찬 절차의 오류를 찾도록 독려했다. 8월에는 양심당
에 나아가 동국통감청의 당상관·낭관 등을 불러 편찬 절차를 물어보고
친히 범례를 주었다.

세조는 편찬의 결실이 쉬 나타나지 않자 1465년(세조 11) 1월 일을 시
작한 지가 이미 오래였는데도 가시적인 성과가 없다며 질책했다. 앞서
보관하고 있는 서책을 내어 문신에게 초록하도록 분부했으나 이마저도
늦어졌다. 그러자 좌승지 윤필상에게 명하여《동국통감》을 편차編次한
서책을 봉하여 아뢰게 했다.

세조의 질책 이후 1466년(세조 12) 윤3월 편찬이 재개되었다. 4월 21일
화위당으로 나아간 세조는 수찬 당상관과 낭관을 불러 그간에 진행된 편
차 사목을 강론하게 했다. 다음 날에는 강론에 정통한 이봉·이맹현·이
수남·정난종·이경동·권계희·배맹후·조익정을 지목해서 차례로 궐에
서 숙직하게 했다. 그다음 날에는 예문관을 시켜 편찬하게 하면서 제작
과 거취에 관한 모든 일에 자신의 재가를 받도록 했다. 세조는 4월 24일
다시 책 편찬 절차를 묻다가 한두 가지 옳지 못한 곳을 지적하여 고치게
하면서 닦달했다. 5월 7일에는 통감청 낭관 등을 불러서 편차의 절목에
대해 많은 것을 물어보며 열심히 하라고 격려했다.

1466년(세조 12) 7월 1일 또 수찬 낭관을 불러 강론하게 하고는, 해가
저물 때까지 술자리를 했다. 이때 특히《동국통감》편찬에 참여한 낭관
중에서는 승지로 발탁된 자들이 있었다. 정난종과 이봉이 그들이었다.

통사로서의《동국통감》편찬에 착수한 세조는 재위 후반 결실을 보
기 위해 진력했다. 하지만 당대에 이루지는 못했다. 1467년(세조 13) 5

월 지방 반란이 일어났고 이듬해 9월 돌아갔기 때문이다. 《동국통감》은 손자인 성종 대에 완성되었다.

이 《동국통감》 체제의 특징은 우리 역사의 시작을 단군까지 끌어올렸다는 것이었다. 앞서 1456년(세조 2) 7월 세조는 단군을 조선 시조로 규정했다. 따라서 세조의 편찬 의도가 그대로 반영되어 통사가 완성되었다. 세조는 조선 전기 대표적 관찬 사서의 하나로 꼽히는 《동국통감》의 편찬을 주도함으로써 단군으로부터 이어지는 우리 역사의 전통을 세우는 문을 열었다.

세입·세출의 표준화

공안과 횡간 ___ 조선의 국가 재정은 세입과 세출로 이루어져 있었다. 세입은 공안貢案대로 했다. 공안은 공물의 품목 및 수량을 기재한 것으로 중앙의 각 궁과 각 사에서 월별로 징수할 공부貢賦의 종목과 물품 및 수량 그리고 상납하는 관부의 이름 등이 기록되어 있다. 매년 말에 다음 해 소요될 공물을 조사해서 공안을 만들고, 그것을 각 도에 내려 거기에 근거해 전세·어세 외에 각종 부역과 공물·진상, 그리고 염세·공장세 등 일체의 잡세 등을 징수하게 했다.

반면 세출은 일정한 방침이 없었다. 1426년(세종 8) 10월 식례式例가 정해지면서, 중앙 관서의 경비 명세를 비로소 작성할 수 있게 되었다. 그 후 세종은 1440년(세종 22) 4월에 각 사의 경비와 식례를 상정하는 식례색을 설치했다. "재물을 생산하는 데는 수가 있으니 함부로 써서는 안 된다"는 옛말을 거론하면서 함부로 써서도 안 되지만 또 인색하게 아껴서도 안 된다고 했다.

식례는 1년간 국가에서 지급하는 현물의 명세서를 가로로 기재해 가로·세로로 대조해 보도록 했다. 그래서 횡간橫看이라 약칭했다. 엄밀하게 말하면, '경비식례횡간'이 바른 명칭이다. 횡간에 기재되는 세출 비목은 상공·국용·녹봉·군자·의창·의료 등이었다.

횡간의 제정 ___ 세조는 조선의 국가 재정, 특히 세출 재정을 표준화하기 위해 노력했다. 1463년(세조 9) 11월 식례횡간이 오랫동안 이루어지지 않는 것을 염려하여, 영순군 이부와 하성위 정현조에게 명하여 나누어 파악하고 날마다 보고하도록 명했다.

이후 세조는 1464년(세조 10) 1월 식례횡간을 정하도록 했다. 그러나 이 일도 수월하지는 않았다. 5개월이 지난 6월까지도 진척이 없었다. 그러자 직접 나섰다. 호조판서 김국광·형조참판 임원준·도승지 노사신 등을 시켜 자신 앞에서 마감하게 했다. 또 여러 관사 관리를 재촉해서 산법을 아는 자 1인을 거느리고 앞마당으로 들어오게 하여 일을 나누어주었다. 날이 저물도록 끝마치지 못하자 세조는 밤새도록 재촉했다. 그 결과 서둘러 급히 끝내기는 했지만 마감이 철저하지 못했다. 당연히 착오가 많이 나타났다. 다시 상정소에 회부했다.

이 해 6월 행 상호군 김석제·호조좌랑 성숙 등을 파직했다. 이들이 횡간의 마감에 게으르고 착오를 범했기 때문이다. 7월에는 공조정랑 최호와 성균관 박사 이숙문을 파직했다. 횡간에 올라 있는 바, 음식을 보내어 접대하는 도표를 감사하고 공물의 회계를 감사하는 데 착오가 있었기 때문이다. 11월에는 공물을 상정한 재추宰樞를 모았다. 당시 이들은 비교적 대체를 알고 토의에 밝아서, 저울질하는 양이나 산물의 여부 등을 지극히 정교하게 마감했다. 다만 약점이 있었다. 수륙의 산물을 다 참고하여 상정하지 못한 까닭에 유무가 서로 바뀐 것이 많이 있었다. 이듬해 1465년(세조 11) 2월에는 그간 횡간 재정에 참여했던 영순군 이부와 호조판서 김국광을 파직했다가 곧 복직시켰다. 이날 2품 이상의 장수와 재상을 여러 차례 의사청으로 불러 횡간을 교정하게 했다.

1466년(세조 12) 9월 세조는 이조의 계에 따라 신구 수령의 교대 때 사고私庫의 전곡과 방석·요·돗자리·기명 등을 모두 해유解由(벼슬아치가 물러날 때 후임자에게 사무를 넘기고 호조에 보고하여 책임을 벗어나던 일)에 기록하게 했다. 여러 고을 수령은 개인 창고의 전량錢糧을 자기 물건으로 간주했다. 그래서 임기가 차서 교체될 때 친구에게 증여하는 등 비용으로 다 써 버렸다. 후에 부임하는 수령은 하는 수 없이 혹은 국고에서 일시 융통하기도 하고 민간에서 부당하게 징수해야만 했다. 그 폐해는 컸다. 이에 세조는 11월, 형조참판 정난종과 좌부승지 어세공을 불러서 각기 낭청 3인을 거느리고 횡간의 내용을 사실과 대조하여 날마다 보고하게 했다. 12월에는 이들을 충순당으로 불러 횡간의 틀린 곳을 참고하고 일의 실상을 상세히 조사하여 개정하도록 했다.

12월 18일 세조는 상정소의 당상관과 승지 등을 불러서 술자리를 베풀었다. 정난종과 어세공도 횡간을 조사하여 밝히는 일 때문에 참석했다. 이 자리에서 세조는 한 달 내내 궁에서 일하면서 겨우 1~2일만 집에 가는 정난종을 한껏 칭찬했다. 그러면서 착오 내용을 하나하나 따져

보게 했다. 세조는 특히 횡간에 기재된 공물의 적절 여부를 고민했다. 신중히 검토하여 잘못된 것은 개정하게 했고, 그런 착오를 적발해 내지 못한 관료는 비난했다. 안철손은 이런 이유로 1467년(세조 13) 10월 15일 세조의 질책을 들었다.

공물은 국가의 큰일이고, 백성들의 편안함과 근심에 관계되는데, 지금 횡간에서 정한 공물이 혹은 지나치게 적어서 사용하기에 부족하고, 혹은 지나치게 많아서 백성들에게 손해를 끼친다. 그러므로 안철손에게 명하여 이를 개정하게 하였는데, 능히 착오를 적발하지 못하였으니, 백성들에게 뜻이 있지 않은 자이다.

세조의 추진력에 힘입어 1467년(세조 13) 11월 12일 여러 분야에서 시험 삼아 취한 횡간이 인쇄되었다. 세조는 이를 반포해 해당 관사에 내려보냈다. 이로써 세입 외에 세출 규정까지 마련되었다. 국가 재정이 표준화될 수 있었던 것이다.

세조의 횡간 제정에 이바지한 인물 중 대표적인 이가 조석문이다. 조석문은 1461년(세조 7) 7월 호조판서로서 중외의 회계 업무를 총괄하기 위해 설치했던 탁지사로 임명되었다. 세조는 경제 장관으로서의 그의 역량을 높이 샀다. 1463년(세조 9) 11월 22일 "경의 재정을 다스리는 것이 어떠한가"라고 물었다. 모르겠다고 대답하는 조석문에게 세조는 웃으면서 "마땅히 유안과 같은데, 하필 소하에 비하겠는가"라고 말했다. 유안은 당나라 사람으로 안록산·사사명의 난으로 조정의 창고가 텅 비었을 때 재물을 아끼고 백성을 사랑하는 것을 우선하여 정치에 힘썼던 인물이었다. 소하는 한나라의 개국 명상으로 한 고조가 항우와 자웅을 겨룰 때 늘 끊어지지 않게 군량을 군중에 공급하여 사기를 왕성하게 했던 인물이었다. 세조는 조석문의 재정에 관한 역량을 소하를 넘어 유안과 비교하며 한껏 칭찬했다.

조석문은 호조판서로 7~8년을 재직하다 1464년(세조 10) 1월 교체되었다. 그는 국가 경비를 검약하는 것을 자신의 주된 임무로 삼았다. 이에 언제나 그를 '참된 호부'라고 칭찬했다. 세조는 그의 이름이 기재되어 있는 호조의 계차는 다시 살펴보지 않을 정도로 신임했다. 횡간의 제정에는 그가 꼭 필요했다. 1464년(세조 10) 9월 상중의 그를 불러들인 것도 이 때문이었다. 1466년(세조 12) 3월 우찬성에 임명되었어도 조석문은 여전히 호조판서를 겸했다. 사관은 재정에 관한 한 "요량함에 자세하여 짜여진 예산에 털끝처럼 세밀하여 재물을 보태고 나라를 부유하게 하는 데 힘썼다"라고 그를 극찬했다.

횡간과 관련해 또 언급할 인물은 김국광이다. 그가 호조판서로 임명된 것은 1464년(세조 10) 1월이었다. 이때 어머니 상중인 조석문을 대신해 호조를 맡았다. 세조는 이 해 8월 법령 조문에 익숙한 김국광을 불러 여러 관사의 횡간을 상세히 정하게 했다. 횡간의 추이와 더하고 빼는 것이 모두 그의 손에서 나왔다. 김국광은 인색하다기보다는 검약했다.

세조는 술자리에서 자신이 왜 횡간 제정에 집착하는지에 대해 다음과 같이 말했다.

살아 있는 자는 많고 먹을 것은 적으니 이 때문에 괴롭게 여기는 것이다. 쓰는 것을 아낀다면 재정은 항상 풍족한 것이다. 《대학》의 '평천하'는 이 몇 마디 말에 지나지 않는다.

세조가 확신한 바, 평천하의 요체는 아끼는 데 있었다. 재정을 풍족
하게 만들기 위해서는 쓰는 것을 절도 있게 해야 한다는 의미였다. 이런
이유로 횡간을 상고하여 제정함으로써 조선 건국 이후 비로소 국가 재
정의 표준화가 가능하게 되었다. 나랏돈을 아끼려 한 세조의 성과였다.

권력과 권위가 충돌하다

선위 권유

정창손의 파직 ___ 세종 대 집현전과 대간을 거쳐 단종 대 경연
관으로 활약했던 정창손은 계유정난 다음 날인 1453년(단종 1) 10월 11
일 이조판서에 임명되었다. 정난공신에는 책봉되지 않은 것을 보면 계
유년 당시에는 수양의 핵심 측근이 아니었던 듯하다. 하지만 그 직후
이조의 수장에 임명된 것으로 보아 김종서 등과도 일정한 거리를 유지
했던 것으로 여겨진다.

정창손은 세조 즉위 직후 좌익 3등 공신에 책봉되었다가 1456년(세
조 2) 7월 3일 2등으로 승급했다. 그의 사위인 김질은 3등으로 추가 책
봉되었다. 1456년(세조 2) 6월 성삼문 등의 상왕 복위 모의를 사위와 함
께 고발한 덕분이었다. 세조로서는 왕위를 부정하는 행위를 사전에 고
발했다는 것이 너무도 고마운 일이었을 것이다. 이 결정적인 행위를 한

17 ___
역린

정창손에게 신임을 보냈음은 너무나 당연했다.

1458년(세조 4) 12월 세조는 상중이었던 정창손을 불러들여 영의정으로 임명했다. 1455년(세조 1) 윤6월 이후 4년간 계속 영의정으로 있었던 정인지의 후임이었다. 정창손은 1460년(세조 6) 4월 해면되었으나 이후에도 여전히 편전에서 정사를 아뢰는 상참과 나랏일을 돌보는 시사에 참여했다.

왕의 신임을 한몸에 받았던 정창손은 세조 재위 중반을 넘은 1462년(세조 8) 5월 의외의 발언을 했다가 곤욕을 치러야 했다. 이날 세조는 상참과 윤대 자리에서 세자가 학문을 깨우치면 국사를 넘겨 주려 한다고 발언했다. 이때 함께했던 정창손이 "진실로 마땅합니다"라고 대답했다. 그러자 그 자리에 참석했던 양녕대군이 정창손의 대답이 잘못되었다고 지적했다. 그날 저녁 세조는 도승지 홍응을 불러 세자에게 왕위를 넘기겠다는 의사를 밝히면서 관료를 긴장시켰다.

조정이 모두 나를 미워하는 까닭에 정창손의 말이 여기에 이른 것이니, 내가 무슨 마음에 걸리어 애틋하게 잊지 못함이 있어 미루어 머무르겠는가.

당시 세자에게 왕위를 넘기겠다는 세조의 말은 그저 지나가는 말이었을 것이다. 세조의 집권과 즉위 그리고 그간의 정치적 행위를 볼 때 전위를 심각하게 고려해야 할 때가 전혀 아니었기 때문이다. 게다가 이 말을 할 당시 세조는 "세자가 크게 통달한 뒤에"라는 애매모호한 단서를 달았다. 시점을 특정하지 않았음은 선위를 하지 않겠다는 뜻의 다른

표현이었다. 그런데 본심이 아니었을 이 말에 옳다고 했으니 세조로서
는 난감한 입장이었다.

더욱이 이 일이 있기 전인 1461년(세조7) 8월 정창손은 서교에 거둥
한 세조 앞에서 종친의 가장 큰 어른이었던 양녕대군의 언사가 무례하
다며 그를 국문하라는 청을 올린 적이 있었다. 그저 농담 삼아 물러나
겠다는 말을 했을 뿐인데 마땅하다고 한 정창손의 대답은 앞서의 일과
맞물려 세조에게 서운함을 넘어 배신감과 황당함과 노여움을 배가시켰
을 것임이 틀림없었다.

결국 정창손은 파직되었다. 세자 사랑의 뜻을 강조하느라 그랬던 것
이라 포장해 주었지만, 세조의 본심은 처벌받아 마땅하다는 것이었다.
세조는 정창손을 극력 비난했다. 그러면서 5월 10일 선위하려는 뜻이
조금도 없음을 밝혔다.

정창손의 말한 바는 실로 망령된 대답이라 비록 천지의 귀신을 시켜
찾게 하더라도 정실을 얻을 수가 없을 것이다. 이것은 한마디 실수이
나 관계하는 바 매우 커서 나라를 어지럽히는 불충한 무리가 오히려
잇달아 계속하여 일어날 만하니, 이것이 정창손의 큰 잘못이다.

정인지의 능상·불경 ___ 정인지 역시 세조의 역린을 건드린
한 사람이었다. 정인지는 술자리 일화가 많다. 1457년(세조 3) 8월 13일
술자리에서는 부처의 사리와 하늘이 감동할 때 내리는 꽃비의 신비함
에 대해 정곡을 찔러 말하다가 거의 끌려나왔다. 당시 정인지는 100개
의 사리가 한 사람의 빈민을 먹여 살리지 못하고, 또 남쪽 지방이 가물

어서 10여 고을의 땅이 못 쓰게 되었다면서 꽃비가 아닌 실제 비가 내리기를 원한다며 정색했다. 세조는 "망령스럽다! 이 늙은이가 취했구나"라며 자신의 사위이자 정인지의 아들인 정현조를 시켜 부축해 나가게 했다. 정현조는 아버지에게 무슨 이유로 그리 말했느냐 물어보았다. 그러자 정인지는 깊은 뜻을 모른다고 나무라면서 자신과 같은 노신이 마땅히 쓴말을 해야 한다고 대답했다.

1458년(세조 4) 9월 17일에는 술에 취해 세조를 '너'라고 부르는 실수를 저지름으로써 화를 불렀다. 이 어처구니없는 주사에 세조의 동생 임영대군은 성삼문 같은 역신과 다름없다면서 날을 세워 비난했다. 그러나 이번에도 공신이라 하여 용서해 주었다.

그날 정인지가 나에게 너라고 칭하며 말하기를, '그같이 하는 것을 모두 나는 받아들이지 않겠다'고 하였는데, 옛사람이 이르기를 '술에 취하면 그 본정을 드러내 보인다'고 하였으니, 정인지가 비록 술이 몹시 취했다 하더라도 그가 한 말은 너무 방자했다. 그러나 훈구이기 때문에 가벼이 죄를 줄 수는 없다.

이런 전력 때문에 1466년(세조 12) 2월 14일의 일도 전혀 생경한 것이 아니었다. 사달은 왕손의 탄생을 축하하는 술자리에서 났다. 당시 정인지는 이전처럼 술을 먹고 농담을 하다가 세조를 향해 전직 왕, 즉 '태상太上'이라 불렀다. 이 말은 들은 세조는 현직 왕을 태상이라 칭한 이유를 물었다. 그러면서 "갑자기 망발한 것이지, 무슨 마음이 있었겠는가? 사죄하지 않는 것이 가하다"라며 변명해 주었다.

하지만 이날의 실수는 간단한 것이 아니었다. 부지불식간에 뜻없이 발설한 말이었다 해도 왕위에 관련된 이상 그냥 넘어가기는 어려웠다. 이튿날부터 정창손을 비롯해 영의정 신숙주·좌의정 구치관·우의정 황수신 등이 정인지를 처벌하라 요청했다. 그러나 이때에도 세조는 처벌하지 않았다. "훈공이 있는데, 어찌 죄를 가함이 마땅하겠는가"라며 기꺼이 용서했다.

훈신들의 이 같은 발언은 결국 세조의 퇴위를 의미했다. 그것은 군왕인 세조 자신에 대한 불경 행위였다. 앞서 술김에 행했던 정인지의 실언은 신임을 전제로 한 허물없는 관계이기에 가능했다고 해석할 수도 있었다. 그러나 재위 후반 '태상' 운운하는 발언은 세조를 왕위에서 물러난 임금으로 간주해 나온 것이었다. 그러니 세조로서는 민감해질 수밖에 없었고, 또 민감해져야 했다. 세조는 공신의 불경한 행동이 거듭되면서 군신 관계에 대한 근본적인 문제의식을 갖지 않을 수 없었다.

공신의 역모

봉석주의 역모 ___ 정창손과 정인지의 사건이 있은 후 이번에는 실제로 반역을 도모하는 일이 발생했다. 시작은 봉석주였다. 봉석주는 내금위 출신 무인으로 계유정난에 참여한 정난 2등 공신이었다. 하지만 그는 세조 대 내내 문제를 일으켰다. 1461년(세조 7) 12월 세조가 전라도 처치사로서 여러 불법 행위를 한 그를 비난하는 글을 보낼 정도였다. 그럼에도 봉석주는 개전의 정을 보이지 않았다. 1463년(세조 9) 12월 세조는 최후 통첩을 보냈다. "네가 나의 옛친구인데, 네가 여러 차례 국법을 범하였기 때문에 내가 너를 여러 훈신같이 대접하지 않는 것이다. 이는 네가 스스로 취한 것이니 혐의스럽게 생각하지 말라."

공신 봉석주는 최악이었다. 세조는 1464년(세조 10) 8월 그를 불러 독한 욕을 퍼부었다. 당시 그의 계집종의 남편 김말생이 충주에 살면서 울산 공리公吏의 미포를 받아서 사적 용도로 썼다. 공리가 이 사실을 봉석주에게 호소했다. 봉석주는 오히려 김말생이 사적으로 쓴 미포를 받으려고 거짓을 꾸며 댔다. 김말생의 배를 빼앗고, 다시 그 배를 훔친 사람을 구타했다. 게다가 그 배에 소금 40석과 대목 2조가 실려 있었다며 그것까지 물어내라 하면서 형조에 소송을 제기했다.

세조는 경위를 물었다. 봉석주는 "배를 훔친 자를 체포하느라고 감히 구타하지 않을 수가 없었다"며 반성하지 않았다. 그래도 세조는 국문을 받을 때 의금부가 아닌 충훈부의 직방에 머물도록 배려했다. 조사 결과 간사한 꾀로 김말생에게서 배를 빼앗고, 또 위력으로 죽은 참판 이연손의 아내 윤씨를 침학 능멸하였으며 배 위에 물건을 실었다고 무고하여 모람되게 소송한 봉석주의 죄가 밝혀졌다. 세조는 타이르고 또 타일렀지만, 오히려 죄를 불복하고 불손하게 말하는 그의 태도에 화가 치밀었다. 그리고 손절할 뜻을 알렸다. 그러나 고신을 거두는 선에서 처벌을 마무리했다. 비난을 하긴 했지만 그래도 많이 봐 준 셈이었다. 이 처결에 반발하여 중죄에 처해야 한다는 청이 계속되었지만 세조는 공신임을 들어 기각했다. 하지만 봉석주는 앙금이 남았다. 세조가 공신인 자신을 이리 대할 수는 없고 이리 대해서도 안 된다는 원망이 밀려왔다. 원망은 불경을 넘어 역모로까지 이어졌다.

봉석주는 1465년(세조11) 4월 12일에 반란을 고발했다. 반란의 주역은 다름 아닌 김처의와 최윤 등이었다. 이 중 김처의는 정난 3등 공신으로서 앞서 1463년(세조 9) 10월 22일 의금부에 내려져 국문당한 적이 있었다. 당시 세조는 무신으로서 장수를 감당할 만한 자 20여 인을 택하여 무재록武才錄이라 일컫고 병서를 읽게 하여 그들의 근만勤慢(부지런함과 게으름)을 파악하였다. 김처의도 그들 중 한 사람이었는데 일과를 빼먹었다. 세조는 죄인을 잡아들이는 일을 맡아 보던 사헌부의 이졸을 보내 심문 서면을 전했다. 그런데 김처의는 "너희 관사 관원들은 앉아서 밥 먹고 할 짓이 없어서 이같이 세세한 일을 가지고 수차 와서 나를 괴롭히느냐? 너희들 두세 놈들은 비록 죽이더라도 무슨 손해가 있겠는가?"라며 구타하고 욕을 했다. 이를 전해 들은 세조는 불경 행위에 분노했다. 그래서 "무릇 군사를 거느리는 자는 함부로 자만하거나 방자하게 굴도록 풀어 놓을 수가 없으며, 마땅히 그 고삐를 단단히 조여야 한다"는 신숙주의 뜻을 따라 감금했다. 이 일이 있은 후에도 김처의의 불법 행위는 그치지 않았다. 그러다가 이때 역모 혐의로 고발당하게 된 것이다.

세조는 봉석주의 고발이 있은 지 이틀 후 한명회와 구치관 등을 시켜 그들을 국문하게 했다. 심문 결과 고발한 봉석주도 난을 도모한 공범임이 밝혀졌다. 세조가 직접 나섰다. 4월 15일 충청도 목천에서 잡혀 온 최윤과 강원도 홍천에서 잡혀 온 김처의 등을 친히 국문했다. 앞서 고발한 봉석주와 대질시켰다. 정난공신 3인이 모두 역모의 주동자였다는 사실이 드러났다. 결국 4월 19일 세조는 이들을 능지처사하고 효수했다.

계유년의 정난은 폭력을 구사해야 가능한 일이었다. 무인의 참여가 필수적이었다. 무인 여러 명이 정난공신에 이름을 올렸다. 이들은 공신이었기에 가능했던 초법적 일탈 행위가 저지당하자 세조를 원망했다. 그래서 도리어 재위 후반의 세조에게서 등을 돌렸다.

양정 참살 ___ 이런 상황에서 세조의 분노에 기름을 붓는 일이 발생했다. 왕위에서 물러나라는 막말을 노골적으로 토해 낸 인물이 등장한 것이다. 바로 양정이다. 양정은 계유정난 때 김종서의 아들 승규를 칼로 베어 혁혁한 공적을 세운 내금위 무사였다. 그 공으로 정난 2등 공신에 책봉되었다. 세조 즉위 후 손에 꼽을 정도로 무인의 숫자가 적었던 좌익공신에도 2등으로 거듭 이름을 올렸다. 하지만 훈신이 저지른 잇따른 불경 행위에 쌓였던 불만을 한꺼번에 폭발시킨 세조에 의해 비참한 말로를 걷게 되었다.

1466년(세조 12) 6월 양정은 신하로서 차마 할 수 없는 언행을 취했다. 양정 입장에서는 나름 이유가 있었다. 양정은 세조 즉위 직후 차가운 바람이 몰아치는 북방으로 부임했다. 계유정난 직후 함길도 종성에서 일어난 이징옥의 난에 놀란 세조는 조선의 지방 군사력이 강한 북방에 누구보다 신임하는 사람을 군사 책임자로 보내야만 했다. 양정 외에 달리 대안이 없었다. 때문에 1455년(세조 1) 7월 양정을 함길도 도절제사에 임명하고 이듬해 1456년(세조 2) 9월 달래는 글을 보내기도 했다.

이로부터 4년이 지난 뒤에도 세조는 양정을 불러오지 못했다. 그를 대체할 인물을 찾지 못해서였다. 하지만 양정은 입장이 달랐다. 정난공신이자 좌익공신으로 거듭 책봉된 자신이 춥디추운 함길도에서 몇 년의 고생을 감내해야 한다는 사실이 그다지 기껍지 않았던 것이다. 세조역시 불만이었을 양정을 의식했던 듯하다. 그래서 1459년(세조 5) 12월 어찰을 보내 간곡히 타일렀다.

양정이 돌아온 것은 1460년(세조 6) 윤11월이었다. 무려 6년간 유임을 거듭하며 생고생을 하고 나서야 겨우 한양의 공신으로 귀환할 수 있었다. 여기까지는 즉위 초반이니 불만이 있더라도 받아들일 수 있었다. 그런데 3년 뒤인 1463년(세조 9) 1월 이번에는 평안도 도절제사 겸 영변도호부사로 임명되었다. 게다가 1465년(세조 11) 5월 교대할 때가 되었는데 이때에도 교체할 사람이 없다 하여 또 유임되었다. 양정의 세조에 대한 불만이 고조되었다. 공신으로서 안온한 삶을 누려 보지도 못하고 북방에서 몇 년을 생활했으니 그의 불만은 어쩌면 당연했다.

평안도로 갔던 양정이 돌아온 것은 그로부터 3년이 지난 1466년(세조 12)이었다. 이 해 6월 8일 세조는 돌아온 그에게 술자리를 열어 주었다. 그런데 이 자리에서 종부시 첨정 최호원과 관상감 첨정 안효례가 술에 취해서 세조의 질문에 대답하지 않고 버텼다. 이들의 태도에 화가 난 세조는 "고금 천하에 어찌 임금이 말하는데 신하가 대답하지 않는 이가 있겠는가?" 하면서 힐책하고 옥에 가두게 했다. 그러자 양정이 세조 앞에 나서서 힘들게 살지 말고 왕위에 오른 지 오래되었으니 물러나라고 이야기했다.

세조: 내가 평소 왕위에서 물러나 스스로 편안하려고 했으나 감히 하지

못했다.

양정: 이것이 신의 마음입니다.

세조: 경이 서방에 오랫동안 있었는데, 서방의 인심도 또한 이와 같던가?

양정: 그 누군들 그렇게 말하지 않겠습니까?

세조는 자신은 왕의 자리를 탐내는 사람이 아니라면서 옥새를 가지고 오게 했다. 이런 행동에 승지 등은 고개를 숙이고 엎드려 일어나지 않았다. 신숙주와 한명회 등은 눈물을 흘리면서 큰소리로 만류했다. 그 외 여러 사람도 옥새를 가져오지 않으려 하고 머뭇거리며 어찌할 바 몰라 우왕좌왕했다. 하지만 양정은 "임금의 명령이 이와 같은데, 어째서 대보를 가져오지 않는가"라며 어탑 앞까지 나아가 두 번이나 재촉했다.

다음 날부터 양정은 처벌의 칼끝에 놓였다. 죽여야 한다는 관료의 요구가 빗발쳤다. 한명회 등의 청을 물리치는 듯 보였던 세조는 "공신인데 임금의 은혜와 사랑을 믿고 사람으로서 마땅히 해야 할 도리에 어긋나고 순리를 거슬러 불순한 데 이르렀다"고 비난하면서 이기지 못하는 척 받아들였다. 그로부터 4일 후 양정은 도성문 밖에서 머리가 잘렸다. 아우 양지·양호·양형 등은 모두 파직되었다. 그 아들은 그대로 가두어 두게 하였다. 당시 사관은 양정이 술에 취하여 세조의 질문에 조리 없이 불손하게 대답하였는데, 이 일로 "대륙大戮에 이르게 되었다"고 적어 놓았다.

양정이 실제로 세조의 퇴위를 바랐던 것인지는 알 수 없다. 양정은 순진하게도 자신에 대한 세조의 신임을 의심하지 않았다. 그래서 불만을 마음껏 말했다. 그러나 할 수 있는 말이 있고 해서는 안 될 말이 있었다. 퇴위를 발설하고 종용하는 것은 신하로서 군왕에 대해 절대 해서는 안 될 말이었다. 양정의 이 행위는 정창손·정인지에 이어 다시 세조의 역린을 건드린 셈이었다.

세자의 대리

발영시·등준시 ___ 1466년(세조 12)에는 유난히 일이 많았다. 발영시拔英試와 등준시登俊試를 실시한 것도 그런 일 가운데 하나였다. 세조는 1466년(세조 12) 과거와는 별도로 발영시와 등준시를 실시했다. 발영시를 통해 재상이 시험에 나오도록 했고, 등준시를 통해 종친이 시험에 나오도록 했다.

1466년(세조 12) 5월 5일은 단오절이었다. 근정전에 나간 세조는 조참을 받은 후 서현정으로 2품 이상의 종친·재상과 부장·진무·겸사복 등을 불렀다. 겸사복 등을 시켜 활을 쏘게 하는 한편 친히 〈단운短韻〉 9장을 지어 참석한 재상 김수온 이하 11인과 3품 이하 유신 100여 인과 선전관 등에게 화답하게 했다. 종이와 붓을 주고는 책策이든 송頌이든 부賦든 시詩든 관계없이 각기 잘 짓는 것을 써서 제출하면 그것을 평가하여 중시와 같이 은례恩禮하겠다고 전교했다. 3일 후, 화답해 바친 유신의 답안지를 심사하여 34인을 합격시켰다. 이때 신미의 동생 중추부 지사 김수온이 장원했다. 이것이 세조가 이름 지은 '발영시'였다.

합격자 발표 다음 날 발영시를 다시 치렀다. 당시 상중이어서 5일 전 실시한 시험에 나가지 못한 강희맹이 매우 서운하고 유감스럽게 여긴다는 사실을 세조가 알았기 때문이었다. 이에 문신 100여 인을 사정전으로 불러 어제 시 9장을 출제하여 시험했다. 다음 날 예조참판 강희맹 등 6인을 또 뽑았다. 앞서 34인을 더하여 발영시 문신 합격자는 통틀어 40인이 되었다. 김수온이 갑과 1등이었다. 5월 11일에는 무신 830인도 친히 시험하였다. 여기 합격자는 다음 날 세자가 뽑았다. 권지훈련참군 금휘 등 43인이었다.

발영시 합격자들은 모두 보상받았다. 김수온은 1품의 중추부 판사로 승진해 서대犀帶를 특별히 받았다. 세조는 시험에 합격한 나머지 사람도 모두 품계를 올려 주었다. 당하관에서 당상관으로 올라가지 못한 사람은 아들과 조카를 대신 올려 주는 것을 허가했다. 이때 대자보를 붙여 합격자를 공시하고 김수온의 집에서 축하연을 열었다. 세조는 특별히 술과 어육을 하사했다. 5월 16일 사정전에서 이들의 사은을 받은 세조는 시를 지어 인재를 얻었음을 만족해했다.

1466년(세조 12) 7월 23일 세조는 4덕·4단의 학설로써 친히 책제를 짓고는 종친·재상인 문신과 제술을 자원하는 사람을 모아 대답하게 했다. 시권을 제출한 수는 겨우 30여 인이었다. 다음 날 세조는 친히 이들의 차례를 매겼다. '등준시'라 이름한 이 시험에 앞서 발영시에 장원한 김수온을 포함해 12인이 뽑혔다. 영순군 이부도 2등으로 이름을 올렸다. 세조는 등준시의 모든 일을 발영시에 준하여 처리하도록 했다.

무과의 등준시는 9월 23일 실시하여 오자경·허형손·구종직·이예·민발 등 51인을 세자가 뽑았다. 9월 25일 경회루 아래에 나아간 세조는 이들을 시켜 활을 쏘게 했다. 이 시험에 종친 이준 등 5인도 참여했다. 가장 많이 적중시킨 최적을 장원으로 삼았다. 최적은 집안이 미천했으나 무예가 남보다 뛰어났다. 세조에 의해 이때 발탁되면서 대부의 지위에 오를 수 있었다. 세조는 9월 26일 경기에서 강무하면서 최적 이하 이들을 '등준위登俊衛'라 이름하고 모두 호종하도록 했다.

재위 말엽 특별히 시행한 이 시험을 통해 세조는 강고한 친위 세력을 양성하고자 한 것 같다. 발영시나 등준시는 전적으로 세조의 뜻에 따라 실시되었고, 세조의 뜻에 따라 합격자를 선발했다. 이를 통해 발탁된 이들은 세조에게 전적으로 충성을 다할 것이었다.

탐주 ___ 양정의 불경을 처단한 세조는 1466년(세조 12) 6월 25일 주서와 사관을 광화문 밖으로 보냈다. 거기서 번갈아 백성이 능히 스스로 아뢸 수 없었던 민간의 이익과 손해, 시정의 잘되고 잘못된 점을 듣도록 했다. 이때 억울함을 말하고자 하는 사람은 제비를 뽑아야 했다. 주서와 사관은 뽑힌 사람의 말을 듣고 기록하여 아뢰었다. 그러면 세조는 이들의 보고를 받고 친히 물어서 조처했다. 군사에 관해서는 도총부 낭관이 이 역할을 담당했다. 임금이 친히 사람을 시켜 직접 민간의 고충을 파악하려 하자, 백성은 이를 상서로운 일로 여겼다. 세조는 방까지 내걸었다.

경외의 한량과 공사 천예公私賤隷들이 정치의 잘되고 잘못된 점과 민간의 이익 되고 손해된 점과 억누름을 안고 원통함을 품고서도 능히 스스로 아뢸 수 없는 자는 날마다 진시(7~9시)에 모두 광화문 밖에 나아와서 제비를 뽑아 묻기를 기다리라.

1466년(세조 12) 11월 5일 영동현의 중 옥규가 백악산에서 통곡했다. 앞서 현관縣官 김정광이 백성을 침해한 10여 가지 일을 탐주探籌(제비 뽑기)하여 아뢰었으나 가부를 알려 주지 않아 벌어진 일이었다. 세조는 탐주 단자를 가져오게 했다. 거기에는 10여 가지 일 중에서 겨우 작은 일 2조목만 기록되어 있을 뿐, 나머지 큰 일은 모두 누락되어 있었다. 노한 세조는 옥규의 말한 바를 자세히 기록하여 다시 아뢰도록 명하면서 경고하였다.

김정광은 곧 김국광의 아우이니, 이로써 이를 간략하게 한 것이다. 상·하가 비호하게 되니 백성의 고통이 어찌 상달될 수가 있겠는가?

이외에도 세조는 백성의 실정을 알고 고통을 덜어 주고자 고을 백성을 시켜 관리의 불법을 고소할 수 있게 했다. 1468년(세조 14) 3월 22일 내자시 관리의 불법한 일을 고발한 종 모근중과 의영고의 종 오을미 등에게 저고리를 내려 주었다. 게다가 병조를 시켜 발탁하게 했다. 내부 고발자를 대우하자 이를 계기로 백성들이 앞을 다투어 고소했다. 그러자 안으로는 백사百司로부터 밖으로는 수령에 이르기까지 실책이 없어도 고발당할까 두려워 아랫사람에게 명령하지 못했다. 반면 여러 관사의 노복은 한 가지라도 자신들의 뜻에 맞지 않으면 허위로 관리를 모함했다.
선의와 달리 무고가 비일비재하자 세조는 이 제도에 회의를 느꼈다.

1468년(세조 14) 5월 16일 백악에 올라가 깃발을 흔들고 쟁을 치는 사람이 있었다. 그 사람은 사재감 관리가 거느린 하인인 구사丘史 등의 불법을 기록한 기旗를 버리고 도망갔다. 세조는 앞서와 달리 이때는 오히려 기를 불사르게 하고, 그 사람을 잡아다가 국문하게 했다.

세조는 결국 제비를 뽑아 호소할 기회를 준 탐주를 포기했다. 이 제도는 궐내와 성문에 놓아둔 궤 안에 원통한 일을 문서로 기록하여 던져 놓게 하고 억울함을 호소하려는 자가 주籌를 잡고서 임금에게 아뢰도록 한 것이었다. 세조가 민간의 원통함을 직접 듣고 풀어 주려 했던 선의의 제도는 부작용으로 인해 결국 1468년(세조 14) 6월 20일 폐지되었다.

원상제의 실시 ___ 1463년(세조 9) 11월 세조는 특히 승정원 승지의 직임을 강조했다.

내가 너희들을 긍휼히 여기기를 다른 관원보다 갑절이나 더하는데, 너희들은 이를 아는가? 근래에 승정원에서 일에 허술함이 많으니, 너희는 다시 힘을 써서 반드시 공정하게 하도록 하라.

그러다가 1466년(세조 12) 8월 일이 늦어진다는 이유로 종래 승지·종친·승전 환관·선전관 등이 나누어 담당하던 공사를 승정원 승지가 일임하도록 했다.

이후 1466년(세조 12) 10월 1일 승지 등을 시켜 일을 보고하게 하고, 세자를 시켜 정인지·정창손·신숙주·한명회·구치관·황수신 등과 함께 서무를 결정하도록 했다. 세조의 명에 따라 10월 5일 세자는 승지 6명의 보고를 받고 일을 결정했다. 다시 한 달 뒤인 11월 5일 세조는 세자의 결정을 승지가 받아 일을 처리하라고 했다.

세자에게 서무를 위임한 세조는 1467년(세조 13) 2월 9일 교태전으로 신숙주와 한명회·구치관 외에 6조의 판서와 도승지 신면 등을 불러 술을 마셨다. 이날 술자리에는 왕세자도 참여했다. 세조는 아들의 술을 받은 후 "너는 마땅히 대신을 공경해야 하고 소홀히해서는 안 된다. 하물며 신숙주 등은 나의 대신이고 너의 사부이니, 더욱 공경해야 한다'라고 말했다.

그 일주일 뒤인 2월 16일 환후가 있던 세조는 일이 많이 지체될 것을 염려하여 교지에 관계되지 않고 늘 행하는 공사는 신숙주·한명회 등과 더불어 의논해 처리하라고 승정원에 명령했다. 본래 승정원에는 정3품 당상의 승지가 최고였다. 당시 승정원의 역할을 강화했다고 해도 정1품의 영의정까지 지낸 이들을 정3품 당상의 승지로 내려 임명할 수는 없었다. 세조는 이에 임시로 승정원에 1품의 직책을 마련했다. 이것이 승정원의 재상인 원상이다.

다음 날부터 고령군 신숙주와 영의정 한명회·능성군 구치관 등은 원상으로서 승지들과 더불어 여러 일을 의논해 결정했다. 2월 18일 대리하던 세자도 역시 이들과 의논하여 서사를 결단했다.

2월 21일 환후로 화위당으로 옮긴 세조는 세자에게 명하여 신숙주·한명회·구치관·박원형 등과 충순당에 나아가 서사를 의논하여 결정하게 했다. 3월 5일에 이르러 세자는 충순당에 나아가서 서사를 의결했다. 이후 세자의 서무 의결이 계속되었다.

세자의 대리가 이루어져 승정원이 중심이 되면서 승지의 인선이 중요해졌다. 적당한 사람을 찾기 위한 세조의 행보가 계속되었다. 4월 25일 승지를 선임하기 위해 세조가 집상전에 나아갔다. 적임자를 찾기가 어려웠지만 이틀 뒤 윤필상을 도승지로, 어세공을 좌승지로, 이봉을 우승지로, 한치형을 좌부승지로, 권맹희를 우부승지로, 이극증을 동부승지로 하는 승정원 인사를 단행했다.

1467년(세조 13) 4월 29일 6승지의 업무를 분장했다. 윤필상으로 형조를, 어세공으로 호조를, 이봉으로 예조를, 한치형으로 이조를, 권맹희로 공조를, 이극증으로 병조를 관장하게 했다. 세조가 형사를 중하게 여겼기 때문에 이조를 관장했던 도승지로 하여금 형조를 관장하라고 명했다. 또 큰 일은 승지가, 작은 일은 선전관이 보고하도록 했다.

8월 27일 세조는 중추부지사 홍응을 시켜 도승지의 일을 겸하여 보게 하였다. 앞서 임명한 승지들이 모두 신진이었고 도승지 권맹희가 일 때문에 평안도에 갔기 때문이었다. 11월 23일에는 승정원 승전첩의 도장을 만들게 했다.

이 해 12월 12일 권감을 도승지로, 한계순을 동부승지로 임명했다. 그런데 한계순이 권감의 조카사위였던 터라 상피 관계였던 두 사람을 모두 승정원에 두는 것에 대한 문제를 사헌부에서 계속 제기했다. 6일 뒤 세조는 이에 대해 어서로 못을 박았다.

대개 특지의 일은 인주가 홀로 가부를 보아 강단하는 것이다. 이 때문에 전대 이래로 권세에 따른 정사는 하나 같지 아니하였다. 전번에 신숙주와 윤자운이 함께 정부에 들어갔으나, 무슨 해로운 일이 있었는가? 또 승지는 출납하는 후설일 따름이요, 포폄도 없고 공사도 없으니, 어찌 상피할 게 있는가? 또 내가 정사를 친히 보고 권력이 아래로 옮기지 않은데, 이것이 군주의 도이다.

다만 숙질 간에 이방과 병방의 일을 맡을 수가 없었기 때문에, 12월 26일에 한계순이 맡은 병사를 좌승지 어세겸에게 넘기고 형사를 맡도록 조정했다. 도승지 권감은 그대로 이방이 되었다.

재위 말엽 선위 운운하는 등 불경 행위가 계속되었지만, 훈신의 국정 장악력은 오히려 커져만 갔다. 이런 상황에서 세조는 발영시나 등준시 등 전례 없는 제도를 즉흥적으로 실시하면서 친위 세력을 형성했다. 또 탐주 등으로 백성의 고통을 파악하려는 모습을 보였다. 특히 건강이 차도를 보이지 않자 세자를 시켜 서무를 처결하도록 했는데, 이때 승정원을 활용했다. 세조는 재위 내내 국정을 함께 운영한 경험 많은 공신들로 하여금 원상으로서 세자를 보필하게 했다. 그들은 비대해진 권력을 독점했다.

이시애의 난

함길도의 동향 ___ 세조가 계유정난 동지들과 강고한 유대 관계를 맺으면 맺을수록 군신 간에 지켜야 할 예의와 범절은 절도를 잃어 갔다. 세조는 점차 그들의 행위를 불경으로 여겼다. 나아가 자신이 왕위에서 내려와야 하는 게 아닐까 의심하는 지경에 이르렀다. 이 문제를 해결할 계기가 필요했다. 마침 함길도에서 이시애가 반란을 일으켰다. 이 사건은 재위 후반 느슨해진 군신 관계를 복원할 반전 카드가 되었다.

이시애가 난을 일으킨 것은 1467년(세조 13) 5월이었다. 사실 반란이 일어나기 전부터 이미 함길도의 상황은 예사롭지 않았다. 심상치 않은 조짐이 계속 나타나고 있었다. 이는 당시 관찰사였던 오응의 조치를 통해 짐작할 수 있다.

18___
권신 전천의 경고:
불경과 신임 사이

1467년(세조 13) 4월 22일 세조는 함길도 관찰사였던 오응을 도승지 신면으로 교체했다. 이시애가 난을 일으키기 직전이었다. 당시 오응은 왜선이 정박하고 있다면서 도내 백성들에게 산에 올라가 숨어 있으라고 했다. 조정에서는 이 조치를 망령된 것으로 간주했다. 이로 인해 민심이 소란스러워졌다면서 오응을 교체했다. 오응의 교체는 이후 상황을 볼 때 타당하지 않았던 듯하다. 5월 3일 함길도 절도사 강효문이 올린 보고에 따르면 도내 인민이 모두 죽임을 당할 것 같다든가, 두만강 5진이 야인의 공격을 받을 것 같다든가, 도내 군사가 분주히 움직이고 있다든가 등 분위기가 평시와는 같지 않았던 게 사실이었다. 단순히 유언비어가 횡행한 것인지 아니면 실상이 그랬는지는 차치하더라도, 당시 함길도는 세조에게 금기어나 마찬가지였을 '이징옥'을 언급할 정도로 분위기가 심상치 않았다. 오응 역시 이를 간파하고 조정에 알렸는데 오히려 민심을 동요하게 만든다는 이유로 처벌된 것이다. 오응은 5월 9일 잡혀 왔다.

상황이 이 지경에 이르자 세조는 사변 가능성에 대해 신경 쓰지 않을 수 없었다. 함길도는 너무나 위험한 땅이었다. 세조는 5월 11일 우찬성 윤자운을 체찰사로 삼고, 행사직 구치동을 종사관으로 삼아 함길도로 가서 민심을 안정시키도록 했다. 그리고 5월 15일 뜬소문을 퍼뜨려 민중을 의혹시킨 까닭을 오응에게 추궁하면서 체찰사 윤자운을 시켜 절도사 강효문을 잡아 오게 했다.

이시애의 반란 ___ 오응의 처벌이 잘못된 것이었음은 곧바로 드러났다. 5월 16일 전 회령 절제사 이시애가 그 아우 이시합과 함께 군사를 일으킨 사실이 중앙에 보고되었기 때문이다. 오응은 적선을 왜선으로 오인했을 뿐이지 뜬소문을 퍼뜨린 것이 아니었다. 위험을 미리 보고한 셈이었다.

당시 군사를 일으킨 이시애는 검교문하부사 이원경의 손자이자 판영흥대도호부사 이인화의 아들로 함길도 길주 토박이였다. 조부 이원경은 본명이 올로첩목아인데 원나라에 의해 동녕부 동지에 임명되었다. 1370년(고려 공민 19) 태조가 동녕부를 칠 때 항복하면서 두터운 관계를 맺었는데, 그 손자인 이시애는 대대로 길주에 거주하며 양민을 많이 모으고 토지를 많이 점거하여 재산이 엄청나게 많았다. 이시애가 모반한 이유는 바로 호패법 시행을 통한 군정 정비를 싫어해 불만을 품게 되었기 때문이다.

이날의 보고에 따르면 이시애는 "국가에서 남방의 병선을 보내어 바닷길을 경유하고, 육군은 강계에 있는 설한령, 안변에 있는 철령을 경유하여 일시에 함께 들어와서 본도의 군민을 다 죽일 것이다"라며 족친 등을 시켜 여러 고을을 속였다. 이후 아우 이시합과 더불어 절도사와 평사, 길주 목사·판관, 부령 부사, 군관 등을 살해했다. 먼저 절도사 강효문이 길주에 이르렀을 때 그를 모반 도적이라고 공개적으로 언명했다. 밤중에 그가 깊이 잠이 든 것을 틈타 정병 최자지를 시켜 죽이려 하는 찰나 강효문이 뛰쳐나왔다. 이시애는 그를 추격하여 때려죽이고, 머리를 뜰의 나무에 매달았다. 다음 평사 권징과 목사 설정신·판관 박순달·부령 부사 김익수와 그의 군관 등도 모두 죽였다.

이시애는 강효문 등을 무고하게 죽였으면서도 도리어 지인 이극지를 중앙에 보내 거짓을 늘어놓았다. 자신이 "오랑캐 등이 여러 번 함길도 후라토도에 적선을 정박시킨다"라고 보고했는데도 강효문이 그 사실을 묻지 않았고, 적이 경원과 종성의 공사 막사를 불살랐는데도 중앙에 아뢰지 않았으며, 충청도 연산에 사는 전 현감 원맹손의 가노 고읍동이 "우디캐에게 군사를 청하여 함길도 인물들을 모두 죽이겠다"고 한 발언도 조사하지 않으면서 오히려 그를 잡아다가 혹은 달래고 혹은 위협해서 육로를 경유하여 온 사람처럼 꾸몄다고 죄상을 열거했다. 또 강효문이 한창 농사철인데도 제진의 정예 군사를 많이 거느리고 길주에 이르러 "너희들이 이때를 당하여 협력하면 한양의 대신과 내응하여 큰 일을 이룰 수 있다"고 선언했으며 "설정신·박순달·김익수와 사하북 만호 김정안 등을 시켜 각각 진병을 거느리고 서울로 향하게 했다"고 무고했다. 그러면서 이 모든 행동은 강효문의 반란을 암시하는 것이라고 잘라 말했다. 이시애는 여기에 그치지 않고 군관 현득리의 진술에 따르면 "강효문이 한명회와 신숙주·김국광·노사신·한계희 등에게 군관을 세 차례나 보내, 후라토도의 적과 도내 군사들을 거느리고 한양으로 올라가려는 약속을 정하려 했고 통서를 본 이들은 모두 허락했다"며 강효문과 훈척 대신과의 연결 가능성까지 시사했다. 이시애는 이런 의심스러운 정황 때문에 자신이 "길주에 도착한 강효문을 잡아 죽였고, 이시합을 시켜서 강효문 측근인 정육을과 경성 이북의 여러 진장을 잡아 죽였다"고 보고했다. 또 현득리와 고읍동 등을 가두어 놓았으니 그들을 직접 심문하라고 했다.

세조는 이시애의 보고를 믿을 수도 믿지 않을 수도 없었다. 일단 그의 말에 거론되지 않은 구치관과 조석문, 도승지 윤필상을 불러 이시애가 보낸 이극지를 국문하게 하고 의금부 옥에 가두었다. 조사 결과 이극지는 이시애를 몰래 돕고 사실을 보고하지 않았음이 밝혀졌다. 이시애가 말한 내용은 모두 거짓이었다. 세조는 실상을 분명히 파악한 후 비밀리에 구치관 등과 밤새도록 정토할 계책을 의논했다.

이튿날 함길도 관찰사 신면의 보고가 급히 올라왔다. 단천 향리 최치강의 말에 따르면 "단천군에 사는 상호군 최자상이 이시애의 편지를 받고 밤중에 군사를 거느리고 가서 군수 윤경안을 잡아 죽이고, 또 점마 별감 심원을 보기 위해 두언태 목장에 도착한 김익수의 군관 강덕경도 죽였다"는 내용이었다.

정토군의 편성과 출정

세조는 다급했다. 신면의 보고가 올라온 5월 17일 구치관·조석문·윤필상 등을 대조전으로 불러 토벌 방략을 의논했다. 조카인 구성군 이준을 함길·강원·평안·황해 4도의 병마도총사로 삼고, 조석문을 부사로 삼았다. 신숙주에게는 이시애가 그의 아들 신면을 죽일 것이라며 대체시키겠다고 말했다. 좌승지 어세공에게는 오래도록 승지 임무를 맡기려고 하였는데, 북방의 사변이 일어났으니 속히 가서 진정시키라고 했다. 체찰사 윤자운에게는 속히 한양으로 돌아오라고 했다. 윤자운은 앞서 관찰사 오응 때문에 동요하는 민심을 안정시키기 위해 파견되었다가 강효문을 대신할 허종이 부임하는 동안의 공백을 메우기 위해 여전히 함길도에 있었다. 관찰사 신면도 한양으로 올라오도록 했다. 이준과 조석문 등에게는 군장 등의 물품을 하사하고 친히 방략과 교서를 주었다. 허종을 함길도 절도사로, 어세공을 관찰사로, 앞서 등준시에 장원했던 최적을 길주 목사로, 이돈인을 우후로, 홍귀달을 평사로 삼았다.

5월 18일 이른 아침 이준과 조석문 등은 바로 출발했다. 다음 날 세조는 이준·조석문·윤자운·허종에게 반역 정상을 밝혀 이시애를 생포하고 연루된 자도 잡아 오라고 유시했다. 이날 신임 절도사 허종은 회양에 도착해 길주의 사정을 정탐하는 것이 용이한지 아닌지를 도총사 이준에게 물었다. 이준은 속히 함흥으로 가서 사정을 자세히 탐지하라고 답변했다.

5월 22일 세조는 우참찬 김국광과 이조판서 한계희·도승지 윤필상 등을 궁 안에 유숙시켰다. 이날 도총사의 종사관 김관이 반군의 정세를 보고하러 왔다. 상황은 심각했다. 길주에서 남하한 반군은 함흥 감영에 있던 관찰사 신면까지 살해했다. 신숙주의 30세 아들 신면은 승지가 된 지 5년이 되었어도 과실이 없었으며, 세조의 물음에 대답하는 것이 자못 자상하고 명확했던 인재였다. 반군은 또 그곳에 있던 도체찰사 윤자운을 협박하여 자신들이 쓴 '반적들이 신면 등을 죽인 일'이라는 문서에 서명하도록 했다. 종사관의 보고에 세조는 "속히 처치하려 들지 말고, 반드시 대군을 기다리라"고 도총사에게 전지했다.

실제 반군은 기세등등했다. 이들은 길주에서 시작해 5월 23일 함흥까지 내려왔다. 함흥의 토관 이중화 등은 이시애의 편지를 받고 사람을 마구 죽이는 등 형세가 날로 거침없었다. 이날 회양에 도착한 이준과 부사 조석문 등은 그 위풍만 보고 겁이 나 진격하지 못했다. 세조는 도총관 강순을 진북장군으로 삼아 평안도 군사 3,000명을 영솔하여 영흥을 넘어 들어가게 했다. 병조참판 박중선을 평로장군으로 삼아 황해도 군사 500명을 영솔하고 문천을 넘어 들어가게 했다. 어유소에게는 한양의 정예 군사 1,000명을 징발해 데리고 직접 도총사가 있는 곳으로 달려가게 했다. 또 선전관 김이정을 충청도에 보내고, 민신달과 경임을 경기좌·우도에 보내 각각 군사 1,000명을 징발하여 도총사와 합류하게 했다.

5월 24일 세조는 친정하겠다는 뜻을 담아 군민을 타이르는 어찰을 함길도에 내려 보냈다. 또 여러 종족의 야인에게 통지해 이시애가 그들의 땅으로 도망할 경우 빨리 잡아 오라고 유시했다.

5월 25일 이시애를 토벌하는 책략을 적은 어찰 유서 2통을 이준에게 송부하고 진북장군 강순에게 유시했다. 이날부터 친히 토벌할 것을 본격적으로 의논했다. 함흥에 억지로 갇혀 있는 동안 태연자약하면서 그때그때 적절하게 대처했던 윤자운은 반군의 수중에서 벗어나 5월 27일 회양을 거쳐 6월 1일 한양에 도착했다. 사지에서 살아 돌아온 그를 보고 세조는 매우 기뻐하면서 행적을 놀라워했다.

공방　　　도총사 이준은 6월 1일 철령을 넘어 안변으로 들어갔다. 거기서 군사와 말을 쉬게 한 후 6월 4일 영흥으로 출발해 함흥에 있는 반군과 대치했다. 이준은 6월 22일 함흥의 함관령 아래 신원에 진을 쳤다. 진북장군 강순은 홍원에서 종개령을 넘어 북청에 들어가 주둔했다.

6월 24일 정토군과 반군 양측은 북청에서 충돌했다. 이날 강순은 사졸들을 시켜 나무를 벌채하여 안에는 목채를 밖에는 녹각성을 설치했다. 성은 사졸들이 온 힘을 다해 쌓은 덕분에 빠른 시간 안에 견고해졌다.

이시애는 밤 4경(1시~3시)에 1만 6,000여 군사를 거느리고 와서 정토군이 성 밖에다 판 구덩이의 서쪽을 여러 겹으로 포위, 공격해 무너뜨렸다. 또 물의 상류를 막아 정토군 진영에 흐르지 못하게 했다. 북청부

막사를 불태우고 불화살을 쏘면서 천지가 진동하도록 북을 치며 큰소리로 크게 부르짖었다. 이들은 오랑캐 말을 하면서 기세를 펴서 세 방향에서 합동으로 공격했다.

반군의 기세에 강순은 군사들의 입에 막대기를 물려 떠들지 못하게 하고 말의 발을 매고 벽을 견고히 하여 싸우지 못하게 했다. 그러다 보니 부대 안은 사람이 없는 듯 고요해졌다. 반군은 정토군이 진을 옮길 것으로 생각하고 물러갔다가 새벽에 다시 진격했다. 강순은 싸운 지 한참 만에 함길도 출신 군관 등을 시켜 대의로써 타이르고 화복으로써 설득하는 글을 써 울타리 밖 반군에게 보냈다. 그러자 이시애·이시합·이명효 등은 정토군의 유서를 펴 보는 이들을 독촉해 싸우도록 했다. 이들은 배반한 두 사람의 머리를 베어 창대 위에 걸어서 내보였다. 군중에서는 그 장면을 보고 다리를 떨며 모두 창을 안고 진격하여 10여 합을 싸우기도 했다. 정토군의 김교는 울타리 남쪽 모퉁이를 담당했다. 그를 나약하다 여긴 반군은 비처럼 화살을 쏘면서 집중적으로 공격했다. 하지만 예상과 달리 김교의 군사는 힘써 싸웠다. 이 북청 싸움에서 셀 수 없이 죽고 다쳤다.

이시애의 반군은 새벽 1시부터 점심 무렵까지 계속된 싸움에 점차 지쳐 갔다. 공격하지도 후퇴하지도 못하는 진퇴양난에 빠졌다. 그래서 길주 사람 박의례를 시켜 항복을 청했다. 마침 정토군도 화살이 다하고 힘이 다한 터라 거짓 응하는 체했다. 이시애는 6월 26일 이성으로 퇴각했다.

7월 1일 세조는 여러 도의 절도사에게 친히 정벌하겠다는 뜻을 내보였다.

이번 7월 초2일 내가 한양에서 출발해 친히 이시애를 정벌할 것이니, 속히 도내에서 활을 잘 쏘는 백정을 뽑되 스스로 원하여 따르는 자들을 시켜 경상도·전라도에서는 각각 30일 치의 군량을, 충청도·황해도에서는 20일 치의 군량을, 경기와 강원도에서는 15일 치의 군량을 지참토록 하고 (절도사가) 사람을 임명하여 그들을 거느리고 내가 임시로 머무는 곳에 이르도록 하라.

7월 7일 세조가 받은 보고에 따르면 당시 함길도 사람들은 이시애 등의 유혹에 넘어가 남쪽 사람을 만나면 반드시 죽였고, 관군을 보면 모두 '우리를 남김없이 죽일 것이다'라고 생각했다. 이 때문에 여러 장수가 자애롭게 대하여도 오히려 '간신이 보낸 것이다'라며 원수 보듯 했다. 그들이 그나마 유일하게 믿는 이는 오래도록 북방에 있었던 강순이었다. 그래서 강순이 군사를 거느리고 선발로 오게 되자 '강 영공이 또다시 오는가'라고 말하면서 옛날에 부리던 자들이 만나러 오기도 했다.

7월 11일 세조는 도총사 이준이 보낸 군관 경유공을 보고 적을 평정한 보고가 없다고 힐책하였다. 그때 은밀하게 관군에게 투항하는 자가 잇달아서 적의 군사는 겨우 4,000~5,000명뿐이었다. 단지 1,000명의 군사만 더 있었다면 들어가서 공격할 수 있었을 것이다. 보고를 들은 세조는 "적세가 이미 쭈그러드는데 오히려 겁을 먹는가? 어찌하여 급히 공격하지 않는가"라고 꾸짖었다.

7월 13일 세조는 이준이 보낸 겸사복 유자광을 만났다. 그를 통해 적의 자세한 형세와 원병을 청한다는 보고를 받고 군량이 부족해질 것을 염려해 계책을 세우게 했다. 이때는 자신의 뜻에 맞추어 말하는 유자광에게 특별히 선략 부호군을 더해 줌으로써 벼슬길을 열어 주었다.

북청 거산 전투 ___ 1467년(세조 13) 7월 20일 저녁에 큰 별이 동방에서 나왔는데, 광망光芒(광선의 끝)이 아래로 드리웠다. 또 붉은 별 모양의 빛이 큰 별을 가려 거의 침식했다가 2고(밤 9시~11시)에 사라졌다. 이와 같은 현상이 모두 사흘 밤 계속되었다.

7월 22일 함흥에 진을 쳤던 이준은 북청과의 경계에 있는 적로의 요해지 석장현을 막고 있다가 함관령을 넘어서 북청으로 진격해 점거했다. 이틀 뒤 이준은 강순의 진영과 10리쯤 떨어진 홍원의 객사에 주둔했다. 여기서 병사를 대대적으로 일으켜 공격할 것을 결정했다. 강순을 선봉으로 삼고, 어유소를 다음으로, 자신을 그다음으로 편제했다. 다음날 밤 3고(밤 11시~1시)에 강순이 먼저 산개령을 넘었다. 대장 어유소가 다음으로 종개령을 넘었다. 이준이 그 뒤를 따라 평포에 이르렀다.

8월 1일 이준이 이끄는 관군은 북청에 머물렀다. 이틀 뒤 이준은 선형 등을 시켜 고사리포를 경유하여 들어가게 했다. 자신과 강순·어유소는 거산 역로를 경유해 들어가기로 했다. 또 군사들을 시켜 투구 위에 '검은 달'을 그린 백지를 붙여서 표로 삼게 했다. 앞서 투구 위에 '관' 자를 써서 붙여 반군과 구별하였는데 적이 이를 따라했기 때문에 바꾼 것이었다.

8월 4일 닭이 울 때 강순이 선봉에 서고, 허종과 어유소가 다음, 이준이 그다음으로 차례차례 행군해 거산역동에 이르렀다. 반군 약 5,000여 명이 먼저 마흘현에 웅거하면서 남쪽으로는 바닷가에 북쪽으로는 태산에 이르는 15여 리에 걸쳐 깃발을 휘날리며 방패를 즐비하게 늘어

놓았다.

선봉 강순이 박중선·김교 등과 더불어 회의한 후 반군이 웅거한 산 아래에 줄지어 진을 쳐 충돌에 대비했다. 또 거산평을 순시하면서 진을 친 곳에 표를 세웠다. 여러 부대로 하여금 목채를 세우고 진을 설치하게 했다. 또 비장을 모조리 거느리고 산기슭으로 가서 반군과의 거리 100보쯤 되는 곳에서 마주보게 했다. 그리고 최적·김용달·지득련 등을 시켜 장차 공격하려는 것처럼 적의 진영으로 달려가서 큰소리로 설득하고 타이르게 했다.

이후 이준과 강순·박중선 등은 큰길을 경유하고 허종은 큰길의 남쪽 중봉을 경유하고 우공 등은 큰길의 중봉을 경유하고, 어유소는 바닷가의 동쪽 고개를 경유하고 김교 등은 북쪽 산 아래를 경유하여 나란히 진군했다. 이준은 전각을 불며 싸움을 독려했다. 모든 군사가 일제히 뿔 소리에 따라 개미처럼 붙어서 포를 쏘고 어지럽게 활을 쏘면서 위로 공격했다. 반군은 포를 쏘고 돌을 굴리고 비 오듯 화살을 쏘며 힘써 막았다. 양측은 한참 동안 싸웠다. 신시(15~17시)에 우공의 군사가 산 고개로 쫓아 올라가서 반군이 웅거한 봉우리를 빼앗았다. 김교와 이숙기 등이 다음 봉우리로 옮겨 간 반군을 추격하여 상당수를 베어 죽이거나 사로잡았다.

이날 이시애는 중봉에 웅거하면서 정예 군사 2,000여 기를 거느리고 방패를 세 겹으로 줄지어 세웠다. 이준이 여러 장수를 거느리고 진격하였으나 죽을힘을 다하여 싸우는 이시애를 격파할 수 없었다. 유시(17~19시)에 어유소가 동봉에서부터 방향을 바꾸어 싸우면서 진군하여 고개 위에 이르렀다. 반군의 왼쪽 어깨쯤에 있는 진에 돌격해서 한쪽

면을 열었다. 여러 군사가 천지를 진동시킬 만큼 북을 둥둥 울리고 큰 소리로 부르짖으며 일시에 공격했다. 드디어 정토군은 반군에 크게 승리했다.

이시애는 홀로 몸을 빼내어 말을 타고 도망갔다. 반군도 무기를 버리고 숨어서 서로 밟고 밟히며 도주했다. 정토군은 승기를 틈타 여주을령까지 추격했다. 200여 급을 베었고, 13인을 사로잡았다. 해가 어두워지는 바람에 끝까지 추격하지 못하게 되어 정토군의 욱일승천한 기세는 아쉽게 중간에 꺾이게 되었다.

진압 ─── 세조는 1467년(세조 13) 8월 6일 승전 보고를 받았다. 이날 밤 이준이 이시애의 선봉을 꺾었다고 급히 보고했다. 북청에서의 대승 후 이준의 관군은 8월 8일 마운령을 넘어 영제원 아래에 진을 쳤다. 이시애는 단천에 웅거하여 큰 물을 막고 팽배(방패를 무기로 쓰던 병종)를 줄지어 세워 항거했다. 관군이 진격 여부를 둘러싸고 논란을 벌이고 있는 사이에 이시애 군은 군루와 병장을 불태우고 도망갔다. 8월 9일 이시애의 심복인 최득경을 체포했다.

8월 12일 이준은 마천령을 넘어 영동역 앞들에 진을 쳤다. 적장인 길주 사람 이주가 이준에게 와서 종성 갑사 이운로 등이 이시애 형제를 사로잡아 데리고 올 것이라고 했다. 이준은 해가 저물녘 임명역 앞들로 진을 옮겼다. 과연 종성 갑사 황생 등이 이시애·이시합을 사로잡아 도총사 이준에게 데리고 왔다. 이준은 먼저 그들에게 반역한 이유를 물었다.

이시애: 나는 사유가 없다. 강효문이 모반하므로, 내가 먼저 군사를 내어 성상의 은혜를 갚으려고 하였다.

이준: 과연 그와 같다면 어찌하여 먼저 아뢰지 않았는가?

이시애: 글로 임금에게 아뢰면 늦어져 제때 도모할 수가 없었을 것이다.

이준: 이미 그를 죽이고 어찌 몸소 와서 아뢰지 않았는가?

이시애: 가는 도중에 해를 당할까 봐 두려웠다.

이준: 네가 강효문이 모반하였다고 하면서, 여러 진의 수령을 다 죽인 이유는 무엇인가?

이시애: 내가 알 바 아니다.

이준: 네가 여러 진의 유향소에 글을 보내 그들을 죽이도록 하였는데, 알지 못한다고 하는 것이 무엇인가?

이시애: …….

이준: 어찌하여 스스로 절도사라고 자칭하였는가?

이시애: 인심을 모으려고 한 것뿐이다.

이준: 이시합은 어찌하여 병마절도사를 보좌하는 종3품 우후라고 칭하였는가?

이시애: 이것은 내가 알지 못한다.

이준: 신숙주와 한명회를 무슨 까닭으로 모반하였다고 말했는가?

이시애: 조정의 우두머리 재상을 다 죽인다면, 일은 쉽게 이루어질 것이라 여겨서이다.

이준: 너의 모반은 언제부터 시작되었는가?

이시애: 나는 처음에 반역할 마음이 없었다. 강효문을 죽인 다음에 비

로소 역모가 생겼다. 내가 어머니 상중에 있을 때 반역하고자 마음먹었는데 이미 3년이 지났다. 본도는 군사가 빼어나게 강하기 때문에 수령을 임명하여 두고, 아무런 속박을 받지 않고 마음껏 즐기려고 한 것뿐이다. 이 도에 의거하여 군사를 수 년 동안 길러서 바로 한양을 침범하려고 하였다.

이준은 심문을 마치고 이시애와 이시합 형제의 팔다리를 찢어 죽인 후 5진에 전해 보이도록 했다. 3개월간 계속된 반란이 비로소 진압 수순에 접어들었다.

세조는 8월 13일 모화관에 거둥하여 군사를 지휘 사열했다. 이때 도총사 이준이 보낸 첩서를 통해 싸움에 이긴 상황을 듣고 크게 기뻐했다. 다음 날 '나의 사랑하는 아들'로 이준을 지칭하며 칭찬하는 한편 난을 평정한 후의 군민 위무책을 어찰로 유시했다.

이후 8월 18일 밤 2고에 세조는 도총사 이준의 첩서를 가지고 온 종사관 이서장과 길주 사람 이주·허유례·황생 등을 만났다. 4고에는 구치홍·안인후·장말손 등이 싸 가지고 온 이시애·이시합의 머리를 받았다. 세조는 이를 3일 동안 효수하게 했다.

8월 20일 세조는 정벌에 나갔던 장사들에 대해 논상할 조건을 강녕전에서 의논하고 포상에 관한 사의를 도총사 이준에게 유시했다. 함길도의 군민에게는 조세와 삭망 진선 등을 면제해 주겠다고 유시했다. 또 회령 등지에 거주하는 야인들에게도 이시애의 난을 평정했음을 알렸다.

이로써 정해년 5월 16일 보고로 시작된 이시애의 반란은 3개월여 만인 8월 20일 마무리되었다. 이 반란은 이징옥의 난에 이어 세조의 트라 우마였던 함길도에서 다시 반란이 일어났다는 점에서 위기였다. 그런데 아이러니하게도 이 반란은 기존의 정치 판도를 뒤집고 세조의 뜻대로 정치 지형을 바꾸는 계기가 되었다. 세조는 이시애의 난을 기회 삼아 군신 사이의 권력을 둘러싼 오래된 문제를 해결하려 했다.

한명회·신숙주의 위기

남용신의 환열 ___ 세조에게 이시애의 난이 무엇보다 문제였던 것은 사실이든 아니든 한명회와 신숙주가 연루되어 있다는 의혹이었다. 난을 진압하는 과정에서 이들을 배제한 것도 그 때문이었다. 당초 한명회와 신숙주의 연루 의혹을 일축하는 듯 보였던 세조는 끝내 그들을 믿지 못했다. 구치관의 비밀스러운 보고를 듣고 그들을 감금했다. 난이 일어난 지 불과 3일 후였다.

1476년(세조 13) 5월 19일 세조는 신숙주와 한명회를 맹렬히 비난했다. 그들이 백관의 우두머리로 있으면서 뭇사람의 입에 오르락내리락했으니 그 자체가 죄라는 것이었다. 설령 반역하지 않았다 해도 임금을 배반했다는 의혹을 받는다는 사실만으로 중죄를 지은 것으로 간주했다. 세조는 즉시 신숙주와 아들들을 의금부에 가두었다. 한명회는 단전에 종기가 나서 아프다 하여 집에 감금했다. 아들 한보와 사위 윤반 역시 감금했다.

신숙주를 옥에 가둔 이틀 뒤 세조는 주서 경준에게 의금부와 전옥서에 가서 옥사를 감독하게 했다. 밤에 다시 박중선과 경준 및 승전 환관 안중경 등을 보내 죄수에게 씌우는 칼과 족쇄가 견고한지 여부를 살피게 했다. 또 보병 30명으로 하여금 옥을 지키게 했다. 이때 옥사를 살피고 돌아온 안중경 등이 신숙주와 그 아들 신찬·신정 등 8인의 항쇄가 모두 헐거워서 벗어질 듯하다고 보고했다.

세조는 다음 날 의금부 제조 등을 잡아와 국문했다. 이유가 황당했다. 신숙주의 항쇄를 형구에 헐겁게 잡아매었다는 것이 죄목이었다. 세조는 이들이 훗날 신숙주에게 청탁하고자 그랬다고 생각했다. "대신으로서 항쇄에 고생하는 것을 차마 볼 수가 없는 까닭에 늦추어 주었습니다"라는 그들 중 1인의 말을 믿지 못하고 몹시 분노했다.

신숙주는 대신이다. 중죄에 간여하지 않았으면 항쇄를 채우지도 않는다. 만약에 종친과 귀화하여 조선인이 된 사람이었다면, 너희들이 의뢰할 수 없는 형세인 까닭에, 형구에 잡아매는 것을 반드시 이처럼 헐겁게 하지 않았을 것이다. 너희들이 어찌 어리석어 법을 알지 못한 것이겠느냐. 반드시 신숙주에게 공을 구하려고 하여, 슬그머니 뒷날의 처지를 생각해서였을 것이다.

분노는 가혹한 처벌로 이어졌다. 사건 당사자를 환열하여 사지를 사방에 전하도록 했다. 그리고 신숙주와 한명회 등을 경복궁 관저전에 유폐하고 철저하게 감시했다. 종친인 은천군 이찬과 금산 도정 이연이 군사를 거느리고 지키게 하는 것도 성에 차지 않아 다시 승지 2인을 시켜 밤새도록 감시하게 했다.

당시 세조는 왜 이토록 분노했던 것일까? 신숙주가 숨쉬기 편하도록 조금 배려 받은 것이 뭐 그리 큰 잘못일까? 그것이 사람을 발기발기 찢어 죽일 만한 일이었을까? 그 이유는 남용신이 자신을 무시했다고 판단한 때문이었다. 남용신은 신숙주에게 항쇄를 매었던 의금부 관원이다. 세조는 그의 행동이 아니라 그런 행동을 했던 기저에 주목했다. '역모에 연루된 신하를 처벌하는' 자신의 명령을 충실히 이행하지 않은 것, 바로 그것이 자신을 능멸하는 행위라고 판단했다.

그렇다면 왜 수레에 사지를 매어 찢는 '환열'이었을까? 세조는 가혹한 방식으로 죽이면서도 재산을 몰수하지 않았고 연좌도 하지 말도록 했다. 구태여 이런 방식으로 희생시킨 것은 관료들에 대한 경고의 의미를 담고 있었기 때문이다.

신숙주는 가두고, 한명회는 가두지 않았는데, (한명회를) 가두자고 청하는 사람이 없고, 또 죄명을 청하는 자도 없다. 마치 귀머거리와 봉사처럼 듣고 아는 게 없는 것처럼 하니, 어찌 조정에 사람이 있다고 이를 수 있겠느냐. 내 어찌 남용신만을 정상에서 벗어날 정도로 지나치게 미워하겠느냐. 그를 죽여서 남은 무리를 경계하여 조정의 어지러운 상태를 바로잡고자 함이다.

당시 세조는 남용신을 일벌백계의 예로 삼으려 했다. 재위 중반 이후 공신 중에서는 선위·태상 운운하며 왕위와 관련한 민감한 사안을 입에 올리는 이들도 있었다. 실제로 이 같은 불경한 행위를 하지는 않았지만 언제든지 그럴 가능성이 있는, 또 세조로서는 이럴 수도 저럴 수도 없는 권신화한 공신의 대표 주자가 바로 한명회·신숙주였다. 마침 이들이 반역에 연루되었다는 의심을 받게 되었다. 세조는 이들을 볼모로 남용신을 희생양으로 삼아 관료들 전체에 강력한 경고 신호를 보냈다.

군군신신의 경고 ___ 신숙주의 반란 연루 의혹은 관찰사로 갔던 신면이 아들 둘을 남기고 희생당하면서 해소되는 듯했다. 6월 4일 세조는 국문을 청하는 사헌부의 청을 물리치고 이틀 뒤 이들을 석방했다. 이때 세조는 자책하는 편지를 손수 써서 한명회와 신숙주에게 보여 주도록 했다. 그리고 강녕전 서쪽 뜰로 친히 나가 그들의 손을 잡고 눈물을 흘리며 맞이했다. 또 모두 본직으로 돌아가 함께 국가의 일을 의논하기를 처음처럼 하도록 했다. 자제들 역시 모두 석방했다.

세조는 이시애의 반란을 정치적으로 이용했다. 이때 반란은 권신화한 이들을 정조준하여 처벌하기 위한 도구였다. 앞서 세조는 군왕인 자신에게보다 관료인 저들에게 경도되는 모습이 조금이라도 나타나면 즉각 반응했다. 재위 내내 군왕으로서의 존엄을 강조해 왔던 세조는 자신의 위엄을 훼손하는 공신의 일탈 행위를 의식하며 불경·무례를 범했던 관료에게 경종을 울리고자 했다. 이로써 은인이고 동지이지만 아울러 부담이기도 했던 이들을 견제했다.

1467년(세조 13) 5월의 이시애 난은 이들에 대한 정치적 견제가 극으로 치달은 계기가 되었다. 6월 5일 세조는 한명회·신숙주의 죄를 '전천專擅'이라 규정했다. 세조의 '예의 없이 마음대로 한 것(전천)'의 구체적 내용은 다음 날 그들을 석방하면서 손수 써서 내려 준 글에서 찾을 수 있다.

손수 쓴 글을 보이기를 '남을 헐뜯어서 죄가 있는 것처럼 꾸며 윗사람에게 고하여 바치는 짓을 듣고는 살피지 아니하고, 갑자기 나라를 위하여 훌륭한 일을 하여 아끼고 믿어 가까이하는 늙은 신하를 가두었으니 누가 있어 믿고 보존하겠는가. ……공을 믿고 오로지 함부로 한 것이 있으나, 실지는 나로 말미암은 것이다. ……어려운 운수가 이르렀으니, 정신과 마음을 상실하였다. 나이는 늙고 기운은 쇠약하였으며, 팔다리는 병들었다. 근일의 일은 하늘만이 홀로 알 것이다.

위의 언급에서 나타난 대로 세조는 표면적으로는 이시애의 거짓 보고를 듣고 상황을 살피지 않은 채 신숙주와 한명회를 감금한 자신에게 책임을 돌렸다. 그런데 다음 언급이 의미심장했다. 신숙주나 한명회 등은 공을 믿고 '오로지 함부로 했는데(전천)' 그것이 그들의 죄이고 상황이 여기에 이르게 된 데에는 자신의 탓도 크지만, 진실은 하늘만이 안다는 것이었다.

세조는 이들의 '오로지 함부로 하는 행동'을 이미 경험했다. 신숙주는 자신의 면전에서 잘못을 지적했고, 한명회는 인사와 관련해 월권을 행사했다.

신숙주는 일찍이 임금의 앞에서 일을 의논하다가 만약 어그러짐이 있으면 말하기를, '임금의 감찰이 잘못되었다' 하고, 한명회는 인물을 심사하여 적당한 벼슬자리에 배정할 때에 평안도와 함길도 수령 후보자 명단을 적은 종이 아래에 낙점하는 데 뜻에 맞지 않으면 다시 아뢰어 반드시 스스로 선택하려 하였으니, 이것이 전천함이었다.

특히 한명회는 인사와 관련해서 그간 세조에게 청탁한 바가 많았다. 1460년(세조 6) 5월 이언을 가선대부 판남원부사로 임명했다. 그가 정치를 잘하고 백성을 사랑하여 다스리는 데 훌륭한 치적이 있기 때문이라는 이유를 들어서였다. 하지만 세간의 평은 이와 조금 차이가 있었다. 당시 사람들은 고을을 다스린 치적은 칭송할 만하지만, 종2품 가선으로까지 품계가 올라가는 것은 부당하다고 생각했다. 그래서 이 인사는 전적으로 한명회의 힘이 작용해 가능했다고 추측했다. 이언과 한명회가 친구 사이였고 한명회가 그를 힘써 세조에게 천거했기 때문에 이런 승진이 있었다고 짐작했다. 또 1461년(세조 7) 5월 김계손을 평안도 도절제사로 임명했다. 김계손은 집안 가풍과 인물·풍채가 다 건실한 데다가 무과에도 급제한 인물이었다. 하지만 도절제사에 임명되기 전 그의 이력은 군사와는 거리가 좀 멀었다. 처음 세조는 병법을 알지 못한다 여겨 김계손을 교체하려 했다. 그러나 한명회가 그를 고집했고 세조는 그대로 도절제사로 임명했다.

세조는 인내심을 가지고 한명회와 신숙주의 태도를 견뎠다. 그러나 점점 이들의 행위를 자신의 권위에 대한 도전이라 여기게 되었다. 집권 후반기에 들어서면서 공신 사이에서 선위 등 왕위와 관련된 금기어가 불쑥불쑥 튀어나오고 심지어 난을 도모하기도 했다. 세조는 주위를 환기할 필요성이 있다고 판단했다. 이런 세조에게 절묘한 기회가 되어 준 것이 바로 이시애의 반란이었다. 물론 반란 자체는 절대적으로 심각한 문제였다. 하지만 가장 믿어 왔고 가장 믿어야 하지만 가장 껄끄러웠던 한명회·신숙주 등이 반란에 연루되었다는 소문은 세조에게 정치적으로 좋은 기회가 되어 주었다. 이들의 감금을 통해 경고의 효과는 배가

될 수 있었다.

'오로지 멋대로 했다'는 세조의 언급은 이후 이들을 치죄해야 한다는 명분과 구실이 되었다. 이들이 석방된 직후부터 의정부·충훈부·6조 판서·참판 등은 이 말을 특히 꼬집어 처벌을 주장했다.

신숙주·한명회 등은 스스로 자만하고 스스로 넘치어 스스로 무서워하고 두려워하여 근신하지 못하고 권세에 아부하는 것을 천거하여 이끌어 널리 사사로운 은혜를 심었고, 재산을 경영하여 폐해를 백성에게 끼치었습니다. 이에 함길도의 적이 큰 소리로 모반하였음을 빙자하여 한 도가 초목이 바람에 나부끼어 쓰러지듯 이르는 대로 잘 듣고 좋게된 것은, 어찌 전천의 극진함이 이르지 않은 곳이 없다고 하지 않겠습니까. 이것은 전천의 징험입니다. 신하가 오로지 멋대로 하는 데는 진실로 정해진 형벌이 있는데, 하물며 공을 믿고 스스로 방자한 것은 더욱 마땅히 징계할 것입니다.

이 상소에서 열거된 한명회와 신숙주 등의 죄는 몇 가지였다. 먼저 스스로를 과하게 높인 점, 둘째 자신들에게 아부하는 이들의 청탁을 들어준 점, 셋째 뇌물을 받아 그 폐가 백성에게 미친 점 등이었다. 마지막으로 이 전천의 결과 이시애의 반란이 일어났다는 것이 가장 큰 죄라면 죄였다.

세조는 수긍했다. 어쩌면 이것이 세조 자신이 이들에 대해 가진 불만일 수도 있었다. 하지만 강력한 경고 이후에는 처벌할 이유가 없었다. 오히려 그들을 감싸며 길들이면 되었다. 처벌을 주장하는 청이 계속되었으나 윤허하지 않은 것은 이 때문이었다.

그렇지만 세조는 이들에게 모욕을 주는 일을 잊지 않았다. 6월 9일의 술자리에서 신숙주는 자신의 잘못이 면전에서 하나하나 열거되는 수모를 감내해야 했다. 이 술자리는 신숙주를 처벌해야 한다는 사헌부의 상소를 물리치고 난 뒤 베풀어졌다. 세조는 대사헌 양성지와 신숙주 두 사람을 합석시켜 양성지더러 신숙주의 죄를 하나하나 열거해 보라고 했다. 얼굴이 벌개지고 귀가 뜨거워졌을 신숙주의 심정은 말하지 않아도 알 수 있다. 신숙주는 세조에게 머리를 숙이며 잘못을 빌었다. 반면 양성지는 충신이 되었다. 상황의 반전이었다.

그 후 11월 15일 세조는 이미 죽은 강효문을 다시 반역으로 논하라고 의금부에 명했다. 함길도에 다녀온 박원형에게서 강효문에 대한 세간의 부정적 평판을 들었기 때문이었다. 어려운 처지에 있는 군민을 불쌍히 여겨 위로하고 도움을 주려는 자신의 뜻을 따르지 않고, 오직 권문세가에 아부하기를 일삼았다는 것이었다. 이것이 강효문의 가장 큰 죄였다. 그의 불법·불경의 죄는 불충이었고 반역이었다.

대간은 강효문이 아부했던 권문세가가 누구인지를 샅샅이 밝혀 실정을 조사해야 한다고 주장했다. 강효문이 백성에게서 함부로 거둔 재산을 권문세가에 뇌물로 주었으니 그것을 받은 이들을 처벌해야 한다며 뜻을 모았다. '권문'이 구체적으로 누구인지를 묻는 세조에게 대간은 사람을 보내어 찾아 묻는다면 정확히 파악할 수 있을 것이라 대답했다. 그러자 세조는 사람을 보내어 강제로 조사하게 되면 함길도 민심이 소란스럽게 될 것이라고 핀잔을 주며 기각했다.

세조에게 이시애가 일으킨 반란은 재위 내내 권력을 누리면서 권신으로 지칭된 이들의 발호를 막는 계기가 되었다. 세조는 운명 공동체였던 이들을 신뢰하면서도 그들의 월권을 좌시하지 않았다. 권문화한 이들을 죽음의 문턱까지 몰아넣으며 강력히 경고했다. 지방 반란이라는 국가적 위기 앞에서 군왕의 권위를 강조하고자 했던 세조는 '임금은 임금이고 신하는 신하'라는 말의 의미를 분명히했다. 재위 말엽 불경과 신임 사이에서 군신 관계가 동요하는 상황이었다. 군군신신을 절대 명제로 삼으려던 세조에게 이시애는 절대 용서할 수 없는 존재였지만 체증을 내려가게 한, 어쩌면 용서해 주고 싶은 존재이기도 했다.

적개공신의 대두

새로운 충신의 등장 ___ 역설적이게도 1467년(세조13) 5월의
이시애는 세조를 힘들게도 했지만 세조를 도와주기도 했다. 난을 계기
로 한명회·신숙주 등에게 준엄한 경고를 날릴 수 있었기 때문이었다.
물론 반란은 국가적 위기였다. 당연히 진압해야 했다. 당시 세조는 새
로운 인물들을 전면에 배치했다.

대표적 인물이 구성군 이준이었다. 1467년(세조 13) 5월 17일 세조는
이준을 함길·강원·평안·황해도 4도의 병마도총사로 삼았다. 이 인사
는 파격이었다. "이준은 나이가 젊고 배우지 못하였는데······하루아침
에 갑자기 중대한 일을 부탁하여 맡기니 사람들이 모두 깜짝 놀랐다"
는 사론이 있을 정도였다.

___19
공신 사이의
대립

이준을 아꼈던 세조는 1460년(세조 6) 10월 황해·평안도를 순행할 때도 따르도록 했다. 이준의 가능성을 높이 평가하며 1463년(세조 9) 8월 "마음과 뜻이 사리가 분명하며 투철하고 본래 품성이 남보다 뛰어나게 영리하고 슬기롭고 육체적으로 억누르는 힘이 있다"라고 칭찬했다. 다만 학술이 없음을 안타깝게 여겨 공부할 것을 강조했다. 세조가 그를 얼마나 총애했는지는 가까이 두고 숙직시킨 것으로도 짐작할 수 있다. 이준이 열다섯이었던 1464년(세조 10) 1월 1일 세조는 영순군 이부 등 4인에게 두 사람씩 교대하여 숙직하도록 했다. 이 4인 중 이부는 1444년(세종 26)에 죽은 광평대군의 외아들이었다. 또 한 사람인 이철은 효령대군의 아들 보성군의 다섯째아들이었다(군호는 물거군이다). 마지막으로 정현조는 정인지의 아들로 세조의 사위였다. 당시 이들은 세조의 총아로 주목받았다.

세조는 특히 이준을 신뢰했다. 1465년(세조 11) 9월 이준이 궁인 덕중의 연모 대상이라는 의심을 받을 때도 허물을 탓하지 않았다. 오히려 어쩔 줄 몰라 하는 그를 위해 변명해 주기까지 했다. 세조는 이준을 여러 공사에 참여시켰다. 1463년(세조 9) 9월에는 군사 훈련에 투입했다. 1464년(세조 10) 3월에는 굴포로 보내 도랑 파는 것이 편할지 아닐지를 살피게 했다. 1464년(세조 10) 6월 횡간을 상정할 때도 참여시켰다. 1464년(세조 10) 9월에는 "금일 첩종령을 행하였으니, 그것을 속히 통지하라"는 교지를 주어 승정원에 전하게 했다. 첩종령은 군대를 정렬한 다음 병사들의 사기와 훈련 상태 등을 검열할 때 군대를 모으려고 대궐 안에서 큰 종을 치라는 명령이었다. 1466년(세조 12) 2월에는 왕의 임시 거처를 보수하기 위해 강원도 고성 온천으로 보냈다. 1466년(세조

12) 11월에는 양주에 목장을 설치할 일을 함께 의논했다. 1467년(세조 13) 1월에는 겸오위 도총관에 임명했다. 그러다가 이시애의 난이 일어나자 그를 4도 도통사라는 막중한 자리에 앉혔다. 《승정원일기》 숙종 12년 11월 병술 기사에 따르면, 이때 이준의 나이 18세였다.

왜 하필 이준인지에 대해서는 생각해 볼 여지가 많다. 세조는 재위 기간 내내 종친을 견제하면서도 지원했다. 세조는 집권 과정에서 친동생 둘을 사사했다. 자신을 지지하는 형제들은 공신에 책봉했다. 세조에게 왕실의 존재는 집권의 정당성과 관련하여 상당히 소중했다. 재위 동안 넷째인 임영과 막내인 영응밖에 남지 않았는데, 이시애의 난이 일어나기 석 달 전인 1467년(세조 13) 2월 영응까지 죽으면서 동복 형제라고는 임영대군밖에 없었다. 이런 상황에서 어쩌면 혈육보다 더 끈끈한 관계를 유지해 온 한명회와 신숙주가 역모에 연루되었다는 풍문은 세조에게 충격이었을 것이다. 이는 핏줄만 신뢰할 수 있다는 판단으로 이어지지 않았을까 싶다.

특히 조카 이준은 평소 곁에 가까이 두면서 지켜봐 왔고, 자신의 아픈 몸을 기댈 정도로 신임한 조카였다. 나이는 중요하지 않았다. 세조에게는 자신이 신임할 수 있는 인물이 최우선이었다. 그러니 18세 젊은이가 정토군의 총사령관이 된 것은 그다지 이상한 일이 아니었다.

이시애의 반란이 진압된 후 1467년(세조 13) 12월 사용원 동랑의 탄고에서 난 불이 사용원과 간경도감의 여러 창고와 등촉방 등 수십 간을 태웠다. 세조도 너무 놀라 입번한 병조 당상·도총관과 여러 장수·승지 등을 불러 군사를 거느리고 불을 끄게 했다. 다음 날 새벽녘에 불이 진정되자 술자리를 마련한 세조는 특히 이준을 칭찬하고는 춤추게 했다.

그의 등을 어루만지며 "어제 불을 끄는 데 네가 힘을 많이 썼다"면서 여러 재상에게 "구성군의 풍골이 보통이 아니다"라 평가했다. 이준은 재위 말엽 운명 공동체 훈척에 대한 신뢰가 흔들리던 세조를 지탱해 준 종친의 대표주자였다.

이 시기 이준 외에 세조가 발탁한 주목할 만한 또 한 사람은 남이였다. 남이는 1460년(세조 6) 급제한 무인으로, 태종의 넷째딸인 정선공주가 그의 할머니였다. 또 정난 1등·좌익 1등에 거듭 책봉된 공신 권람이 그의 장인이었다. 세조는 같은 피가 흐르는 왕실의 일원이자 절친의 사위였던 그를 일찍부터 주목했다.

남이는 1465년(세조 11) 3월 서로 혼인하기 싫어하는 각 집안의 청탁을 들어주었다고 사헌부의 탄핵을 받은 적이 있었다. 그때 세조는 남이를 비호하면서 오히려 사헌부를 비난했다. 세조는 사헌부가 종부시와 부화뇌동하여 억지로 취초했다고 뒤집어씌우며 죄를 논하지 말도록 했다.

1467년(세조 13) 2월 세조는 포천·영평 등지로 남이를 보내 도적을 잡게 했다가 5월에 이시애의 난이 일어나자 군관으로 임명해 함길도로 보냈다. 세조 자신도 남이가 그리 혁혁한 공을 세우리라 기대하지 않았을 수도 있다. 그런데 남이는 반군 진압 과정에서 펄펄 날았다. 특히 공방을 거듭했던 북청 전투에서 활약했다. "진 앞에 나아가 죽을힘을 다해 싸워 향하는 곳마다 적이 마구 쓰러졌고, 몸에 4, 5개의 화살을 맞고서도 얼굴색이 태연자약할" 정도로 용맹스러운 활약을 펼쳤다. 이런 전공과 용맹을 높이 산 세조는 남이를 당상관인 행부호군에 임명했다. 그 후 차례를 건너뛰어 중추부 동지사로 승진시켰다. 새로운 스타의 탄생이었다.

1468년(세조 14) 3월 남이는 무거武擧 초시에 나가려다가 제지당했다. 이미 경진년(세조 6) 무거, 병술년(세조 12) 발영시에 등제되었지만, 장원하지 못함을 한스럽게 여겨 이때 나가고자 했다가 무산된 것이었다. 처음 세조는 중시重試인 줄 알고 허락했다. 그러다가 "경의 재망은 본시 나타났으니, 만약 장원하지 못하면 재주를 상하고 희망을 덜게 되니 시험에 나아가지 말라"고 말하며 뜻을 접게 했다.

이들 외에 전면에 부각한 또 다른 인물이 있었다. 허종이었다. 1457년(세조 3) 문과 제3위로 합격한 문신인 허종은 학술이 있는 자로 손꼽혔다. 허종이 눈에 들게 된 계기는 1459년(세조 5) 1월 언로를 열 것을 청하는 그의 상소를 세조가 접하면서였다. 이때 재주가 있고 뜻이 있다고 그를 칭찬하면서 특별히 1자급을 더해 주었다. 그런데 며칠 후 전날에 올린 상소의 자세한 부분을 세조가 다시 물었을 때 허종이 잘못 대답하면서 일이 커지게 되었다.

이때의 일은 그의 졸기에서 구체적으로 확인 가능하다. 당시 통례문 봉례랑 겸지제교였던 허종은 별자리를 익히라는 명을 따라 태양이나 달이 가려진 정도를 추산해 올렸다. 아울러 이단을 배척하고 언로를 열어 주며 놀이와 사냥을 절제하고 경연에 자주 참석할 것 등의 의견을 개진했다. 그런데 그 태도가 대단히 경직되어 있었다. 세조는 거짓 위엄과 노기를 가하면서 그의 태도를 힐책했다. 하지만 허종은 조금도 두려워하지 않고 화평하게 대답했다.

명하여 불려 들어가매 힐책하기를, '십 순을 돌아가지 않았거나* 면으로 희생을 대신하는** 따위의 내 과실이 없거늘, 네가 하의 태강과 양의 무제를 나에게 비유하는 것은 무슨 까닭이냐' 하고 거짓 위엄과 노기를 가하면서 상투를 잡고 끌어내리어 곤장을 치도록 명하는데도 허종이 조금도 두려워하는 빛이 없었고, 착오 없이 화평하게 응대하니, 임금이 말하기를, '참 기개 있는 선비로다' 하고, 드디어 잔을 올리라 명하니, 그 나오고 물러나는 동작이 화락하므로 갑자기 겸선전관을 제수하였으며……

세조는 이런 허종을 기개가 장하다고 평가했다. 그래서 이후 지방에 직접 파견하여 긴급한 실무를 처리하게 했다. 1461년(세조 7) 9월 홍윤성을 황해·평안도의 도체찰사로 임명해 의주를 침범한 야인의 죄를 묻고자 했을 때 종사관으로 임명했다. 1462년(세조 8) 9월에는 사간원 정언인 그를 함길도 경차관으로 삼았다.

허종의 활약상이 두드러졌던 것은 1463년(세조 9) 10월 평안도 순찰

---

* 중국 고대 하의 임금 태강이 정사를 보지 않고 사냥과 놀이를 즐겨 멀리 낙수 남쪽까지 가서 100일간 돌아오지 않은 고사를 지적하여 경계한 말이다. 태강은 결국 유궁나라 임금에 의해 폐위되었다. 십 순은 100일이다.

** 중국 남북조시대의 양의 개국주 무제는 성품이 인자하고 공검하였으며, 초정에서는 유교를 일으켰고 볼 만한 정치도 많았으나, 뒤에 불교에 침혹하여 세 번의 사신 수행까지 하였으며, 종묘에 희생을 쓰지 않고 면으로 대신하기도 하였다. 무제는 뒤에 반란으로 굶어 죽고 나라를 잃었는데, 학식이 풍부하고 문장에도 능하여 많은 저술을 남겼다.

사 한명회의 종사관이 되었을 때였다. 이때 허종은 서울의 세조와 평안도의 한명회 사이를 오가면서 양측의 뜻을 전하는 의사소통의 임무를 맡았다. 허종은 대략 8개월간의 임무를 마치고 1464년(세조 10) 6월 한명회와 함께 돌아왔다. 그 후 12월, 세조는 그를 동부승지에 임명했다. 한명회의 입으로 활약한 그가 이제는 세조의 혀가 된 것이다. 그의 진가가 확인된 인사였다.

세조는 이시애의 난 와중인 1467년(세조 13) 5월 부친 상중이던 그를 불러들여 차례를 건너뛰어 함길도 절도사에 임명했다. 허종은 이미 여러 차례 경차관이나 종사관 등으로 북방 2도에 다녀왔던 터라 해당 지역 사정을 구체적으로 알고 있었다. 그러니 허종을 발탁한 것은 너무나 당연했다. 허종은 자기 수하에 있던 허유례를 이용하여 적진을 교란했다. 허유례는 훈융 절제사 염목의 군관이었다. 허종은 귀속한 허유례를 시켜 임시로 길주 목사의 임무를 맡은 그의 아비 허숭도에게 투항을 종용하도록 했다. 그 과정에서 이시애 진영으로 들어간 허유례는 '이시애를 체포하는 자는 후한 상을 내릴 것'이라는 조정의 뜻을 전하면서 적진을 분열시켰다. 이시애·이시합 형제의 목을 자를 수 있었던 데에는 허종에게 포섭된 허유례의 말을 들은 휘하의 배반이 큰 힘이 되었다.

그러니 1467년(세조 13) 5월 시작된 반란이 3개월 만에 마무리되는데 허종은 결정적으로 이바지한 셈이었다. 내부 동요를 야기해 반란 진압에 성공한 그의 공은 아무리 말해도 지나치지 않을 것이었다. 이후 세조가 문무와 재기를 모두 갖춘 허종을 이전보다 더 신임할 것은 분명했다. 게다가 허종은 계유정난의 원죄가 없는 인물이었다. 그로부터 완전히 자유로운, 지방 반란을 통해 빛나게 된, 새로운 충신이었다.

적개공신 책봉 ___ 난이 진압된 후 1467년(세조 13) 8월 토벌에 참여해 반군과 전투할 당시의 상황을 잘 알고 있던 남이와 김국광, 윤필상 등이 도총부에 모였다. 이 자리에서 적개공신 총 44명을 군공에 따라 3등급으로 산정했다.

〈표 4: 적개공신〉

등급	인원	충원
1등	이준·조석문·강순·어유소·박중선·허종·윤필상·김교·남이·이숙기	10명
2등	김국광·허유례·이운로·이덕량·배맹달·이형손·이종생·이서장·김순명·김관·구겸·박식·김백겸·어세공·오자치·정숭로·장말손·손소·오순손·심응·윤말손·김면·맹석흠	23명
3등	이부·이종·한계미·선형·민발·오자경·최유림·우공·정종·정준·이양생	11명

이시애 난을 통해 떠오른 이준·남이·허종은 1등 공신으로 책봉되었다. 이 외에 1등의 윤필상, 2등의 김국광, 3등의 이부는 정벌에 직접 참여하지는 않았으나 세조의 좌우에 있으면서 군사 관련 일을 의논하여 왕명을 출납하는 데 공이 있었다. 반면 계유정난 후 10년 이상 권력의 중심에 있던 한명회와 신숙주 등은 명단에서 이름을 찾을 수 없었다.

공신 명단에 이름을 올리지 못한 이들의 불만이 잇달았다. 대장 어유소의 우위장이었던 부령 부사 양인백도 그중 1인이었다. 그는 거산에서 양쪽 군사가 서로 싸우던 상황을 그려 바치면서 공신 반열에 참여하지 못하게 된 데 대해 분개했다. 그러나 세조는 '논공행상은 인주의 대권'이라며 허락하지 않았다.

적개공신은 이시애 난의 진압에 공이 있던 인물들이었다. 세조 말엽 새로운 스타덤에 오른 이들은 이후 '정해서정'이라 칭해진 9월의 건주위 정벌을 통해 추장 이만주를 살해하는 성과를 거두면서 펄펄 날게 되었다. 당시 국가적 위기에서 기존의 훈척 공신은 철저히 배제되었다. 이들 사이의 권력을 둘러싼 투쟁은 불가피해 보였다.

신구 공신 사이의 경쟁

이시애의 난을 진압한 세조는 이후 누구도 예상하지 못한 파격적인 인사를 통해 권력을 재편했다. 1468년(세조 14) 7월 17일 이준을 영의정에, 남이를 겸도총관에, 허종을 겸사복장에 임명했다.

이 깜짝 발탁에 이준의 아버지 임영대군은 대궐에 나아가 사양했다. 아들이 지혜가 부족하고 아직 어리므로 영의정에 적합하지 않다면서 명을 거두어 줄 것을 간청했다. 하지만 세조는 들어주지 않았다. 오히려 더불어 술을 마셨다.

남이는 약간의 부침이 있었다. 1468년(세조 14) 5월 1일 세조 앞에서 술주정하던 남이가 끌려나왔다. 정해년의 두 스타 이준과 남이는 왕의 총애를 두고 경쟁 관계였던 듯하다. 이날 서현정에서의 활쏘기에 평소 대장이라 자칭하며 무사를 멸시했던 남이는 한 발도 적중시키지 못해 망신당했다. 그 때문인지는 알 수 없지만, 남이는 술에 취해 "성상께서 이준을 지나치게 사랑하시니, 신은 그윽이 그르게 여깁니다"며 넋두리

를 했다. 이 말을 들은 세조는 그를 끌어내 의금부에 가두었다가 다음
날 풀어 주고 전년에 제수했던 겸사복장을 파직했다. 그러나 곧바로 공
조판서에 다시 임명했다. 남이는 이때 도총관으로 있다가 한 달 조금
지나자 병조판서로 옮겼다. 이때는 세조가 세상을 떠나기 직전이었다.

이시애의 난과 적개공신의 책봉 이후 세조는 파격 인사를 통해 신구
공신의 충성 경쟁을 유도하려 한 듯하다. 즉 의정부와 6조의 핵심에는
적개공신의 유력 주자를 포진시키고, 승정원에는 정난·좌익공신인 한
명회와 신숙주 등을 포진시키는 대립 구도를 만들어 자신에 대한 충성
을 끌어내고자 한 것이다. 그렇기에 이준과 남이, 허종의 인사는 파격
이었지만 세조에게는 바람직했다. 세조 재위 중반을 넘어서면서 왕인
자신에게조차 거침없이 요구 사항을 늘어놓으며 무례를 범하는 공신들
을 견제하기 좋은 인사였고, 새롭게 권력의 중심으로 진입하는 이들의
충성을 요구할 수 있는 효율적인 인사였다.

세조의 승하

선위 ___ 1468년(세조 14) 5월 12일 세조는 사정전에서 술자리를 열었다. 여기서 기생들을 시켜 아버지 세종이 지은 언문 가사 《월인천강지곡》을 부르게 했다. 이날 세조는 호조판서 노사신을 불러 아버지가 그립다며 눈물을 떨궜다. 노사신도 엎드려 눈물을 흘렸다. 이 모습에 좌우가 모두 안색을 바꾸었다. 5월 27일 크게 천둥이 치고 비가 왔다. 이날 환관 백충신이 궁 안에서 벼락을 맞았다. 세조는 사면령을 내리고 여러 도에 경차관을 보내어 죄수를 방면하고, 어선을 감하도록 명하고, 후원에서 기르던 가축을 풀어 주었다.

세조의 건강은 1468년(세조 14) 7월부터 눈에 띄게 나빠졌다. 7월 10일 《주역》의 '밝은 것을 이어서 사방을 비춘다'는 뜻을 취해 세자의 자를 명조明照로 지어 주고, 이때부터 본격적으로 전위할 뜻을 표명했다.

___20
군신 권력의
역전

7월 19일 신숙주·구치관·한명회·최항·박원형·조석문·김질 등을 불러 전위를 의논하고, 세자를 시켜 사정전 월랑에 앉아 신숙주 등과 더불어 서사를 의논해 정하고 군국의 대사를 세자에게 고하게 했다. 여기에 이부와 이준도 참여하게 했다. 1466년(세조 12) 이래 서무를 처결했던 세자였지만, 장소는 충순당 등에서였고 사정전에서의 서무 처결은 이때가 처음이었다.

3일 뒤 세조는 문안하러 온 신하들과 여러 종친을 넷으로 나누어 세자와 함께 여러 일을 의논해 결정하도록 했다. 첫 번째는 정인지·구치관·홍윤성·김질 등이었고, 두 번째는 정창손·심회·조석문·김국광 등이었으며, 신숙주·박원형·홍달손·노사신 등이 세 번째였고, 한명회·최항·강순 등이 네 번째였다. 신구 공신과 종친을 조합하여 번을 짜서 세자를 보필하도록 한 것이다. 이날 세조는 자신의 인생을 돌아보며 '차례를 어기고 외람되이 왕이 되어 백성들의 원구가 되었다'며 자책했다.

내가 차례를 어기고 외람되게 큰 왕업의 터전을 이어받았으나 재주가 없고 덕이 없어 옛날의 정사를 변경한 것이 오히려 많았다. 군적과 호패와 사민하는 일과 《대전》을 편찬하는 일 등을 일시에 아울러 거행하였고, 북정과 서정 등으로 군사를 동원한 일이 끊이지 않음에 이르렀으니, 이것이 모두 백성의 원망하고 꾸짖음이 되었다. 민심이 고요하지 못하면, 천심이 어찌 편안하겠는가?

7월 24일에는 일을 의논하는 구체적인 강령을 승정원에 주었다. 군사와 관련한 공사의 경우에는 병조와 도총부에서 일일이 자신에게 아뢰고, 또 상례常例와 다른 일만을 아뢰도록 하라는 내용이었다. 나머지는 원상과 승지가 같이 의논해 처결하게 했다. 그러면서 자신은 병을 치료하기 위해 효령대군의 사제로 옮겨 가고 세자에게 일을 맡기겠다고 했다. 또 정창손·신숙주·한명회·구치관·박원형·홍윤성·김질 등에게 명하여 자신이 궁 밖으로 옮겨 가더라도 날을 바꿔 가며 경복궁에 나아가 숙직하라고 했다. 그러면서 세자의 '무군감국撫軍監國'을 선언했다.

내가 피어하고자 하니, 세자를 시켜 궁을 지키고 대신과 더불어 서사를 의논하여 결정하게 하고, 궐내의 각 집사의 반은 나를 따르고, 반은 세자를 따라서 머물러 모시게 하라.⋯⋯무릇 세자를 따르는 것을 '무군'이라 이르고, 세자가 궁을 지키는 것을 '감국'이라 일컫는데, 세자가 궁에 머무르며 정사를 듣는 것이 어찌 불가할 것이 있겠는가.

7월 25일 세조는 효령대군의 집으로 왕비와 함께 이어했다. 세자는 아버지를 모셔다 드리고 경복궁으로 돌아와 대군청에 나아갔다. 이후 세자는 경복궁에서 원상·의정 등과 함께 서사를 결정하면서 세조가 머무는 곳을 드나들었다.

세조는 8월 6일부터 본격적으로 투병했다. 자을산군의 집으로 옮겨 갔다가 8월 15일 다시 창덕궁으로 들어왔다. 세조는 8월 18일 난데없이 귀신놀이를 했다. 이날 밤 세조는 몰래 옷을 벗어 버리고 머리를 풀어헤치고는 흰 것을 머리에 이어 귀매鬼魅 모양을 했다. 그리고 막대기를 잡고서 후원의 깊고 후미진 숲속에 엎드려 있었다. 앞서 귀신도 무섭

지 않다고 말했던 안효례가 오자 갑자기 일어나 놀라게 하는 등 평시와
는 다른 언행을 보였다.

그 후 8월 26일 수강궁으로 옮겨 갔다. 세자는 아버지의 건강이 악화
하자 계유년(단종 1) 아버지가 제거한 이들과 병자년(세조 2)에 처벌된
이들과 연좌된 자를 방면하려 했다. 정인지·정창손·신숙주·한명회 등
과 의논했는데, 이때에도 이들을 의식하지 않을 수 없었다. 그래서 결
론을 내지 못했다.

9월 7일 병환이 악화한 세조는 전위를 간곡히 만류하는 신하들에게
"운이 간 영웅은 자유롭지 못한 것인데, 너희들이 나의 뜻을 어기고자
하느냐? 이는 나의 죽음을 재촉하는 것이다"며 화를 냈다. 그리고 한계
희를 시켜 왕위를 넘길 뜻을 전하였다.

내가 평일에 글을 지어서 조상이 남겨 놓은 가르침의 여러 조목을 너
에게 내려 주려고 하였는데, 지금은 이미 할 수가 없으니, 그 대강만
간략히 말하겠다. 너는 마땅히 마음을 가다듬고 똑똑히 들어서, 공경
히 받들고 게을리하지 말라. 첫째 하늘을 공경하고 신을 섬길 것이며,
둘째 선조를 받들고 효도하기를 생각할 것이며, 셋째 용도를 절약하고
백성을 사랑하라. 나의 말은 이뿐이다.

경복궁에서 면복을 가지고 오게 한 세조는 친히 세자에게 내려 주고
수강궁 중문에서 즉위하게 했다. 이날 새 왕은 백관의 하례를 받고 교
서를 반포했다.

나는 덕이 적은데 일찍이 왕세자의 지위를 욕되게 하며 오직 잘 공손히 계승하지 못할 것을 두려워하였더니, 1468년(세조 14) 9월 7일에 부왕 전하께서 명하여 이르기를, '내가 병에 걸리어 오래도록 정사를 보지 못하였는데, 만기의 중함을 생각하니, 마음에 더욱 근심되어 너에게 무거운 직임을 부탁하고, 한가히 거처하며 병을 치료하겠다'고 하시었다. 나는 두 번 세 번 굳이 사양하였으나 허락을 얻지 못하고, 이 날 마지못하여 수강궁에서 왕위에 올랐다. 부왕을 높이어 태상왕이라 이르고, 모비를 왕태비라 이를 것이며, 오직 군국의 중요한 일은 명을 받들어 행할 것이다.

이리하여 즉위한 이가 조선의 제8대 임금 예종이다. 예종은 형 의경세자가 죽은 석 달 뒤인 1457년(세조 3) 12월 15일 8세로 세자에 책봉되어 아버지가 돌아가기 하루 전에 임금이 되었다. 세조는 아들을 끔찍이 여겼다. 1458년(세조 4) 10월 8일 왕비 윤씨와의 대화 과정에서 포착한 내용을 친히 훈사 10장과 서문《훈사십장병서》에 담아 지어 내렸는데 아들을 위한 마음이 절절하다.

부모가 너를 위하여 교육하고자 생각하는 바가 한 가지가 아니다. 네가 외로운 몸으로 장차 종사를 부탁받게 되면, 사람과 하늘이 애처롭고 가엾게 여길 것이니, 마땅히 이 뜻을 몸 받으라. 오늘 아침에 너의 모친이 나와 더불어 세상일을 논하다가 참소의 두려움에 이르러 말씀하기를, '참소하는 사람은 반드시 죄악의 과보로 받는 앙화를 받아야 합니다' 하므로, 내가 말하기를, '옳은 말씀이오, 다만 참소를 당한 사람을 용서할 뿐이오, 공자의 뜻도 이에 불과하오' 하니, 너의 모친께서 감탄하며 말씀하기를, '참으로 그렇습니다. 모름지기 이 뜻을 알아야 합니다' 하므로, 내가 곧 마음속으로 감동하고, '나는 어려움을 당했으나, 너는 태평함을 만나야 된다'고 생각하였다.……간략하게 훈사를 지어서 너에게 주어 종신토록 몸에 지니고 다니는 물건으로 삼게 하니, 너는 모름지기 잊지 말라.

승하 ── 세조는 이시애의 난 이후 구 공신과 신 공신을 적절히 조제 배치하는 이상적인 구도 속에서 재편된 권력을 끝내 운용하지 못했다. 창덕궁 후원에 무일전無逸殿을 새로 지어 전위한 후 휴식을 취하고자 했던 세조는 바람을 이루지 못했다. 아들에게 왕위를 넘긴 다음 날인 1468년(세조 14) 9월 8일 무덤에 석실을 만들지 말라는 유명을 남기고 수강궁 정침에서 생을 마감했다. 향년 52세, 재위 14년째였다.

시호는 9월 16일 중추부지사 이석형이 명에 가서 부고하고 정해졌다.

왕은……몸소 먼저 검약하여 항상 깨끗이 세탁한 것을 입었으며 왕비 이하는 모두 화려한 장식을 물리치게 하고, 궁인을 내쳐 다만 겨우 청소하는 사람만을 두어 쓸모없는 인원을 없애고, 낭비를 줄여 재용을 절약하였으므로 수 년이 되지 않는 사이에 모아둔 것이 가득 차 넘쳤고,……제사를 받드는 일은 반드시 몸소 하였고……무사를 숭상하여 사졸을 정연하였으며……힘써서 일국의《대전》을 정하여 저술하여 후세에 지킬 법으로 삼았습니다. 교린에 있어서는……비록 섬나라 왜인과 야인의 완악하고 흉악한 자들도 또한 위엄에 놀라고 덕에 무안해하지 않음이 없었습니다.

1468년(세조 14) 11월 21일 묘호는 '세조', 시호諡號는 '승천체도열문
영무지덕융공성신명예흠숙인효대왕'으로 정해졌다. 일주일 후인 11월
28일 예종은 남양주 광릉에 아버지를 장사지냈다.

남이 옥사

유자광의 고변 ___ 세조 승하 후 정치적 상황은 대개 두 가지
중 하나의 방향으로 전개될 것이 예상되었다. 바로 계유년의 원죄를 함
께했던 구 공신과 정해년의 지방 반란을 진압하고 혜성처럼 등장한 신
공신과의 협치냐 투쟁이냐였다. 19세의 새 왕이 신구 공신의 권력 관
계를 조절해 가며 이끌어 갈 수 있을지 확신할 수 없는 상황이었다. 환
구단에 올라 천제를 친행하면서 군왕임을 과시했던 아버지 세조조차도
재위 내내 자신의 신하를 절대적으로 통제하지 못했다. 하물며 예종이
자신의 의지대로 이들을 장악하기는 현실적으로 어려웠다.

예종은 즉위하자마자 남이의 병조판서 직을 갈았다. "사람됨이 병
사를 맡기기에는 마땅치 못하다"고 했던 형조판서 강희맹의 말을 전한
한계희의 의견을 따른 것이다. 병조판서에서 교체된 남이는 종2품의
겸사복장이 되었다. 세조의 남다른 총애를 받던 남이의 좌천이었다.

이런 상황에서 1468년(예종 즉위) 10월 24일 어두울 즈음 병조참지

유자광이 급히 아뢸 일이 있다며 숙직하던 승지 이극증과 한계순을 찾아왔다. 이극증 등은 유자광과 함께 사정전의 앞문 밖으로 가서 왕명을 전하는 환관 안중경을 시켜 아뢰게 하였다. 이날 예종은 유자광으로부터 남이의 역모를 보고 받았다. 궁궐 안 병조의 출장소인 내병조에서 숙직할 때 남이를 만났는데, 그때 역모의 기미를 보였다는 것이었다. 유자광은 두 사람이 나눈 대화를 예종에게 샅샅이 고했다.

남이 역모 ___ 예종은 대화 내용을 듣고 즉시 군사를 거느리고 가서 남이를 잡아오게 했다. 처음 남이는 일이 발각되었을까 의심하여 부재중이라고 사람을 시켜 둘러댔다가 잠시 후 칼을 차고 활과 화살을 가지고 담 넘어 달아났다. 군사들이 그를 뒤쫓아 칼을 뽑으려는 찰나의 남이를 체포해 첩기 탁문아와 함께 궁으로 데려왔다.

이날 예종은 삼경(23시~01시)에 직접 수강궁 후원 별전에 나아가 남이를 심문했다. 실정을 다 말하지 않는다고 판단하고 유자광과 대질하게 했다. 남이는 이미 유자광이 고변했음을 알고 놀랐다. 머리로 땅을 치며 "유자광이 본래 신에게 불평을 가졌기 때문에 사실이 아닌 일을 가지고 거짓으로 꾸며 신을 고발했습니다. 신은 충성스럽고 의로운 선비로 평생에 악비(중국 남송의 무장(1103~1141). 금나라에 대하여 주전론을 펴다 재상 진회의 참소로 옥사하였다)로 자처하였는데, 어찌 이러한 일이 있겠습니까?"라고 부인했다.

관련자 심문 과정에서 한명회가 언급되었다. 남이는 한명회가 일찍이 자신의 집에 이르러 '적자를 세우는 일'을 언급했다고 말했다. 한명회는 자리를 피하면서 "신은 남이의 집에 가서 더불어 말하지 아니하였으니 청컨대 서로 보고 판별하게 하소서"라고 말하며 변명했다. 예종은 "이는 모두 남이가 꾸민 말이니 족히 판단할 것이 못 된다. 경은 자리에 나아가라"고 한명회의 손을 들어 주었다.

첩 탁문아의 심문을 통해 남이가 강순 등과도 접촉했음이 밝혀졌다. 다시 남이의 집 노복을 국문했다. 계집종 막가는 정승이라 일컫는 이가 왔었다며 "성명은 알지 못하고 검은 수염이 많은 사람"이라고 대답했다. 이 말에 강순이 앉아 있다가 자리를 피하며 남이의 집을 지나면서 들어갔었다고 자백했다.

고변이 있은 다음 날 예종은 편전에 나가 관련자들을 다시 심문했다. 하지만 남이의 역모를 입증할 결정적인 증거를 확보하지는 못했다. 붙잡힐 당시 남이의 집 부엌에는 쇠고기 수십 근이 있었다. "신이 병이 있어 국상 7일 뒤에 어미의 명으로 먹었습니다"라고 변명했지만, 탁문아를 족친 결과 국상이 난 지 나흘째 성복 전에 먹었다는 사실이 밝혀졌을 뿐이었다.

그다음 날에도 심문이 이어졌다. 이날 연루자 가운데 한 사람인 문효량은 "산릉에 나아갈 때 먼저 두목 격인 한명회 등을 없애고, 다음으로 영순군과 구성군을 없애고, 다음으로 예종을 죽이고 마침내 스스로 임금의 자리에 서려고 했다"고 했다는 남이의 말을 토설했다. 강순도 함께했다고 발언했다. 예종은 곧 강순에게 칼을 채워 잡아 오도록 했다. 강순은 관련 사실을 부인했다. 예종은 이들을 모두 의금부에 하옥하고 종친·재상을 궁 안에서 자게 했다.

이날 남이의 첩 탁문아를 다시 심문했다. 그녀는 가장 가까이에서 보았던 남이의 동향에 대해 소상히 말했다. 그녀의 말에 따르면 남이는

이달 19일 이후부터 환도와 활과 화살을 반드시 베개 옆에 두었고 20
일 후부터는 연이틀 동안 날이 저물거나 밤이 깊어서야 돌아왔다는 것
이었다. 또 24일 밤에 사내종 타내가 명패가 왔다고 급히 고하니, 남이
가 놀라 일어나면서 바로 칼을 잡고 나갔다가 갑자기 도로 들어와 갓을
쓰고 달아나면서 "내가 없다고 숨기라", "활과 화살을 찾아서 종 돌산
에게 주라"고 했다고도 증언했다.

적개공신의 몰락 ___ 예종 즉위년 유자광의 고변으로 시작된
남이의 일은 강순까지 연루되었다. 이 일로 적개공신의 대표 주자들은
모반 혐의로 정치적 위기에 빠졌다. 세조 대 말 공신 사이의 충성 경쟁
이 예종 대 권력 투쟁으로 이어졌고 마침내 구 공신의 결정적 승리로
마무리되었다. 권력 구도는 다시 재편되었다.

1468년(예종 즉위) 10월 27일 예종은 창덕궁 숭문당에 나아갔다. 앞
서 10월 24일부터 27일까지 계속된 관련자 전원에 대한 거듭된 심문을
통해 남이와 강순이 모반했다고 결론 내린 예종은 곧 백관을 모으도록
명했다. 이날 강순·남이·조경치·변영수·변자의·문효량·고복로·오치
권·박자하 등은 찢겨 죽임당하고 7일 동안 저잣거리에 잘린 머리가 매
달렸다.

이후에도 연루자에 대한 처벌이 이어졌다. 10월 28일 연루 정도에
따라 관련자의 목을 자르고 가산을 몰수하여 종으로 삼았다. 또 고신을
거두고 본향에 군사로 충당하고 공신녹권을 거두었다. 율문에 따라 수
범과 종범의 부자·처첩·손자·형제·숙질 등도 모두 다 안치했다. 남이
당여에 대한 처벌은 11월까지 내내 계속되었다. 남이가 역모를 획책했

는지는 단언할 수 없다. 그러나 결과적으로 남이는 자복했고, 강순도 그러했으며 혐의를 부정한 관련자들도 처벌되었다. 남이 옥사는 세조 대 말 부상한 신 공신에 대한 구 공신의 완벽한 승리로 귀결되었다.

공신시대의 개막

익대공신의 책봉 ___ 예종은 남이 등을 처결한 다음 날인 1468 년(예종 즉위) 10월 28일 역모 진압에 이바지한 인물 36명을 책훈했다. 익대공신이었다. 포상하는 모든 일은 좌익공신의 예에 따르게 했다.

이때의 공신 1등에는 처음 혐의를 알린 유자광 외에 신숙주와 한명 회가 또 이름을 올렸다. 이들은 적개공신의 부상으로 잠시 겪었던 위기 에서 벗어나 세조의 아들 예종 대에 정치적으로 부활했다.

사옥 ___ 난신의 처첩까지 분배받으며 역모가 대강 마무리된 후 익대공신의 권력이 얼마나 압도적이었는지를 보여 주는 정치적 사건 이 일어났다.《세조실록》의 편찬과 관련한 사옥이었다. 1469년(예종 1) 4월 1일 예종은 춘추관 실록청에 술을 내려 주었다. 신숙주·한명회·최 항 등이 주관해《세조실록》을 찬술하고 있었기 때문이다. 이후 4월 5일 《세조실록》초권이 완성되어 내전으로 들어갔다.

그 뒤 4월 24일《세조실록》의 사초를 춘추관에서 거둬들였다. 예종 이 사초에 실명을 쓰게 했기 때문이었다. 이때 세조 대에 사관으로 있

던 봉상첨정 민수는 기사관 강치성을 시켜 자신의 사초를 몰래 가져다
가 여섯 군데를 지우고 고쳤다. 앞서 대신의 득실을 사초에 많이 썼는
데 이름을 쓰라는 말을 듣고 질책당할까 두려워서였다. 민수가 사초를
개작한 사실을 기사관 최철관이 알고서 기사관 양수사에게 전했다. 다
시 이 사실이 수찬관 이영은에게도 전해졌다. 춘추관의 영사 한명회·
최항 등은 개작 사실을 밀고한 최철관을 심문했다. 예종은 "국사는 만
세의 공론입니다. 민수가 사초를 몰래 내다가 고쳤으니, 청컨대 국문하
게 하소서"라는 요청을 받아들여 민수를 잡아오게 했다.

한명회는 자신도 연루되어 있다 해서 자리를 피하고자 했다. 민수가
"한명회가 강효문과 더불어 불궤를 도모했다"고 처음 사초에 썼다가
지웠기 때문이었다. 예종은 한명회를 만류했다. "당시 세조의 전지는
매우 자상하여 내가 일기에 써 두었으니, 경은 의심치 말라"며 혐의 없
다고 안심시켰다.

이날 예종은 민수의 집을 수색하게 했다. 민수는 마침내 사초를 개
작했다고 시인했다. 예종은 한명회 등을 시켜 고친 내용에 대해 국문하
게 했다. 또 태운 흔적도 있으니 그것까지 심문하라고 했다. 사간원 정
언 원숙강도 조사했다. 그가 이전에 "사초에 사신의 이름을 쓰는 것은
옳지 못하다"고 말했기 때문이었다. 취초당한 원숙강은 사실을 은폐했
다. 예종은 민수를 서소, 원숙강을 북소, 편수관 성숙 및 최철관·양수
사 등을 의금부에 감금했다.

다음 날 예종의 명에 따라 다시 그들을 국문했다. 원숙강은 변명했
다. 자신이 전일 춘추관에 근무할 때 사초를 보니 모두 이름이 쓰여 있
었다면서 이같이 하면 사관 중 직필할 자가 없을 것이라고 여겼지만 여

러 동료와 의논하느라 곧바로 아뢰지 않았다고 대답했다. 예종은 그가 바른대로 고하지 않는다고 여겼다. 그래서 장 30대를 때렸다. 신체적 위해를 가하면서 진행된 심문 결과 원숙강도 개작이 사실이라고 시인했다.

4월 27일 예종은 원숙강을 불러 친히 심문했다. 예종이 확인하려 한 것은 그들이 처벌될 것을 알면서도 사초를 개작한 이유였다.

예종: 너는 재상의 허물을 지우고 쓰지 않으면서 임금의 허물은 썼으니, 무엇 때문이냐?

원숙강: 인군의 정사는 의정부와 6조의 등록에 실려 있으므로 신이 비록 쓰지 않더라도 자연히 문적에 등재되어 있습니다. 다만 재상의 일은 모름지기 사초를 기다린 후에 알게 되기 때문에 신이 썼을 따름입니다.

예종: 지금 너는 스스로 어리석은 바보라 하니, 너는 대신은 두려워 지웠는데, 어찌 어리석은 바보로서 그렇게 할 수가 있느냐? 인군의 허물은 쓰고 재상의 허물은 삭제하였으니, 그 까닭이 무엇이냐?

원숙강: 대신을 거스르면 그 화가 빠르기 때문에, 신이 삭제하였습니다.

예종: 너는 대신에게도 아부하고, 인군을 두려워하지 않는구나. (권감에게 이르기를) 원숙강의 공사에 마땅히 '재상을 추성하고, 인군을 경멸하였다'라고 써라.

원숙강: 신이 어찌 경멸함이 있겠습니까?

예종: 네가 세조의 허물은 쓰고 지금은 나를 어리다 하고 대신의 허물을 지웠으니, 네가 재상에게 미루어 정성을 다하고 임금을 경멸하여

그런 것이 아니냐.

민수도 다시 심문했다.

민수: 처음 사초에 말이 서로 들어맞지 않은 것이 있었기 때문에 신이
  그 표현을 약간 완곡하게 고쳐 썼으나, 실상을 없애지는 않았습니다.
예종: 나는 옛날 서연관이었던 너를 알고 있다. 그러나 너는 대신의 허
  물을 헤아려서 쓰지 않았느냐? 너는 유사로서 어찌 국사를 수정한
  죄를 알지 못하느냐?
민수: 신이 알지 못한 것은 아니로되, 단지 신이 용렬하여 생각이 여기
  까지 미치지 못하였고, 재상의 원망을 두려워하여 고쳐 썼으나, 그
  표현이 약간 완곡해졌고 그 실상은 없애지 아니하였습니다.

예종이 이들의 심문을 통해 직접 확인한 사실은 당시 권력의 주인공
이 군왕인 자신이 아니라는 것이었다. 이들은 '재상'이 두려워 죽음을
무릅쓰고 사초를 개작했다. 이 재상은 계유년 이후 훈척으로서 권력의
최정점에 올랐다가 위기를 극복하고 다시금 정치의 전면에 나선 할아
버지의 동지들이었다. 하지만 당시 예종은 그들을 손대지 못했다.
  예종은 민수와 원숙강 그리고 강치성까지 주동자 셋의 처벌 수위를
정했다. 민수는 장 100대를 맞은 후 제주 관노로 영속되었다. 원숙강·
강치성은 참형에 처해졌다. 그들의 아들은 안치되었다. 주범 민수의 목
숨을 살려 주었던 것은 예종의 세자 시절 서연관이었기 때문이다. 처음
민수는 목숨만은 거두지 말아 달라고 호소했다. "신이 무상하여 범한

죄가 매우 무거우니 법으로 주살됨이 마땅하오나, 다만 독자로서 부모가 모두 살아 계시니 원컨대 성상께서 불쌍히 여겨 주소서"라며 애원했다. 예종은 "너를 안 지가 비록 오래이나, 국가 대사를 당해서는 사사로움을 취할 수가 없다"고 처음 거절했다. 그러나 대답할 때마다 눈물을 흥건하게 흘리는 그를 보고 가엾이 여겨 사형만은 감해 주었다.

《세조실록》 편찬 과정에서 일어난 사옥은 군왕인 예종보다 훈척 재상이 압도적 권력의 소유자임을 확인시켜 주었다. 세조 사후 이들이 최종 승리자였다. 세조의 동지이자 친구이자 가족이자 신하이기도 했던 이들은 다시금 권력의 정점에 올랐다. 계유년의 참극을 경험한 바로 그들은 세조 대 말 정치적 상황의 변화 속에서 추락했다가 재기했다. 세조 사후 이들은 일말의 견제도 없이 오히려 더욱 강고한 권력을 구사하기에 이르렀다.

1468년(세조 14) 5월 28일 경복궁 충순당.

세조가 충순당으로 옮겨 갔다. 건강 상태가 악화했기 때문이다. 이날 한낮에 세조는 후원에 나가 종친과 판서 등을 불러 늘 그래왔듯 술자리를 베풀고는 자신의 인생을 돌아보았다.

내가 잠저로부터 일어나 창업의 임금이 되어 사람을 죽이고 사람을 형벌한 것이 많이 있었으니, 어찌 한 가지 일이라도 원망을 취함이 없었겠느냐.……이제 사거·군적·호패 등의 대사를 한꺼번에 아울러 거행하니, 비록 국가에는 매우 이롭다 하더라도 어찌 원망함이 없겠느냐. 또 내가 비록 심히 작은 일이라 하더라도 모든 나랏일에 반드시 극진한 데에 이르러서야 행하였으니, 이것이 흉이라 이르는 것이다. 나의 허물은 이에 불과하니, 내가 어찌 숨기겠느냐. 나는 숨기는 것이 없다.

세조는 당당했다. 사람을 죽이기는 했어도 국가의 일에 진심갈력盡心竭力했다며 자신의 잘못이라면 사소한 일까지 최선을 다한 것, 그뿐이라고 자부했다. 아무도 자신을 비난할 수 없다고 단정했다.

할아버지 태종도 정안군의 신분으로 1398년(태조 7) 8월 26일 '권세를 마음대로 부리고자 어린 서자를 꼭 세자로 세우려고 했던 정도전 등'의 목을 베지 않았던가! 그러니 1453년(단종 1) 10월 10일 '단종이 어린 것을 경멸하여 널리 당원을 심어 놓고, 종사를 위태롭게 하기를 꾀했던' 김종서 등을 목 베었다 한들, 또 1456년(세조 2) 6월 8일 '결당하여 어린 임금을 끼고 나라의 정사를 마음대로 하기를 꾀했던' 성삼문 등을 능지처사한들 세조에게 그 일은 죄가 되지 않았다. 그저 나라를 이롭게 하고자 떨쳐 일어난 행위였을 뿐이었다.

하지만 이는 세조만의 생각이었다. 문제는 그의 손에 의해 시스템 속의 무고한 이들이 가혹하게 희생당했다는 것이었다. 세조도 알고 있었다. 그래서 재위 내내 자신에게 풍기는 피 냄새를 지우기 위해 하지 않은 일이 없었다.

세조는 할아버지 태종처럼 웃는 얼굴로 신하의 등 뒤에 칼을 꽂는 이른바 가지치기는 하지 않았다. 아버지 세종처럼 신하를 예도로써 대하며 치열하게 토론하지도 않았다. 세조는 철저하게 편을 갈랐다. '계유년'과 '병자년'의 비극과 희극을 함께한 이들을 공신으로 책봉하고 가족으로 묶어 오로지 그들과 함께했다. 내 편과 더불어 나랏일을 함께하니 구태여 고민할 이유가 없었다. 일심동체인 이들과 자신이 생각한 대로 하고 싶은 대로 목표를 달성하기 위해 함께 걸어가면 되었다.

세조는 재위 14년간 치밀하게 국정을 주도했다. 사민을 통해 전 국토를 충실하게 했고, 자전자수의 국방 체제를 확립했으며, 여진 정벌을 통해 '조선 국왕'의 위의를 강조했다. 또《경국대전》과《동국통감》의 편찬으로 단군으로부터 시작하는 조선의 체제를 만세성법으로 완성했다.

동시에 '초월적 절대군주'를 지향했다. '찬탈'이라는 원죄에서 벗어나기 위해 스스로를 한 고조와 당 태종을 넘어서고 할아버지 태종과 아버지 세종보다 우월한 궁극의 권력을 오롯이 움켜쥔 절대군주가 되고자 했다. 나아가 조선 땅에서 유일한 하늘의 아들이자 살아 있는 부처로서 인간계를 넘어선 신으로 추앙받고자 했다.

하지만 '계유정난'이라는 지옥과 천당에서 쉽게 벗어날

수 없었다. 세조는 군군신신을 넘어 다른 차원의 존재를 지향했지만, '원죄'를 함께한 공신과 사과를 나누어 먹은 인간이었다. 세조 이유는 자신의 '조선'을 위해 한 터럭만큼도 후회 없이 온 힘을 기울였다. 그러나 초월할 수 없었다. 세조는 이루고자 발버둥쳤지만 이루지 못할 꿈을 꾼 것이었다.

세조가 승하한 후 아들 예종은 하늘의 아들이자 살아 있는 부처였던 아버지도 끝내 통제하지 못했던 훈척과 맞닥뜨려야 했다. 19세의 새 왕이 정치를 주도할 가능성은 희박했다. 이후 조선은 세조의 가족이자 동지이자 친구이자 신하였던 이들이 권력의 주인이 되는 다른 차원의 새로운 시대를 맞이하게 되었다.

참고문헌

1. 원전

《세종실록》《문종실록》《단종실록》《세조실록》《예종실록》

2. 단행본

김순남, 2007,《조선초기 體察使制 연구》, 경인문화사.

민현구, 1983,《朝鮮初期의 軍事制度와 政治》, 한국연구원.

오종록, 2014,《조선초기 양계의 군사제도와 국방》, 국학자료원.

이경식, 2006,《韓國 中世 土地制度史》, 서울대학교출판부.

정두희, 1983,《朝鮮初期 政治支配勢力研究》, 일조각.

정두희, 1994,《朝鮮時代의 臺諫研究》, 일조각.

정두희, 2010,《왕조의 얼굴: 조선왕조의 건국사에 대한 새로운 이해》, 서강대학교출판부.

지두환, 2008,《세조대왕과 친인척》, 역사문화.

최승희, 2002,《朝鮮初期 政治史研究》, 지식산업사.

최승희, 2004,《朝鮮初期 言論史研究》, 지식산업사.

최승희, 2005,《조선초기 정치문화의 이해》, 지식산업사.

최정용, 2000,《朝鮮朝 世祖의 國政運營》, 신서원.

한형주, 2002, 《朝鮮初期 國家祭禮 硏究》, 일조각.

한희숙, 2017, 《역사학자가 쓴 인수대비-조선왕실 최고 여성지식인의 야망과 애환》, 솔
과학.

3. 논문

강제훈, 2005, 〈조선 세조대의 조회와 왕권〉, 《사총》 61.

강제훈, 2006, 〈朝鮮 世祖代의 貢物代納政策〉, 《조선시대사학보》 36.

강제훈, 2010, 〈조선 초기 勳戚 韓明澮의 관직 생활과 그 특징〉, 《역사와실학》 43.

강제훈, 2017, 〈조선 세조대의 勳臣 具致寬의 관직 생활과 특징〉, 《한국사학보》 69.

곽낙현, 2009, 〈조선전기 習陣과 군사훈련〉, 《동양고전연구》 35.

김경수, 2014, 〈세조의 집권과 권력 변동〉, 《백산학보》 99.

김경수, 2014, 《《세조실록》의 편찬과 세조 정권〉, 《한국사학사학보》 30.

김구진, 2005, 〈조선 시대 6鎭 방어 전략 《《制勝方略》 체제〉의 연구〉, 《백산학보》 71.

김돈, 2006, 〈世祖代 '端宗復位運動'과 왕위승계 문제〉, 《역사교육》 98.

김보정, 2015, 〈세조·성종대 정몽주 인식〉, 《역사와실학》 57.

김상태, 1996, 〈朝鮮 世祖代의 圜丘壇 復設과 그 性格〉, 《한국학연구》 6-7.

김순남, 2006, 〈朝鮮 世祖代 體察使 韓明澮에 대하여", 《한국사학보》 23.

김순남, 2008, 〈조선초기의 備邊對策의 수립과 시행-재상급 국방전문가의 활약을 중심
으로 -〉, 《朝鮮時代史學報》 45.

김순남, 2010, 〈조선전기 滿浦鎭과 滿浦僉使〉, 《史學硏究》 97.

김순남, 2011, 〈16세기 조선과 野人 사이의 모피 교역의 전개〉, 《韓國史硏究》 152.

김순남, 2012, 〈15세기 중반~16세기 조선 북방 軍役의 폐단과 軍額 감소〉, 《朝鮮時代史
學報》 61.

김순남, 2013, 〈16세기 조선의 피역승의 증가와 승도 조직의 재건〉, 《조선시대사학보》
66.

김순남, 2015, 〈조선전기 최고위 국방 전문가 이극균의 생애와 활동〉, 《역사와실학》 57.

김순남, 2016, 〈조선 세조대 말엽의 정치적 추이〉, 《역사와실학》 60.

김순남, 2017, 〈조선 세조의 지방 巡幸의 정치성〉, 《韓國史學報》 69.

김순남, 2017, 〈조선 세조대 훈신 윤자운尹子雲의 정치활동〉, 《역사학연구》 68.

김순남, 2018, 〈조선 세조대의 난언亂言〉, 《韓國史學報》 73.

김순남, 2018, 〈조선 세조대 훈신勳臣의 불경不敬〉, 《남도문화연구》 35.

김영두, 2013, 〈실록 편찬에 나타난 세조 정권의 정당성 추구〉, 《한국사학사학보》 27.

김용흠, 2007, 〈조선 세조대 정치를 보는 시각과 생육신〉, 《역사와현실》 64.

김정신, 2011, 〈조선전기 '勳舊', '士林'의 出處論과 功臣觀〉, 《한국사상사학》 37.

김태영, 1994, 〈朝鮮初期 世祖王權의 專制性에 대한 一考察〉, 《한국사연구》 87.

김태영, 1995, 〈朝鮮初期 世祖王의 學術政策〉, 《동양학》 25-1.

김호일, 2002, 〈朝鮮 世祖代 端宗 復位運動의 再照明〉, 《인문학연구》 33.

김호종, 1978, 〈世祖의 農業政策에 關한 一研究〉, 《안동초급대학논문집》 1-1.

김훈식, 2011, 〈朝鮮初期의 정치적 변화와 士林派의 등장〉, 《한국학논집》 45.

박세연, 2011, 〈朝鮮初期 世祖代 佛教의 祥瑞의 政治的 意味〉, 《사총》 74.

박원재, 2012, 《《조선왕조실록》 천문기상기록의 자료적 한계와 보완 방안〉, 《동아인문학》 21.

박정민, 2012, 〈조선 세조대 여진인 來朝와 귀속문제〉, 《전북사학》 41.

박진, 2009, 〈朝鮮 世祖의 宗親 양성과 軍事的 역할〉, 《군사》 72.

박찬수, 2010, 〈錦城大君의 端宗復位 順興義擧〉, 《민족문화》 34.

박홍갑, 2019, 〈세조의 종친 등용책과 영순군永順君〉, 《清溪史學》 21.

소순규, 2018, 〈세조대 공안貢案 수록 내용의 확대와 재정적 위상 강화〉, 《역사와 현실》 110.

양수지, 2012, 〈세조대의 유구사신 응접과 문물교류〉, 《동북아문화연구》 33.

오종록, 2013, 〈世祖의 즉위과정과 정치문화의 변동〉, 《인문과학연구》 31.

윤정, 2002, 〈조선 世祖代 《訓辭》 편찬의 정치사상적 의미〉, 《한국학보》 28-3.

윤훈표, 2009, 〈조선 세조 때 兵政 편찬의 의미와 그 활용〉, 《역사와실학》 40.

이경식, 1980, 〈朝鮮前期 職田制의 運營과 그 變動〉, 《한국사연구》 28.

이규철, 2012, 〈세조대 모련위 정벌의 의미와 대명인식〉, 《한국사연구》 158.

이규철, 2013, 〈세조대 건주위 정벌과 명의 출병 요청〉, 《역사와현실》 89.

이동희, 1994, 〈朝鮮 文宗·端宗代 및 世祖代 承政院의 政治的 地位〉, 《인문논총》 23.

이욱, 2010, 〈조선 및 한국 근대의 제천 문화〉, 《선도문화》 8.

이욱, 2012, 〈15세기 후반 기후특성의 비교사적 고찰〉, 《국학연구》 21.

이욱·홍윤, 2012, 〈조선 세조대 기후특성과 재해 경감 노력〉, 《대기》 22-2.

이정주, 2006, 〈世祖代 後半期의 佛教的 祥瑞와 恩典〉, 《민족문화연구》 44.

이정주, 2022, 〈세조 후반기 순행과 불교〉, 《史叢》 105.

이인영, 1947, 〈李氏朝鮮世祖때의 北方移民政策〉, 《진단학보》 15.

이정철, 2015, 〈조선시대 사림의 기원과 형성 과정〉, 《조선시대사학보》 73.

정두희, 1981, 〈朝鮮 世祖-成宗朝의 功臣研究〉, 《진단학보》 51.

정이근, 1997, 〈朝鮮前期의 軍戶編成規程: '保法'에 대한 一考察〉, 《사회과학논집》 14.

조용철, 2014, 〈朝鮮 世祖代 懿敬世子 喪葬禮 구성과 특징〉, 《역사민속학》 45.

지두환, 1993, 〈朝鮮前期 王位 繼承 論議〉, 《한국문화연구》 6.

지두환, 2014, 〈세조 집권 과정에서의 내종친의 정치성향〉, 《백산학보》 99.

최나래, 2014, 〈조선 초기 세조 국상 연구〉, 《역사민속학》 45.

최선혜, 2012, 〈연산군 시대 先王 世祖와 成宗에 대한 기억과 충돌〉, 《서강인문논집》 35.

최선혜, 2015, 〈조선 세조대 講論의 시행과 유신儒臣의 성장〉, 《역사학연구》 57.

최승희, 1997, 〈世祖代 王位의 취약성과 王權強化策〉, 《조선시대사학보》 1.

최승희, 1998, 〈世祖代 국정운영체제〉, 《조선시대사학보》 5.

최옥환, 2002, 〈조선 세조대의 발영시와 등준시〉, 《대동사학》 1.

최종석, 2013, 〈조선 초기 제천례와 그 개설 논란에 대한 재검토〉, 《조선시대사학보》 67.

한문종, 2015, 〈조선초기 向化倭人 皮尙宜의 대일교섭 활동〉, 《한일관계사연구》 51.

한성주, 2008, 〈조선 세조대 毛憐衛 征伐과 여진인의 從軍에 대하여〉, 《강원사학》 22-23.

한성주, 2009, 〈朝蘇前期 字小에 대한 고찰〉, 《한일관계사연구》 33.

한성주, 2012, 〈조선 세조대 '女眞 和解事'에 대한 연구〉, 《동북아역사논총》 38.

한성주, 2013, 〈세조대(1467년) 朝鮮과 明의 建州女眞 협공에 대한 연구〉, 《한일관계사연구》 45.

한영국, 2002, 〈조선 초기 對日 通交와 申叔舟〉, 《어문연구》 30-4.

한충희, 1985, 〈朝鮮 世祖~成宗代의 加資濫發에 對하여〉, 《한국학논집》 12.

한충희, 1995, 〈朝鮮 世祖代(1455~1468) 宗親研究〉, 《한국학논집》 22.

한충희, 1998, 〈조선 세조대(1455~1468)의 內宗親에 대하여〉, 《복현사림》 21-1.

한충희, 2013, 〈朝鮮 世祖代(1455~1468) 原從功臣研究〉, 《조선사연구》 22.

한충희, 2014, 〈단종대 문·무과 급제자와 세조〉, 《조선사연구》 23.

한형주, 1996, 〈朝鮮 世祖代의 祭天禮에 대한 研究〉, 《진단학보》 81.

한희숙, 2021, 〈조선초 세종 후궁 惠嬪 楊氏의 생애와 충절 이미지〉, 《朝鮮時代史學報》.

찾아보기

이 저서는 2016년 대한민국 교육부와 한국학중앙연구원(한국학진흥사업단)의
한국학총서사업의 지원을 받아 수행된 연구임(AKS-2016-KSS-1230003)

군주 평전 시리즈 02

세조, 폭군과 명군 사이

2022년 8월 31일 초판 1쇄 발행
2023년 5월 30일 초판 3쇄 발행

글쓴이	김순남
펴낸이	박혜숙
디자인	이보용
펴낸곳	도서출판 푸른역사

우) 03044 서울시 종로구 자하문로8길 13

전화: 02)720-8921(편집부) 02)720-8920(영업부)

팩스: 02)720-9887

전자우편: 2013history@naver.com

등록: 1997년 2월 14일 제13-483호

ISBN 979-11-5612-228-9 04900
ISBN 979-11-5612-205-0 04900 (세트)

· 잘못 만들어진 책은 교환해드립니다.